Colloquial
Slovak

The Colloquial Series

Series adviser: Gary King

The following languages are available in the Colloquial series:

Afkrikaans
Albanian
Amharic
*Arabic (Levantine)
Arabic of Egypt
*Arabic of the Gulf
  and Saudi Arabia
*Basque
Breton
*Bulgarian
Cambodian
Cantonese
Catalan
Chinese
Croatian
Czech
Danish
Dutch
English
Estonian
Finnish

French
German
Greek
*Gujarati
Hebrew
Hindi
Hungarian
Icelandic
Indonesian
Italian
Japanese
Korean
Latvian
Lithuanian
Malay
Mongolian
Norwegian
*Panjabi
Persian
Polish
Portuguese

Portuguese of Brazil
Romanian
Russian
Scottish Gaelic
Serbian
Slovak
Slovene
*Somali
Spanish
Spanish of Latin America
Swahili
Swedish
Tamil
Thai
Turkish
Ukranian
*Urdu
Vietnemese
Welsh

COLLOQUIAL CD-ROMs
Multimedia Language Courses

Chinese
Spanish

French

Portuguese

Accompanying cassette(s) and CDs are available for all the above titles (cassettes only for the titles marked with *). They can be ordered through your bookseller, or send payment with order to Routledge Ltd, ITPS, Cheriton House, North Way, Andover, Hants SP10 5BE, or to Routledge Inc, 270 Madison Avenue, New York, NY 10016, USA.

COLLOQUIAL 2s Series
The Next Step in Language Learning

Dutch
Russian

French
Spanish

Italian
Spanish of Latin America

Colloquial
Slovak

The Complete Course
for Beginners

James Naughton

Routledge
Taylor & Francis Group

LONDON AND NEW YORK

First published 1997
by Routledge
2 Park Square, Milton Park, Abingdon, Oxon, OX14 4RN

Simultaneously published in the USA and Canada
by Routledge
270 Madison Avenue, New York, NY 10016

Reprinted 1999, 2000, 2002, 2003, 2004 (twice), 2005

Routledge is an imprint of the Taylor & Francis Group

Maps of Slovakia (p. 8) and the High Tatras (p. 171) by Krisoffer Blegvad
Map of Bratislava (p. 192) by Matthew Crabbe

Typeset in Times Ten by The Florence Group, Stoodleigh, Devon

Printed and bound in Great Britain by Biddles Ltd, King's Lynn, Norfolk

British Library Cataloguing in Publication Data
A catalogue record for this book is available from the British Library

Library of Congress Cataloguing in Publication Data
Naughton, James, 1950–
Colloquial Slovak: The Complete Course for Beginners.
1. Slovak language—Textbooks for foreign speakers—English.
PG5239.3.E54C65   1996
491.8´682421—dc20   95–26195

ISBN 0–415–11540–X (Book)
ISBN 0–415–11541–8 (Cassettes)
ISBN 0–415–30490–3 (CDs)
ISBN 0–415–30634–5 (Book, cassettes and CDs course)

Contents

Abbreviations used

acc.	accusative
adj.	adjective
dat.	dative
f.	feminine
freq.	frequentative
gen.	genitive
impf	imperfective
ins.	instrumental
loc.	locative
m.	masculine
n.	neuter
nom.	nominative
pf	perfective
pl.	plural
sg	singular
> <	arrowheads pointing to perfectives

Introduction

Slovakia, with its capital Bratislava (not far from Vienna), has been an independent state since Czechoslovakia split at the end of 1992. This 'Velvet Divorce' was preceded in 1989 by the 'Velvet Revolution', which saw the fall of communism in Czechoslovakia, during Russia's Gorbachev years. Now the rather less affluent next-door neighbour of the Czech Republic and Austria, Slovakia is grappling with problems of major adjustment to a radically changed economic and political environment. Far less visited by foreigners than the Czech Republic or Austria, Slovakia, with its mountains, ski resorts, remote country districts, viniculture, castles and old towns, merits more attention, along with its literature and other arts. Watch out for films, or Slovak orchestras and performers on your CDs.

Slovakia's present population is something over five and a quarter million (including a sizeable Hungarian minority). As a result of emigration last century and this, there are also many people of Slovak descent all over the globe, especially in North America.

Up to 1918 Slovakia had been part of the kingdom of Hungary since the tenth century. After the First World War, and the fall of the Habsburg-ruled Austro-Hungarian Empire, Slovakia became part of Czechoslovakia. During the Second World War it was briefly semi-independent under Nazi hegemony, before going back to Czechoslovakia, soon under communist rule.

The Slovak language is very close to Czech, both in vocabulary and in grammar, and Czechs can understand Slovak quite easily. Standard Slovak is rather modern in origin, based on central Slovak dialects, and shaped into its present form since the 1840s. It had to struggle to make headway under Hungarian educational dominance, but quickly became the main medium of education and public life in Slovakia from 1918.

There are no great conflicts today between educated spoken and written norms, though dialect usage is still strong and varied.

Sometimes however you find that a word in common everyday use which is also in Czech is rejected as 'incorrect' by guardians of the language, in favour of another Slovak equivalent.

This book has been designed for the complete beginner and it assumes no kind of specialized linguistic competence. It aims to take learners up to a level at which they can communicate usefully on a range of everyday topics and begin to tackle books and newspapers. It combines everyday dialogues and simple narrative texts with explanation of individual language points and essential structures. A recording has been produced to accompany the book, and its use is of course particularly recommended if you are working without a teacher or native speaker.

Further reading

Klaudia Holíková *et al.*, *Dobrý deň, slovenčina* [Good day, Slovak], Bratislava: Univerzita Komenského, 1991. (Good revision material, with dialogues and texts using everyday language. Entirely in Slovak, except for the vocabulary brochure.)

Tomáš Dratva and Viktoria Buznová, *Slovenčina pre cudzincov* [Slovak for Foreigners], Bratislava: Slovenské pedagogické nakladateľstvo, 1992. (All in Slovak, colour pictures, reading, exercises.)

Peter Baláž, Miloslav Darovec and Heather Trebatická, *Slovak for Slavicists*, Bratislava: Slovenské pedagogické nakladateľstvo, 2nd edn, 1985. (Strictly grammar-based, reliable within its scope.)

James Naughton, *Traveller's Literary Companion to Eastern and Central Europe*. Brighton: In Print, 1995. (Chapter on Slovak literature, bibliography of available English translations, brief literary extracts.)

The Slavonic Languages, ed. Bernard Comrie and Greville G. Corbett, London and New York: Routledge, 1993. (Chapter on Slovak, for linguists, by David Short, lecturer at the School of Slavonic and East European Studies, London.)

John King and Richard Nebeský, *Czech and Slovak Republics*, Hawthorn, Australia: Lonely Planet, 1995. (Widely available guidebook.)

Colin Saunders and Renáta Nárožná, *Walking in the High and Tatras*, Milnthorpe, Cumbria: Cicerone Press, 1994. (Detailed walking guide.)

Dictionaries

Jana Smejkalová, Dagmar Smrčinová, Katarína Herrmannová and Karel Hais, *Anglicko–slovenský a slovensko–anglický vreckový slovník*

[English–Slovak and Slovak–English Pocket Dictionary], Bratislava: Slovenské pedagogické nakladateľstvo, 8th edn 1991.

Júlia Vilikovská and Pavel Vilikovský, *Slovensko–anglický slovník* [Slovak–English dictionary], Bratislava: Slovenské pedagogické nakladateľstvo, 6th edn, 1991.

Ján Šimko, *Anglicko–slovenský slovník* [English–Slovak dictionary], Bratislava: Slovenské pedagogické nakladateľstvo, 1967.

Acknowledgements

I am much indebted to Marta Černotová, Heda Dučáková, Libor Janský and Oľga Willett for their kind corrections and improvements to the Slovak text at various stages in the preparation of this book. I am also grateful to Sarah Foulkes for her helpful suggestions at the editing stage, and to all the staff concerned at Routledge. Finally, I would like to thank my four speakers at the recording for their further helpful improvements and corrections.

Pronunciation guide

Slovak spelling is generally straightforward, and you will probably find the pronunciation of the language one of its less difficult features.

Vowels 🔲

Slovak **a**, **e**, **i/y**, **o**, **u** are quite close to the English vowels in p*u*ck, p*e*ck, p*i*ck, p*o*ck, p*oo*k. (There's no difference in sound between **i** and **y**, it's just a matter of spelling.)

With acute signs added (**á**, **é**, **í/ý**, **ó**, **ú**) the vowels are pronounced longer: roughly like *ah*, *eh*, *ee*, *aw*, *oo*.

Word stress is on the first vowel. Practise saying:

a, *á*	**brat, mal, málo, bál sa**
e, *é*	**ten, krém, pekné, mesto**
i, *í* and *y*, *ý*	**pivo, víno; syn, milý**
o, *ó*	**bol, gól, ona, bola**
u, *ú*	**ruka, ruku, mú, malú**

Ä is normally pronounced the same as *e*:

ä	**mäso, mäkký**

There are also several diphthongs (one vowel merging quickly into another). These also count as long vowels. Three have a brief *i* sound gliding into *a*, *e*, *u*:

ia	**piatok, prosia**
ie	**viem, spievam**
iu	**tretiu**

Another, spelt **ô**, has a brief *u* gliding into *o*:

ô	**stôl, skôr**

These sequences of letters are like their first vowel followed by English *w*.

ou	**rukou, malou**
au	**auto, august**
eu	**Európa**

Consonants 🔛

We needn't really discuss **b**, **d**, **f**, **g** (as in *good*), **h**, **k**, **l**, **m**, **n**, **p**, **s** (as in *sun*), **t** (as in *stop*), **x** and **z**, as they are roughly the same as in English.

K, **p**, and **t** in fact lack the English slight puff of air (except at the end of a word):

kilo, ruka, pil, kúpil, talent

Ch is like Scottish loch. **R** is trilled, also like Scottish English:

chlap, chyba, ucho
rád, rieka, hora

Both **r** and **l** can act as vowels, sometimes even lengthened to **ŕ** and **ĺ**. Try:

prvý, plný, hlboký; hĺbka, vŕba

V is mostly like English *v*, but at the end of a word it sounds like English *w*, also between a vowel and most following consonants:

víno, Viera – but: **domov, krv, polievka, pravda**

Qu and **w** only turn up in foreign words like **Quido** /kvido/ and **WC** /vétsé/.

Soft consonants 🔛

All the so-called *soft consonants* except **c**, **dz** and **j** are written with *soft signs*.

After soft consonants the **i** vowel is regularly spelt with 'soft i' (**mäkké i**), rather than 'hard y' (**tvrdé y**).

C is like *ts* in ba*ts*. **Dz** is like *ds* in ro*ds*. **J** is like *y* in *y*es:

c	**noc, práca, cena, Slováci**
dz	**medzi, cudzí, prichádza**
j	**ja, Ján, moje, ahoj**

Č, š, ž and **dž** are like *ch*in, *sh*in, vi*s*ion and *j*uice:

č	**čaká, reč, Angličan**
š	**široký, špinavý, píšeš**
ž	**žena, môžeš, žiletka**
dž	**džús, džem, hádže**

Ď/ď, **Ť/ť**, **Ň/ň** and **Ľ/ľ** are reasonably close to British English *d*uty, *t*une, *n*ew and va*l*ue (as pronounced *dyooty*, *tyoon*, *nyoo* and *valyoo*):

Ď/ď	**ďakujem, maďarský**
Ť/ť	**byť, mať, ťava, ťahať**
Ň/ň	**ňou, spálňa, kaviareň**
Ľ/ľ	**ľud, veľa, kľúč, žiaľ**

Now try pronouncing the Slovak names for the various signs:

dlžeň	long sign (as in **á**)
mäkčeň	soft sign (**č**, **Ď/ď**)
vokáň	circumflex (**ô**)
dve bodky	two dots (**ä** = **široké ä** 'wide ä')

Soft spelling rule ▪▪

Before **e**, **i** and **í** you usually pronounce **d**, **t**, **n** as *ď*, *ť*, *ň*. In other words the soft sign is omitted in the spelling:

ď	**dedina** /ďeďina/, **sedem** /seďem/, **vidím** /viďím/
ť	**otec** /oťec/, **deti** /ďeťi/, **tisíc** /ťisíc/
ň	**nemá** /ňemá/, **nič** /ňič/

(Linguists also prescribe a 'soft l' in words like **pole** and **leto**, but the sound normally produced is much like an ordinary English *l*.)

In foreign words like **politika**, **idea** the above rule fails to apply. A few native words, and the forms of standard adjectives, are also exempt:

ten, teraz, teda, vtedy, jeden

To je krásne!   That's beautiful!

Voiced and voiceless sounds ▪▪

(You čan skip this bit the first time round if you like. It involves some rather more subtle detail.)

In each of these pairs the first letter sound is normally *voiced* (with humming vocal chords), the second is its *voiceless* equivalent:

b–p, d–t, ď–ť, g–k, h–ch, v–f, z–s, ž–š, dz–c, dž–č

The voiced letters are pronounced *voicelessly* at the end of a word (before a pause), or just before a voiceless sound:

dub /dup/, **hrad** /hrat/, **sneh** /sňech/, **muž** /muš/

včera /fčera/, **vták** /fták/, **ľahký** /ľachký/, **ťažký** /ťašký/

The reverse also occurs in certain words:

kde /gďe/, **prosba** /prozba/, but not before **v**: **svoj** /svoj/ 'one's own'

Prepositions like **v** 'in' are pronounced as part of the next word:

v meste /vmesťe/ 'in town', **v kine** /fkiňe/ 'in the cinema'
s Petrom /spetrom/ 'with Peter', **s matkou** /zmatkou/ 'with mother'

The alphabet

Alphabetical order is much the same as in English, but note:

• **ch** comes after **h** in the dictionary
• **č, š, ž** and **ä, ô** also count separately (after **c, s, z; a, o**)

Other letters (**ď, á**, etc.) are *not* treated separately.

A spot of geography

Revise your **výslovnosť** 'pronunciation' with some basic place names:

Slovensko 'Slovakia', **Slovenská republika** 'the Slovak Republic', **západné Slovensko** 'western Slovakia', **stredné Slovensko** 'central Slovakia', **východné Slovensko** 'eastern Slovakia'

Rieky 'rivers' – **Dunaj** 'the Danube', **Hron, Váh, Ipeľ, Hornád, Morava**

Hory 'mountains' – **Vysoké Tatry** 'the High Tatras', **Veľká a Malá Fatra** 'the Great and Little Fatra', **Beskydy** 'the Beskids', **Malé Karpaty** 'the Little/Lesser Carpathians', **Biele Karpaty** 'the White Carpathians'

Hlavné mesto 'capital' – **Bratislava** (population about 442 000),

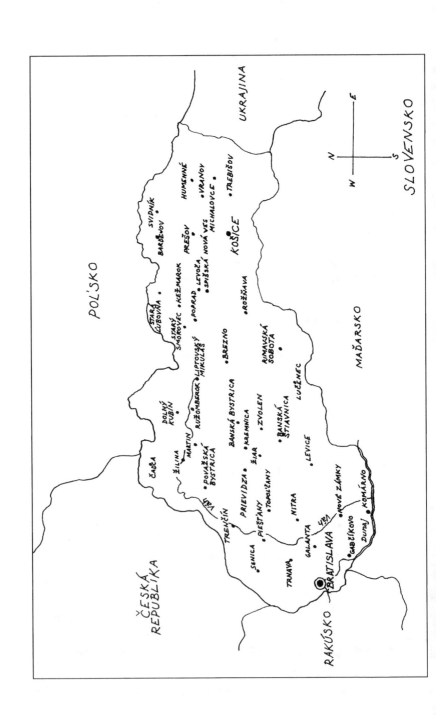

Petržalka (its biggest modern suburb), **Devín** (nearby ancient rock fortress)

Iné mestá 'other towns' – **Košice** (population about 235 000), **Nitra, Trenčín, Žilina, Martin, Komárno, Banská Bystrica, Prešov, Poprad, Trnava, Prievidza, Piešťany**

Basic numbers

Now say numbers one to twelve:

1 **jeden**, 2 **dva**, 3 **tri**, 4 **štyri**, 5 **päť**, 6 **šesť**, 7 **sedem**, 8 **osem**, 9 **deväť**, 10 **desať**, 11 **jedenásť**, 12 **dvanásť**

Ešte raz!	Again! Once more!
A do videnia!	And goodbye!

1 Ako sa máte?

How are you?

By the end of this lesson you should be able to:

- use greetings, and say 'please' and 'thank you'
- say 'I', 'you', 'he/she/it' etc.
- know the verbs 'to be' and 'to have'
- ask questions
- use adjectives
- form the present tense of some verbs
- say 'yes', 'no' and 'not'

Dialogue 1

Meeting up and introducing yourself: Jozef seems to be an English Slovak

JOZEF: Dobrý deň. Vy ste Viera Ondrušová?
VIERA: Áno. To som ja.
JOZEF: Teší ma. Ja som Jozef Novák.
VIERA: Ste Američan?
JOZEF: Nie! Ja som Angličan. Vy ste Slovenka?
VIERA: Áno! Samozrejme! Ja som Slovenka. Máte kufor?
JOZEF: Áno! Mám. Tu je.
VIERA: Tak dobre. Poďme. Auto čaká vonku.

JOZEF: *Hello* (lit. *Good day*). *Are you Viera Ondrušová?*
VIERA: *Yes. That's me.*
JOZEF: *Pleased to meet you. I'm Jozef Novák.*
VIERA: *Are you (an) American?*
JOZEF: *No. I am English. Are you Slovak?*
VIERA: *Yes! Of course! I'm Slovak. Do you have a case?*
JOZEF: *Yes. I have. Here it is.*
VIERA: *Right, then (so, good). Let's go. The car's waiting outside.*

Vocabulary

dobrý deň	hello (*lit.* Good day)
vy ste . . . /ste . . .	you are . . .
ja som . . . /som . . .	I am . . .
teší ma	pleased to meet you (*lit.* It pleases me)
áno	yes
nie	no
samozrejme	of course
Viera	= first name Vera
Ondrušová	= surname (*m.* **Ondruš**, without **-ová**)
Jozef	= first name Joseph
Novák	= surname (*f.* **Nováková**, adds **-ová**)
Slovák	(a) Slovak (man)
Slovenka	(a) Slovak (woman)
Američan	(an) American (man)
Američanka	(an) American (woman) (adds **-ka**)
Angličan	(an) Englishman
Angličanka	(an) Englishwoman
máte . . .?	do you have . . .? (*lit.* you have . . .?)
mám	I have
tu je	here it is
poďme	let's go
auto	car
čaká	(s/he, it) waits, is waiting
dobre	well, good, fine
tak dobre	right, OK then
kufor	suitcase
tak	so
vonku	outside

Language points

No articles

Notice how Slovak does not have any word corresponding to English 'a' or 'the':

Mám kufor.	I have a suitcase.
Tu je kufor.	Here is the suitcase.

Pronouns

The basic pronouns (words like 'I', 'you', 'she') are:

ja	I	**my**	we
ty	you	**vy**	you
on, ona, ono	he, she, it	**oni/ony**	they
	(animate)		(male/non-male)
to	that, this, it		

Note especially the two different words for 'you'. **Ty** is used to address one person, someone you know well (also a child). **Vy** is used to address: (a) more than one person, (b) one person who is a stranger, older than you, or less familiar in general.

Dievča 'girl', **dieťa** 'child' and other words for the young of animals count as 'it', so can be called **ono**.

If 'they' is entirely non-male you should say **ony** (without a soft **ň**), but the two forms don't sound very different.

'To have'

Verbs are listed under the infinitive form, which ends in **ť**. It is the same as an English verb with 'to', e.g. **mať** 'to have'.

To say 'I have', 'you have', 'he has', etc. (i.e. to form the present tense) you replace the **-ať** ending of **mať** by personal endings:

(ja) mám	I have	**(my) máme**	we have
(ty) máš	you have	**(vy) máte**	you have
(on, ona, to)	he, she, this/it	**(oni) majú**	they have
má	has		

Pronouns **ja**, **ty**, etc. are only used with verbs for emphasis or clarity (e.g. to show whether the subject is 'he' or 'she').

Mám kufor.	I have a suitcase.
Majú kufor.	They have a suitcase.
Má kufor.	S/he has a suitcase.

'To be'

The present tense of **byť** 'to be' is irregular. It goes:

(ja) som	I am	**(my) sme**	we are
(ty) si	you are		(*pronounce* /zme/)
(on, ona, to)	he, she, it is	**(vy) ste**	you are
je		**(oni) sú**	they are

Som Viera.	I am Viera.
Ty si Ján.	You are Ján.
Tu som.	Here I am.
Sme tu.	We are here.
To je kufor.	That/this is a suitcase.

Questions

Simple questions may be asked by a change of intonation:

Máš kufor?	Do you have a suitcase?
Ty si Jana?	Are you Jana? (*lit.* You are Jana?)
Si Angličanka?	Are you English (*lit.* an Englishwoman)?
Ste tam?	Are you there?
Sú doma?	Are they at home?

Sometimes the order of words (subject and verb) may be reversed, like this:

Je Viera Slovenka?	Is Viera (a) Slovak?
Je to hrad?	Is it a castle?

Exercise 1

Write or say the following in Slovak:

1 Hello. I am Jozef.

2 Pleased to meet you.
3 Are you (a) Slovak man/woman?
4 No. I am an Englishman/woman.
5 Viera is waiting outside.

Exercise 2

Work out the questions (English and Slovak) to which these are the answers:

1 Áno. Ja som Američanka.
2 Áno. Viera je Slovenka.
3 Samozrejme. Máme kufor. Tu je.
4 Áno. Som vonku.
5 Áno. Ja som Jana.

Dialogue 2 🔲

Jozef and Viera drive into Bratislava, which Jozef has never seen before. He seems to be going on some course

JOZEF:	Čo je to?
VIERA:	Vľavo? To je Bratislavský hrad.
JOZEF:	To je pekný hrad. Je aj Bratislava pekná?
VIERA:	Áno. Najmä staré mesto je veľmi pekné.
JOZEF:	Kde je rieka?
VIERA:	Dunaj? Dunaj je tam. Vpravo.
JOZEF:	Dunaj? Nie je modrý?
VIERA:	Nie. Bohužiaľ. Voda nie je čistá. Rieka je špinavá.
JOZEF:	Kto je náš učiteľ? Ako sa volá?
VIERA:	Volá sa Štefan Horák.

JOZEF:	*What's that?*
VIERA:	*On the left? That's Bratislava Castle.*
JOZEF:	*That's a lovely (pretty) castle. Is Bratislava pretty, too (also lovely)?*
VIERA:	*Yes. The old town especially is very pretty.*
JOZEF:	*Where is the river?*
VIERA:	*The Danube? The Danube's there. On the right.*
JOZEF:	*The Danube? Is it not blue?*
VIERA:	*No. Unfortunately. The water isn't clean. The river is dirty.*
JOZEF:	*Who is our teacher? What is his name?*
VIERA:	*His name is Štefan Horák.*

Vocabulary

čo je to?	what is that?		
kde je ... ?	where is ... ?		
kto je ... ?	who is ... ?		
ako sa volá?	ʹwhat's his/her name? (*lit.* how self he calls?)		
volá sa ...	his/her name is ... (*lit.* he calls self ...)		

aj	also (= in addition)	**pekný, -á, -é**	nice, pretty, lovely
bohužiaľ	unfortunately, regrettably	**rieka**	river
		špinavý, -á, -é	dirty
Bratislavský hrad	Bratislava Castle	**starý, -á, -é**	old
čistý, -á, -é	clean, pure	**tam**	there
Dunaj	the Danube	**učiteľ**	male teacher
mesto	town	**učiteľka**	female teacher
modrý, -á, -é	blue	**veľmi**	very
najmä	especially	**vľavo**	on the left
náš	our	**voda**	water
nie je	it is not	**vpravo**	on the right

Language points

Gender

When describing a noun with an adjective (e.g. 'a lovely town') you need to know the so-called gender of the noun: *masculine, feminine* or *neuter*. This is because the ending of the adjective changes accordingly.

You will not be surprised to hear that nouns for males are normally masculine, while nouns for females are normally feminine!

A good rule of thumb for any other noun is:

Ending in a consonant – masculine:
  hrad 'castle', **kufor** 'suitcase', **Dunaj** 'Danube'
Ending in -a (or -osť) – feminine:
  rieka 'river', **voda** 'water'; **radosť** 'joy'
Ending in -o (or -e) – neuter:
  mesto 'town', **auto** 'car'; **srdce** 'heart', **námestie** 'square'

Exceptions will be noted as they occur.

Adjectives

Adjectives (e.g. **pekný** 'nice, lovely') vary in the way they end, depending on the gender of the noun to which they refer:

pekný hrad (*masculine*)

pekná rieka (*feminine*)

pekné mesto (*neuter*)

Learn some pairs of common adjectives now:

veľký	big	**malý**	small
starý	old	**nový**	new
		mladý	young
dobrý	good	**zlý**	bad
krásny	beautiful	**škaredý, ošklivý**	ugly

Note that **krásny** has a short -**y**, because the previous vowel **á** is long. Similarly, the feminine form is **krásna**, and the neuter is **krásne**. This tendency to avoid two long vowels in adjacent syllables is called the *rhythmic law*.

When a name like **Bratislava** describes a following noun in English, in Slovak you need to make it into an adjective, often with **-ský**: **Bratislavský hrad** Bratislava Castle.

More verbs

Most verbs ending in -**ať** have a present tense like **mať** 'to have', e.g. **čakať** 'to wait'. Note how the Slovak present can be translated in two ways:

čakám	I am waiting, I wait
čakáš	you are waiting, you wait
čaká	he/she/it is waiting, waits
čakáme	we are waiting, we wait
čakáte	you are waiting, you wait
čakajú	they are waiting, they wait

When the previous vowel is long, the **á** is shortened to **a**. This is

the *rhythmic law* working again, as seen in adjectives above.
   Look at **bývať** 'to live' (= 'reside'), and interpret the forms your-self!

bývam	**bývame**
bývaš	**bývate**
býva	**bývajú**

Bývate tu?	Do you live here?
Nie. Ja tu nebývam.	No. I don't live here.

Saying 'not'

To make a verb negative (as you see from the example just above) you add **ne-** to it, e.g. **nečakám** 'I am not waiting', **nemajú** 'they don't have'.
   The only exception is the present of **byť** 'to be', which uses **nie** as a separate word, e.g. **nie som** 'I am not', **nie sú** 'they are not'.
   Before other parts of speech **nie** is also a separate word:

Nie dnes, ale zajtra.	Not today, but tomorrow.

My name is . . .

The verb **volať** 'to call' combines with **sa** 'self' to form the reflexive verb 'to call oneself'. This pronoun **sa** remains the same whatever the subject of the verb:

volám sa	I call myself	**voláme sa**	we call ourselves
voláš sa	you call yourself	**voláte sa**	you call yourselves
volá sa	s/he calls him/herself	**volajú sa**	they call themselves

'I call myself' amounts to English 'I am called . . .' or 'my name is . . .'

Volám sa Jana.	My name is Jana.

Similarly:

Volá sa Jozef.	His name is Jozef (Joseph).
Volajú sa Mária a Jozef.	They are called Mária and Jozef (Mary and Joseph).

How are you?

Mat' 'to have' combined with **sa** 'self' has the idiomatic sense 'to be feeling', hence the standard phrase:

Ako sa máte?   How are you? How are you
           feeling? How are things?

That is the **vy**, or formal mode of address, of course. With someone to whom you say **ty**, you use the expression:

Ako sa máš?   How are you?

A conventional answer would be:

Ďakujem. Mám sa dobre. Thank you. I am (feeling) well.

Or simply:

Ďakujem, dobre.   Thank you, well.

If feeling notably unwell, you might of course wish to say:

Zle!   Badly!

Neutral, but unenthusiastic, is:

Ujde to.   Not too bad. Okay. It'll do.

Note how **sa** self is *not* always after the verb! In fact, as a rule, it comes in the second possible position in a sentence:

Ako sa máte? – Mám sa How are you? I am well.
 dobre.
Ivan sa má dobre.   Ivan is well.
Ivan a Peter sa majú dobre. Igor and Peter are well.

Please and thank you

Prosím is 'please'. For 'please may I have . . .' you can say **prosím si . . .** . **Si** is another form of **sa** ('self'). It means 'to/for oneself', and so **prosím si** means literally 'I ask for myself'.

Prosím si čaj.   Please may I have some tea.
Čaj, prosím!   Tea, please!

Prosím? means 'what do you want?' or 'what did you say?'
 Ďakujem is 'thank you'. **Vďaka** is 'thanks'. **Ďakujem** regularly elicits the response **nech sa páči** (*lit.* 'let it please'):

Ďakujem pekne.   Thank you very much (*lit.* nicely).
– Nech sa páči.   – You're welcome.

Exercise 3

Fill in the blanks with appropriate adjectives in the right form:

1 Náš hrad je _____. (*pretty*)
2 Dunaj nie je _____. (*blue*)
3 Mám _____ auto. (*new*)
4 Voda je _____. (*clean*)
5 _____ mesto je _____. (*old – beautiful*)

Exercise 4

Revise your vocabulary and find opposites for the following:

    čistý, malý, vpravo, áno, škaredý, mladý

Exercise 5

Translate these sentences, then make them negative

1 Viera je Slovenka.
2 Čakajú vonku.
3 Bývam tu.
4 Som Angličan.

Exercise 6

Answer these questions in an appropriate way:

1 Ako sa máte?
2 Ste Slovák/Slovenka?
3 Ako sa voláte?
4 Je Bratislava pekné mesto?
5 Je Dunaj čistý?
6 Kto je náš učiteľ? Ako sa volá?
7 Je Štefan starý?

Exercise 7

Fill in the blanks in this simple dialogue:

– ...?
– Ďakujem. Dobre.
– ...?
– Nie. Nemám auto.
– ...?
– Áno. Samozrejme. Štefan je tu. Čaká vonku.
– Tak dobre. ...
– Do videnia.

Dialogue 3 ▣

Someone delivers a letter by hand

PÁN A:	Dobrý deň. Ako sa máte?
PANI B-OVÁ:	Ďakujem. Dobre. Čakáte dlho?
PÁN A:	Nie. Krátko.
PANI B-OVÁ:	Tu máte list. Nech sa páči.
PÁN A:	Ďakujem. Do videnia.
PANI B-OVÁ:	Do videnia.

MR A:	*Good day. How are you?*
MRS B:	*Thank you. Well. Have you been waiting (are you waiting) long?*
MR A:	*No. For a short time.*
MRS B:	*Here is* (lit. *you have*) *a letter. Help yourself.*
MR A:	*Thank you. Goodbye.*
MRS B:	*Goodbye.*

Vocabulary

dlho	for a long time
krátko	for a short time
list	letter
nech sa páči	please, help yourself
do videnia	goodbye

Dialogue 4 📼

Adam and Eve have a heavy case to deal with . . .

ADAM:	Ahoj, Eva.
EVA:	Servus, Adam.
ADAM:	Čakáš dlho?
EVA:	Áno. Veľmi dlho.
ADAM:	Ako sa máš, Eva?
EVA:	Dobre. Tu máš kufor. Kde máš auto? Ty nemáš auto?
ADAM:	Nie. Nemám auto. A ty máš?
EVA:	Nie. Tiež nemám. Bohužiaľ.
ADAM:	Ale kufor je veľký! A aj ťažký.
EVA:	Ale ty si silný chlap. Nie?
ADAM:	Nie. Nie som veľmi silný. Ale máme šťastie! Vonku čaká taxík.

ADAM:	*Hi, Eva.*
EVA:	*Hi* (lit. *servant*), *Adam.*
ADAM:	*Have you been waiting* (lit. *are you waiting*) *long?*
EVA:	*Yes. Very long.*
ADAM:	*How are you, Eva?*
EVA:	*Fine. Here is* (lit. *you have*) *the suitcase. Where is* (*do you have*) *the car? Don't you have a car?*
ADAM:	*No. I don't have a car. And you do* (lit. *you have*)?
EVA:	*No. I don't either* (lit. *also don't have*). *Unfortunately.*
ADAM:	*But the suitcase is big! And also heavy.*
Eva:	*But you are a strong guy. Aren't you?* (lit. *no?*)
ADAM:	*No. I am not very strong. But we are lucky* (lit. *we have luck*)*! A taxi is waiting outside.*

Vocabulary

ahoj   hi, hello (informal), *also* = bye.
Servus   *alternative to* **ahoj** (*lit.* servant); *also*: **čau!** hi!

ale	but	**taxík**	taxi
chlap	bloke, guy, man	**ťažký**	heavy
silný	strong	**tiež**	also (= likewise)
šťastie	luck, happiness	**tiež ne-**	also not, not . . . either

2 Čo robíte?

What are you doing?

By the end of this lesson you should be able to:

- use more verbs in the present
- say 'my', 'your', etc.
- express liking
- say must
- use the verbs 'to know' and 'to understand'
- talk about languages, countries and nationalities
- recognize some plurals

Dialogue 1

Little Evička talks to Mr Kováč

EVIČKA: Dobrý deň, pán Kováč. Ako sa máte?
KOVAČ: Ďakujem, dobre. Čo robíš, Evička?
EVIČKA: Hrám sa. A vy čo robíte, pán Kováč?
KOVAČ: Fajčím a čakám na obed. Je tu pekne, však?

EVIČKA: *Good day, Mr Kováč. How are you?*
KOVAČ: *Thank you. Fine. What are you doing, Evička?*
EVIČKA: *I'm playing. And what are you doing, Mr Kováč?*
KOVAČ: *I'm smoking and waiting for lunch. It's nice here, isn't it?*

Vocabulary

a	and	**Evička**	familiar name for Eva
čakám na	I'm waiting for	**fajčím**	I'm smoking
čakať	to wait	**fajčiť**	to smoke
čo robíš/robíte?	What are you doing?	**hrám (sa)**	I'm playing
robiť	to do/make	**hrať (sa)**	to play

je tu pekne	it is nice here	**pán Kováč**	Mr Kováč
obed	lunch (midday meal)	**však**	however; *here* = isn't it?
			(*invites agreement*)

Dialogue 2 ▣

They ask about their families' activities

EVIČKA: Kde je pani Kováčová?
KOVAČ: Je doma. Varí obed, vieš. A čo robí tvoja sestra?
EVIČKA: Viera? Učí sa.
KOVAČ: A čo robí brat? Ako sa volá?
EVIČKA: Igor. Neviem, čo robí. Asi sedí doma, číta alebo počúva rádio. Alebo hádam spí.

EVIČKA: *Where is Mrs Kováčová?*
KOVAČ: *She's at home. She's cooking lunch, you know. And what is your sister doing?*
EVIČKA: *Viera? She's studying.*
KOVAČ: *And what's (your) brother doing? What's his name?*
EVIČKA: *Igor. I don't know what he's doing. He's probably sitting at home, reading or listening to the radio. Or maybe sleeping.*

Vocabulary

alebo	or	**sedí**	s/he's sitting
asi	probably	**sedieť**	to sit
brat	brother	**sestra**	sister
číta	s/he's reading	**spí**	he's sleeping
čítať	to read	**spať**	to sleep
doma	at home	**tvoja**	*f. of* **tvoj**, your
hádam	probably, I guess	**učí sa**	s/he's studying
pani Kováčová	Mrs Kováčová	**učiť sa**	to study, lit. teach
počúva	he's listening to		self
počúvať	to listen to	**varí**	s/he's cooking
rádio	radio	**variť**	to cook
robí	s/he is doing,	**vieš**	you know
	making	**vedieť**	to know
robiť	to do, make		

Language points

More verbs in the present

The dialogues used some more **á**-type verbs in **-ať**: **hrať/hrám** 'to play', **čítať/čítam** 'to read', **počúvať/počúvam** 'to listen to'.

Another common type, the **í**-type, has infinitives ending in **-iť** or sometimes **-ieť**. Compare **hrať** 'to play' with **robiť** 'to do/make', and **sedieť** 'to sit'. The vowel in the endings is **í**, instead of **á**, and the 'they' form is **-ia**, instead of **-ajú**:

hrám	robím	sedím	I play, do, sit
hráš	robíš	sedíš	you play, do, sit
hrá	robí	sedí	s/he plays, does, sits
hráme	robíme	sedíme	we play, do, sit
hráte	robíte	sedíte	you play, do, sit
hrajú	robia	sedia	they play, do, sit

Other **í**-type verbs are **variť** 'to cook', **učiť** 'to teach' and **učiť sa** 'to study' (lit. 'teach oneself'), also **fajčiť** 'to smoke', and **vidieť** 'to see'.

A few have the infinitive ending **-ať**, e.g. **spať/spím** ... **spia** 'to sleep'.

After a long vowel **í** shortens to **i** (the rhythmic law), e.g. **krátiť/krátim** 'to shorten'.

The ending **-ia** loses its **i** after **j**, e.g. **stáť/stojím** 'to stand' – **stoja** 'they stand'.

Reflexive verbs

Sometimes a simple English verb can be reflexive in Slovak. When **hrať** 'to play' lacks an object, it adds **sa**. You say:

Hrám futbal.	I'm playing football.
but: **Hrám sa.**	I'm playing (cf. 'amusing myself').

Note also the common reflexive verbs: **učiť sa** 'to learn, study' (*lit.* 'to teach oneself') and **pýtať sa** 'to ask (a question)'.

Učím sa slovenčinu.	I'm learning/studying Slovak.
Pýtam sa, kde je Peter.	I'm asking where Peter is.

'My', 'your', etc.

Note the way **môj** 'my' and **tvoj** 'your' change for feminine and neuter nouns:

To je môj brat, moja sestra a moje auto.
That's my brother, my sister and my car.

To je tvoj otec, tvoja matka a tvoje auto.
That's your father, your mother and your car.

Tvoj means possession by someone you address as **ty**. However, if the 'you' word used is **vy** (plural, or formal) 'your' is **váš**. Compare **náš** for 'our'.

To je váš brat, vaša sestra, vaše auto.
That's your brother, your sister and your car.

To je náš brat, naša sestra, naše auto.
That's our brother, our sister and our car.

Jeho 'his/its', **jej** 'her' and **ich** 'their' never alter:

To je jej brat, jeho sestra a ich auto.
That is her brother, his sister and their car.

The possessive can often be omitted for family members, when it is clear who is meant:

To je (môj) brat.   This is (my) brother.
To je (moja) matka.   This is (my) mother.

Exercise 1

Answer these questions about Dialogues 1 and 2:

1 Čo robí Evička?
2 Čo robí pán Kováč? (*Two verbs!*)
3 Kde je pani Kováčová?
4 Čo robí pani Kováčová?
5 Čo robí Viera?
6 A čo asi robí Igor? (*Four verbs!*)

Exercise 2

Ask simple questions to which these are sensible answers:

1 Fajčím.
2 Igor je doma.
3 Nie, ja nespím.
4 Nie, nepočúvam rádio.
5 Volám sa Eva.

Exercise 3

Use the right form for 'my', 'your', 'our' with the nouns which follow:

1 môj: _____ kufor, _____ auto, _____ sestra
2 tvoj: _____ rieka, _____ obed, _____ rádio
3 náš: _____ mesto, _____ rieka, _____ hrad
4 váš: _____ matka, _____ učiteľ, _____ taxík

Dialogue 3 💿

Mr Kováč asks more about Evička's brother

KOVAČ: Je Igor chorý?
EVIČKA: Nie. Je lenivý, viete.
KOVAČ: Má rád nejaký šport?
EVIČKA: Áno. Hrá futbal. Niekedy aj volejbal. Ale len keď musí.
KOVAČ: A aký šport máš rada ty?
EVIČKA: Ja hrám tenis. A plávam.

KOVAČ: *Is he ill?*
EVIČKA: *No. He's lazy, you know.*
KOVAČ: *Does he like any (some) sport?*
EVIČKA: *Yes. He plays football. Sometimes also volleyball. But only when he has to.*
KOVAČ: *And what sport do you like?*
EVIČKA: *I play tennis. And I swim.*

Vocabulary

aký	what kind of?	**len**	only
futbal	football	**lenivý**	lazy
chorý	ill, sick	**má rád/rada**	s/he likes
keď	when	**máš rád/rada**	you like

musí	s/he has to, must	**šport**	sport
musieť	to have to	**tenis**	tennis
nejaký	some	**viete**	you know
niekedy	sometimes	**vedieť**	to know
plávam	I swim	**volejbal**	volleyball
plávať	to swim		

Language points

'To like'

In the phrase **mať rád** 'to like' (*lit.* 'to have glad') **rád** becomes **rada** if the subject is female:

Igor má rád vodu.	Igor likes water.
Viera má rada vodu.	Viera likes water.
Viera má Igora rada.	Viera likes/loves Igor.

Negative: **Viera nemá Igora rada.** Viera doesn't like Igor.

To say you like doing something just use **rád** alone with the activity verb:

Rád/rada plávam.	I like swimming.
Rada číta.	She likes reading.

Negative: **Nerada číta.** She doesn't like reading.

Dievča 'girl' and **dieťa** 'child' both count as neuter! So now **rád** becomes **rado**:

Dieťa/dievča má vodu rado.	The child/girl loves water.

The plural of **rád** is **radi**, but **rady** if the persons are non-male!

Radi spia.	They like sleeping.
Rady spia.	They (women) like sleeping.

Expressing necessity or obligation

Musieť 'to have to, must' is another **í**-type verb, used to express necessity or obligation:

Musím variť obed.
I have to cook lunch. I must cook lunch.

Nemusíte hrať futbal.
You don't have to play football.

Knowing facts

The verb **vedieť** 'to know' is a little irregular, although most of the present simply has **-ie** instead of **-á** or **-í** in the endings:

viem	I know	**vieme**	we know
vieš	you know	**viete**	you know
vie	s/he knows	**vedia** [NB]	they know

Neviete, kde je pán Kováč?	Do(n't) you know where Mr Kováč is?
Nevedia, kto je pán Kováč.	They don't know who Mr Kováč is.
Vieme, čo robíme.	We know what we are doing.

Vedieť also means 'to know how to':

Pán Kováč nevie variť.	Mr Kováč doesn't know how to cook.
Viera vie hrať hokej.	Viera knows how to play hockey.

Languages

To say 'know a language' you use **vedieť** 'to know' and **po** followed by language word forms ending in **-sky** or **-cky**, e.g. **po slovensky** '(in) Slovak', **anglicky** 'English', **nemecky** 'German', **česky** 'Czech', **maďarsky** 'Hungarian', **poľsky** 'Polish', **rusky** 'Russian', **francúzsky** 'French'.

Pán Kováč vie len po slovensky.
Mr Kováč only knows Slovak.

Ale Viera vie po anglicky.
But Viera knows English.

Similarly, with **hovoriť** 'to speak' and **čítať** 'to read':

Ján hovorí a číta (po) nemecky.
Ján speaks and reads German.

Corresponding adjectives end in **-ský, -cký**, e.g. **slovenský list** 'a Slovak letter', **anglická kniha** 'an English book', **ruský román** 'a Russian novel'.

Nouns for languages end in **-ina**: **slovenčina** 'Slovak', **angličtina** 'English', **nemčina** 'German', **čeština** 'Czech', **maďarčina** 'Hungarian', **poľština** 'Polish', **ruština** 'Russian', **francúzština** 'French'.

Or **jazyk** 'language/tongue' may be used with the adjectives, e.g. **slovenský jazyk** 'the Slovak language'.

Countries and nationalities

Country names end typically in **-sko** or **-cko**: **Slovensko** 'Slovakia', **Anglicko** 'England', **Nemecko** 'Germany', **Rakúsko** 'Austria', **Maďarsko** 'Hungary', **Poľsko** 'Poland', **Rusko** 'Russia', **Francúzsko** 'France'. Also one-time 'Czechoslovakia', **Československo** (sometimes spelt **Česko-Slovensko**).

Add: **Veľká Británia** 'Great Britain', **Amerika** 'America', **Spojené štáty** 'the United States', **Česká republika** 'the Czech Republic'.

Nouns for members of nationalities have female forms in **-ka**: **Slovák, Slovenka** 'a Slovak', **Angličan, Angličanka** 'Englishman, -woman', **Američan, Američanka** 'an American', **Nemec, Nemka** 'a German', **Rakúšan, Rakúšanka** 'an Austrian', **Čech, Češka** 'a Czech', **Maďar, Maďarka** 'a Hungarian', **Poliak, Poľka** 'a Pole', **Rus, Ruska** 'a Russian', **Francúz, Francúzka** 'a Frenchman, -woman'.

Understanding

The present of **rozumieť** 'to understand' is like verbs in **-ať**, but with **-ie** in the ending instead of **-á**. Note the 'they' form in **-ejú**.

rozumiem, rozumieš, rozumie
rozumieme, rozumiete, rozumejú

Rozumiete (po) slovensky? Do you understand Slovak?
Nerozumejú (po) anglicky. They don't understand English.

Some plurals

Many nouns have plurals in **-y**. **Dva** 'two' becomes **dve** with feminine (and neuter) nouns:

hrad – dva, tri, štyri hrady two, three, four castles
karta – dve, tri, štyri karty two, three, four cards

Numbers **päť** 'five' and above are followed by 'of' forms – we'll come to this later!

Exercise 4

Answer 'no' to these questions, making complete sentences:

1 Máš rád/rada vodu? – Nie, . . .
2 Hráš futbal?
3 Máte rád/rada šport?
4 Plávaš?
5 Si lenivý/lenivá?
6 Ste chorý/chorá?
7 Musíte fajčiť?

Exercise 5

Answer 'yes' to these questions, in the same way:

1. Musíte sa učiť – Áno, . . .
2 Vieš po anglicky?
3 Rozumiete po nemecky?
4 Vie Evička variť?
5 Hovoríte dobre po nemecky?
6 Viete hrať tenis?
7 Musíme hrať nejaký šport?

Exercise 6

Make these nouns plural, and add the right word for 'two':

sestra, obed, auto, list, taxík, matka

Dialogue 4 🎧

Peter asks Magda about her languages and other interests

PETER: Magda, vieš po anglicky?
MAGDA: Nie. Ale hovorím trochu po nemecky a rozumiem po maďarsky.
PETER: Čo robíš, keď máš voľný čas?
MAGDA: Mám rada umenie. Rada čítam alebo pozerám televíziu.
PETER: Máš rada nejaký šport?

MAGDA: Niekedy hrám karty. Nemáš rád karty?
PETER: Nie.

PETER: *Magda, do you know English?*
MAGDA: *No. But I speak German a little and understand Hungarian.*
PETER: *What do you do when you have (some) free time?*
MAGDA: *I like art. I like reading or watching television.*
PETER: *Do you like any sport?*
MAGDA: *Sometimes I play cards. Don't you like cards?*
PETER: *No.*

Vocabulary

čas	time	**rád/rada čítam**	I like reading
hovoriť	to speak	**rozumieť**	to understand
karty	cards	**televízia, -u**	television
mám rád/rada	I like/love	**trochu**	a little
po maďarsky	(in) Hungarian	**umenie**	art
pozerať	to watch, look at	**voľný**	free
pozerám televíziu	I watch TV		

3 Si lenivá

Are you lazy?

By the end of this lesson you should be able to:

- talk about family
- talk about objects of actions
- say 'onto', 'for', 'through'
- add adjectives to object nouns
- say 'who', 'which' and 'someone'

Dialogue 1 🔲

Peter and Magda continue their conversation from the last lesson

PETER: Si lenivá?
MAGDA: Nie! Rada chodím na prechádzky. A behám. A plávam.
        Mám vodu rada.
PETER: Ty si teda športovkyňa!
MAGDA: Ale nie! Brat je veľký športovec. Hrá futbal, volejbal a
        hokej. Poznáš Igora?
PETER: Nie, nepoznám. A máš aj sestru?
MAGDA: Nie, nemám. Prečo sa pýtaš?
PETER: Pretože to chcem vedieť.
MAGDA: A ty máš brata?
PETER: Áno, mám.

PETER: *Are you lazy?*
MAGDA: *No. I like going for walks. And I run. And I swim. I love*
        water.
PETER: *You're a sportswoman then!*
MAGDA: *I am not! (My) brother is a great sportsman. He plays*

football, volleyball and (ice-) hockey. Do you know Igor?

PETER: *No, I don't (lit. don't know). Do you have a sister also?*

MAGDA: *No, I don't (lit. don't have). Why do you ask?*

PETER: *Because I want to know.*

MAGDA: *And do you have a brother?*

PETER: *Yes, I have.*

Vocabulary

behať	to run	**pretože**	because
hokej	ice-hockey	**pýtať sa**	to ask
chcem	I want	**športovec**	sportsman
chodiť na	to go for walks	**športovkyňa**	a sportswoman
prechádzky		**teda**	then (= in that
poznať	to know (e.g.		case)
	person, place)	**vedieť**	to know (facts)
prečo	why?	**voda, -u**	water

Language points

Rodina 'family'

We have begun to meet some of the commonest words for family members. Here are some very basic terms to learn now:

žena, muž	woman, man (+ wife, husband)
dievča, chlapec	girl, boy
matka, otec	mother, father
sestra, brat	sister, brother
dcéra, syn	daughter, son
teta, strýko	aunt, uncle
stará matka, starý otec	grandmother, grandfather
vnučka, vnuk	granddaughter, grandson
manželka/manžel, manželia	wife/husband, spouses/couple
rodič(ia), starí rodičia	parent(s), grandparents

dieťa, deti	child, children
príbuzný, -á	a relative

To these we may add the more intimate terms:

mama/mami, mamka	mum, mummy
otecko, ocko	dad, daddy
stará mama, babka	gran, granny
dedo, dedko	grandad, grandpa

NB **dievča** 'girl' and **dieťa** 'child' both count as neuter! Thus you say: **mal-é dievča/dieťa** 'a little girl/child'.

Strýko is, strictly speaking, 'father's brother'. **Ujo (ujko)** is 'mother's brother'. Children often call grown-ups **ujo** 'uncle' or **teta** 'aunty'.

Objects of verbs: the accusative

The basic, dictionary form of a Slovak noun is the subject form, called the *nominative* case. This is used for naming, and for the subject (agent, doer) of a verb:

Otec varí.	Father is cooking.
Večera je dobrá.	The supper is good.

A noun directly affected by a verb is called its object. In Slovak you often have to put such nouns into a special object form, called the *accusative*. For example **večera** 'dinner' becomes **večeru**:

Otec varí večeru.	Father is cooking supper.

The simple rule is:

• nouns in **-a**:	*acc. -u*
• nouns for males:	*acc. -a*
• all others:	*unchanged*

Nouns in -a

M./f. nouns ending in **-a** have accusative **-u**. Most are feminine:

To je voda.	That is water.
Nemáme vodu.	We don't have (any) water.
Jana vidí Vieru.	Jana sees Viera.

Viera nevidí Janu.	Viera doesn't see Jana.

Nouns for male persons ending in **-a** behave the same way:

To je kolega.	That is a colleague.
Vidíme kolegu.	We see a colleague.

Nouns for males

Other nouns for males have an accusative that ends in **-a:**

Janko vidí Juraja.	Janko sees Juraj.
Juraj nevidí Janka.	Juraj doesn't see Janko.
Čo robí brat?	What is (your) brother doing?
Nemám brata.	I don't have a brother.

Some nouns drop an **-e-** or **-o-** when any endings are attached:

To je Peter a Pavol.	That's Peter and Pavol.
Poznáte Petra a Pavla?	Do you know Peter and Pavol?
To je môj otec.	That is my father.
Máte otca?	Do you have a father?

Note that **byť** 'to be' is *not* followed by the accusative!!

Juraj je muž.	Juraj is a man.
Viera je žena.	Viera is a woman.

Prepositions

Prepositions are words like 'onto', 'for', or 'through', which link up with following nouns to define place, time, purpose, etc.

They are followed by nouns in particular cases. For example, **na** meaning 'onto', or 'for a purpose' is followed by the accusative:

Čakám na Vieru.	I'm waiting for Viera.

Of course, very often the noun is *unchanged* in the accusative:

Dávam obed na stôl.	I give/put lunch onto the table.

Pre 'for the benefit of' and **cez** 'through/across' also require the accusative:

To je kniha pre Vieru.	That is a book for Viera.
To je kniha pre Igora.	That is a book for Igor.
Most cez rieku.	A bridge across the river.

| Pozerám cez okno. | I look through the window. |
| Cez deň čítam. | Through (during) the day I read. |

Knowing people and places

To say you know a person or place, use **poznať**, *not* **vedieť**. (**Vedieť** is for facts, information and skills.)

| **Poznáte Bratislavu?** | Do you know Bratislava? |
| **Štefana nepoznáte.** | You don't know Štefan. |

Note the rather flexible word order of Slovak. You put the word you want to emphasize more at the end. (In the second example Štefan had clearly already been mentioned, and it was the matter of whether you knew him that was important.)

Exercise 1

Complete the following as suggested and translate:

1 Vidím _____. (*the river*)
2 Varím _____. (*lunch, supper*)
3 Nemáme _____. (*water*)
4 Nemajú _____. (*a teacher*)
5 Nepoznajú _____. (*Igor*)
6 Vidíte _____ ? (*brother*)

Exercise 2

Say or write the following in Slovak:

1 I have a brother.
2 I don't have a sister.
3 Eva doesn't have a father.
4 They don't have a mother.
5 Do you know Eva?
6 Do you know Jozef?
7 Does Eva know Pavol?

Exercise 3

Translate and answer these questions (honestly!), in complete sentences:

1 Beháte?
2 Plávate?
3 Máte rada/rád vodu?
4 Ste športovec/športovkyňa?
5 Chodíte na prechádzky?
6 Hráte futbal?
7 Ste lenivý/lenivá?
8 Poznáte dobre Bratislavu?

Dialogue 2

Andrew Brown is looking for his friend Ivan Šabík. He's unsure of the address and his Slovak. Pani Šabíková comes to the door

ANDREW: Dobrý deň. Prepáčte, hľadám tu niekoho, ale neviem, či mám správnu adresu.
ŠABÍKOVÁ: Koho hľadáte?
ANDREW: Nebýva tu Ivan Šabík?
ŠABÍKOVÁ: Áno, ja som Šabíková. Ivan je môj syn. A vy ste kto?
ANDREW: Ja som Andrew Brown, anglický študent. Neviete náhodou po anglicky?
ŠABÍKOVÁ: Nie, bohužiaľ. Hovorím len po slovensky.
ANDREW: Moja slovenčina je veľmi zlá, viete. Učím sa len krátko.
ŠABÍKOVÁ: Ale hovoríte pekne. Máte peknú výslovnosť.

ANDREW: *Hello. Excuse me, I'm looking for somebody here, but I don't know if I have the right address.*
ŠABÍKOVÁ: *Who are you looking for?*
ANDREW: *Does (lit. doesn't) Ivan Šabík live here?*
ŠABÍKOVÁ: *Yes, I'm (Mrs) Šabíková. Ivan's my son. And you are who?*
ANDREW: *I'm Andrew Brown, an English student. You don't know English by any chance?*
ŠABÍKOVÁ: *No, unfortunately. I only speak Slovak.*
ANDREW: *My Slovak is very bad, you know. I've been learning (lit. I'm learning) only for a short time.*
ŠABÍKOVÁ: *But you speak nicely. You have nice pronunciation.*

Vocabulary

adresa	address	**prepáčte**	excuse me
či	if, whether	**správny**	correct, right
hľadať	to look for	**študent**	student
koho	*acc.* of **kto,** who?	**syn**	son
môj, *f.* **moja**	my	**výslovnosť**	pronunciation
náhodou	by chance, maybe	**zlý**	bad
niekoho	*acc.* of **niekto,** someone		

Language points

Adjectives

Like nouns, adjectives have only two distinct accusatives. Feminine **-á** becomes accusative **-ú**:

To je dobrá voda.	That is good water.
Máme *dobrú* **vodu.**	We have good water.

Male animate **-ý** becomes accusative **-ého**:

To je dobrý otec.	That is a good father.
Máme *dobrého* **otca.**	We have a good father.

Remember, endings shorten after long vowels (the rhythmic law):

To je správna adresa.	That is the correct address.
Máme správnu adresu.	We have the right address.

Female surnames

Female surnames ending in **-ová** behave like adjectives. Surnames in **-ý** have female **-á**. **Pani** 'Mrs' is invariable with surnames:

To je pani Vilikovská.	This is Mrs Vilikovská.
Poznáte pani Vilikovskú?	Do you know Mrs Vilikovská?
Pán Kováč a pani Kováčová nie sú doma.	Mr Kováč and Mrs Kováčová aren't at home.

'Who' and 'someone'

To ask 'who?' you use **kto**:

Kto je to?	Who is it?

But if 'who?' is the object it becomes **koho**:

Koho hľadáš?   Who are you looking for?

Similarly, **niekto** 'someone' changes to **niekoho**:

Je tam niekto?   Is somebody there?
Hľadám niekoho.   I'm looking for someone.

'Who' and 'which'

If 'who' has nothing to do with a question, but refers to a preceding noun, you use **ktorý, -á, -é**. Its gender form matches the noun it refers to:

Mám brata, ktorý sa učí po slovensky.
I have a brother who is learning Slovak.

Mám sestru, ktorá sa učí po anglicky.
I have a sister who is learning English.

If the noun is a thing, **ktorý** is 'which' (often omitted in English):

Auto, ktoré má tvoj otec, je veľmi dobré.
The car (which) your father has is very good.

In a question **ktorý?** also corresponds to 'which?', while **aký?** means 'what kind of?':

Ktoré je to auto?   Which car is it?
Aké je to auto?   What kind of car is it?

Exercise 4

Complete the following as suggested and translate:

1 To je _____ voda. (*good*)
2 Ivan má _____ učiteľa. (*good*)
3 Eva nemá _____ adresu. (*correct*)
4 Poznáte pána _____ ? (*Vilikovský*)
5 Máte _____ výslovnosť. (*nice*)
6 Viera má _____ otca. (*English*)
7 Ondrej má _____ matku. (*Slovak*)
8 ——— hľadáš? (*whom*)
9 Janko hľadá _____. (*someone*)

Exercise 5

Which of these statements are true (**áno/nie**?) about Dialogue 2?

1 Andrew hľadá Ivana Šabíka.
2 Ivan hľadá matku.
3 Andrew je americký študent.
4 Pani Šabíková hľadá niekoho.
5 Pani Šabíková vie len po anglicky.

Dialogue 3 ▣

Pani Šabíková asks about Andrew's Slovak connections

ŠABÍKOVÁ: Nemáte slovenskú manželku?

ANDREW: Nie. Nie som ženatý, ale mám sestru, ktorá má slovenského manžela, a brata, ktorý sa tiež učí po slovensky. Máme dobrého priateľa, Slováka, ktorý nás učí. Je inžinier a on sa chce učiť po anglicky. Volá sa Peter Botto. Nepoznáte ho?

ŠABÍKOVÁ: Ale áno, Petra poznám dobre. Aj Ivan má angličtinu veľmi rád. Učí sa už dlho, rád číta anglickú a americkú literatúru. Poďte ďalej. Ivan je doma. Pozerá televíziu. Práve dávajú americký film.

ŠABÍKOVÁ: *Do* (lit. *don't*) *you have a Slovak wife?*

ANDREW: *No. I'm not married, but I have a sister who has a Slovak husband, and a brother who is also learning Slovak. We have a good friend, a Slovak, who's teaching us. He's an engineer and he wants to learn English. His name's Peter Botto. Don't you know him?*

ŠABÍKOVÁ: *But yes, I know Peter well. Ivan also likes English very much. He's been learning* (lit. *he is learning) for a long time now, he likes reading English and American literature. Come in. Ivan's at home. He's watching television. They're just showing* (lit. *giving) an American film.*

Vocabulary

americký	American	**nás**	us
dávať	to give	**poďte ďalej**	come in
chce	s/he wants	**ďalej**	further
inžinier	engineer	**práve**	just, just now
ktorý *m.*	who, which	**priateľ**	friend
ktorá *f.*	who, which	**učiť**	to teach
literatúra	literature	**už**	now, already
manžel	husband	**ženatý**	married
manželka	wife		

4 Idem do mesta

I'm going to town

By the end of this lesson you should be able to:

- use more verbs
- know the present tense of 'to go'
- talk about place with basic case forms
- say 'please may I have', etc.
- use the verb 'to write' in the present
- say 'of', 'into' and 'out of', 'from'

Dialogue 1

Peter asks Jana where she's going, and what Viera and Eva are doing

PETER: Ahoj, Jana. Ako sa máš?!
JANA: Dobre. Kam ideš?
PETER: Idem do mesta. Nevieš, kde je Viera?
JANA: Viera je v Bratislave. Kupuje darček. Potom ide na večeru k Zuzke.
PETER: A Eva?
JANA: Eva je v Trnave. Je na návšteve u kamaráta.
PETER: Škoda.

PETER: *Hello, Jana. How are you?!*
JANA: *Fine. Where are you going?*
PETER: *I'm going to town. Do(n't) you know where Viera is?*
JANA: *Viera is in Bratislava. She's buying a present. Then she's going for dinner/supper at (lit. to) Zuzka's.*
PETER: *And Eva?*
JANA: *Eva is in Trnava. She is visiting (lit. on a visit) at a friend's.*
PETER: *Pity.*

Vocabulary

darček	present, gift	**na (návšteve)**	on (a visit)
do (mesta)	into/to (town)	**na večeru**	for dinner
ísť/idem	to go/I go	**návšteva**	a visit
k (Zuzke)	to (Zuzka's)	**potom**	then
kam	where to?	**škoda**	a pity
kamarát	friend	**u (kamaráta)**	at (a friend's)
kupovať/kupujem	to buy/I buy	**v (Trnave)**	in (Trnava)

Dialogue 2 🔈

Then Peter asks what Jana is doing at the moment

PETER: Čo robíš? Máš chvíľu čas?
JANA: Upratujem byt, medzitým varím obed, pozerám televíziu.
Potom idem do samoobsluhy. A tak ďalej.
PETER: Ty nejdeš do roboty? Pracuješ, nie?
JANA: Nie. Už mesiac nepracujem. Som ešte stále študentka.
Študujem v Prahe medicínu. Teraz máme prázdniny, vieš.
PETER: Aj ja študujem. Študujem v Bratislave ekonómiu.

PETER: *What are you doing? Do you have time for a moment?*
JANA: *I'm tidying the flat, and meanwhile I'm cooking lunch, and watching television. Then I'm going to the supermarket. And so on.*
PETER: *You're not going to work? You work, don't you (lit. no)?*
JANA: *No. For a month already I haven't been working (lit. I'm not working). I'm still a student. I'm studying medicine in Prague. Now we're on holiday (lit. have holidays), you know.*
PETER: *I'm studying too. I'm studying economics in Bratislava.*

Vocabulary

byt	flat, apartment	**medicína**	medicine
a tak ďalej	and so on	**medzitým**	meanwhile
ekonómia	economics	**mesiac**	month, moon
ešte stále	still	**nejdeš**	you don't go
chvíľu	(for) a moment	**pracovať/pracujem**	to work/I work

Praha	Prague	teraz	now
prázdniny	holidays	upratovať/	to tidy/I tidy
robota	work	upratujem	
samoobsluha	supermarket		
študovať/	to study/I study		
študujem			

Language points

Verbs

Many verbs have an **e**-type present, with endings **-em, -eš, -e,** etc. A particularly regular type has infinitives in **-ovať**, which change to **-ujem, -uješ**, etc., e.g. **pracovať** 'to work':

pracujem	I work	pracujeme	we work
pracuješ	you work	pracujete	you work
pracuje	(s)he works	pracujú	they work

Other common **-ovať** verbs include **študovať/študujem** 'to study', **kupovať/kupujem** 'to buy' and **opakovať/opakujem** 'to repeat'.

Verbs: revision

Usually the present tense form of a verb can be predicted from its infinitive. Regular patterns are:

verbs in **-ať**:	**čakám, čakáš, čaká**
	čakáme, čakáte čakajú
verbs in **-iť**:	**robím, robíš, robí**
	robíme, robíte, robia
verbs in **-ovať**:	**pracujem, pracuješ, pracuje**
	pracujeme, pracujete, pracujú

'To go'

Various unpredictable verbs belong to the **e**-type. One is **ísť** 'to go':

idem	I go	**ideme**	we go
ideš	you go	**idete**	you go
ide	s/he goes	**idú**	they go

The negative 'not to go' replaces **i** by **j**:

nejsť: nejdem, nejdeš, nejde . . .

Ide domov.	He is going home.
Nejde domov.	He isn't going home.

Ísť can also mean 'to come' – the movement can be in either direction:

Ide tam.	He is going there.
Ide sem.	He is coming here.

Talking about place

Slovak nouns have to be put into different forms or cases for various purposes, as we have already seen. Cases are vital, but hard for learners to master. We'll try to make it as simple as we can!

The *genitive* case on its own means 'of'. It also follows preposition words like **do** 'into'. The *dative* means 'to/for'. It also follows **k** 'towards'. Both cases often denote a change of place.

The *locative* follows words like **v** 'in'. The *instrumental* follows words like **za** 'behind, beyond'. Both cases often denote a location.

Case forms

There are *two* main sets of very basic case forms, one for feminine nouns (e.g. **Bratislava, rieka**), another for masculine/neuter nouns (e.g. **Trenčín, mesto**).

Here are the main basic forms (the locative ending is the same for both forms):

genitive	-y:	do Bratislavy/do rieky	into Bratislava/the river
	-a:	do Trenčína/do mesta	into Trenčín/the town
dative	-e:	k Bratislave/k rieke	towards Bratislava/the river
	-u:	k Trenčínu/k mestu	towards Trenčín/the town
locative	-e:	v Bratislave/v rieke	in Bratislava/the river
		v Trenčíne/v meste	in Trenčín/the town
instrumental			
	-ou:	za Bratislavou/za riekou	beyond Bratislava/the river
	-om:	za Trenčínom/za mestom	beyond Trenčín/the town

If you can learn this table, it will help a lot later on.

Exercise 1

True or false about Dialogue 1? (**Áno/nie?**)

1 Eva je v Bratislave.
2 Viera ide k Eve na večeru.
3 Peter kupuje darček.
4 Peter ide do mesta.
5 Viera je na návšteve u kamaráta.

Exercise 2

True or false about Dialogue 2? Correct those which are wrong:

1 Peter varí obed.
2 Jana upratuje byt.
3 Peter ide do samobsluhy.
4 Peter študuje v Bratislave medicínu.
5 Jana študuje v Trnave ekonómiu.

Exercise 3

Translate these verb forms into Slovak:

I work, you (*sg*) smoke, they search, we give, they play, you (*pl.*) swim, we cook, they sleep, I go, they tidy, we study

Dialogue 3 ▢▢

*Ondrej asks for some drinks and ice cream in a snack bar (**bufet**).*
Note the accusative forms of items requested!

PREDAVAČKA: Čo si želáte?
ONDREJ: Prosím si pohár mlieka, zmrzlinu, šálku kávy a
jednu pepsikolu. A pohárik vína.
PREDAVAČKA: Biele alebo červené víno?
ONDREJ: Červené.

PREDAVAČKA: *What do you want?*
ONDREJ: *Please may I have a glass of milk, an ice-cream, a*
cup of coffee and one Pepsi Cola. And a (little) glass
of wine.
PREDAVAČKA: *White or red wine?*
ONDREJ: *Red.*

Vocabulary

biely	white	**prosím si**	please may I
červený	red		have
jedna, jednu *f.*	one	**šálka**	cup
káva	coffee	**víno**	wine
mlieko	milk	**zmrzlina**	ice cream
pepsikola	Pepsi Cola	**želať**	to wish
pohár	glass	**čo si želáte?**	what do you
pohárik	(small) glass		wish?

Dialogue 4 ▢▢

*A young man (**mladý pán**) comes into the snack bar to look for*
someone:

MLADÝ PÁN: Prepáčte, neviete, či tu nie je pani Horáková?
Myslím, že tu pracuje. Mám tu odkaz od jej
sestry.
PREDAVAČKA: Áno, mladý pán, pracuje tu. Aha, práve ide. Máte
šťastie. Dobrý deň, pani Horáková, máte návštevu.
Ja už idem domov. Do videnia.

MLADÝ PÁN: *Excuse me, do you know* (lit. *don't you know*) *if Mrs Horáková is* (lit. *isn't*) *here? I think that she works here. I have here a message from her sister.*

PREDAVAČKA: *Yes, young man, she works here. Ah, here she comes just now. You're lucky. Good day, Mrs Horáková, you've got a visitor* (lit. *a visit*). *I'm going home now. Goodbye.*

Vocabulary

aha	ah!	**myslieť/myslím**	to think/I think
domov	(to) home	**od**	from
jej	her	**odkaz**	message

Dialogue 5

Jana tells pán Botto about a friend she's writing to

JANA: Kam idete, pán Botto?
BOTTO: Idem do parku, keď je tak pekne. A vy, čo robíte? Píšete niečo? Vidím, že máte papier a pero.
JANA: Idem do záhrady. Píšem list. Moja priateľka píše, že je smutná, súrne potrebuje odo mňa pár slov.
BOTTO: Ako sa volá vaša priateľka?
JANA: Volá sa Eva. Je to milé dievča. Mám ju veľmi rada.
BOTTO: Kde býva?
JANA: Teraz býva v Oxforde. Študuje tam ekonómiu.
BOTTO: Vie po anglicky? Píše a hovorí dobre?
JANA: Áno, samozrejme. Eva je totiž Angličanka.

JANA: *Where are you going, Mr Botto?*
BOTTO: *I'm going to the park, since it's so nice. And (what about) you, what are you doing? Are you writing something? I see you have paper and a pen.*
JANA: *I'm going to the garden. I'm writing a letter. My (girl)friend writes that she is sad, she urgently needs a couple of words from me.*
BOTTO: *What is your friend's name?*
JANA: *Her name's Eva. She's a sweet girl. I like her very much.*
BOTTO: *Where does she live?*
JANA: *Now she lives in Oxford. She's studying economics there.*

BOTTO: *Does she know English? Does she write and speak (it) well?*
JANA: *Yes, of course. Eva's English, you see.*

Vocabulary

dievča	girl	**písať/píšem**	to write/I write
ju	her	**priateľka**	female friend
milý	dear	**smutný**	sad
niečo	something	**súrne**	urgently
odo mňa	from me	**totiž**	that's to say, you
papier	paper		see
pár slov	a couple of words	**váš, vaša**	your
park	park	**vidieť/vidím**	to see/I see
pero	pen	**záhrada**	garden
potrebovať/	to need/I need	**že**	that ...
potrebujem			

Language points

What would you like? Please may I have?

Remember the common phrases **čo si želáte?** (*lit.* 'What do you wish?') and **prosím si** ... 'Please may I have ...' (*lit.* 'I ask for self ...'). Both verbs attach the word **si**, related to **sa**, which means 'for/to oneself'. Various other verbs also commonly appear with **si**:

Kupuje si knihu.	S/he buys (for him/herself) a book.
Kupujem si sveter.	I buy (for myself) a sweater.

Try not to confuse this word with **si** meaning 'you are':

Si doma?	Are you at home?

'To write'

Another **e**-type verb is **písať** 'to write':

píšem	I write	**píšeme**	we write
píšeš	you write	**píšete**	you write
píše	s/he writes	**píšu**	they write
		(**-u**: *rhythmic law*)	

'Of'

To say 'of' you use the genitive case on its own, typically feminine
-y, masculine/neuter **-a**. We could call it the *'of' form*:

káva – šálka kávy	coffee – a cup of coffee
voda – pohár vody	water – a glass of water
chlieb – kus chleba	bread – a piece of bread
mlieko – pohár mlieka	milk – a glass of milk

Notice the vowel shortening in **chlieb – chleba**. This happens with
a few nouns before any case endings.

'Into' and 'out of'

The genitive case follows **do** 'into' and its opposite **z** 'out of':

rieka – do rieky, z rieky	into the river, out of the river
hotel – do hotela, z hotela	into the hotel, out of the hotel
auto – do auta, z auta	into the car, out of the car

Z becomes **zo** before words beginning with **z/s**, **ž/š**: **záhrada – zo
záhrady** 'out of the garden', **škola – zo školy** 'out of school'.

'From'

The genitive also follows **od** 'from/away from' (a person or place):

List od učiteľky, od učiteľa.
A letter from a female/male teacher.

Idú od rieky.
They are coming from the river.

Genitive -u

Many masculine inanimate nouns (for places, things and ideas)
have a genitive ending in **-u**, the same as the dative:

dom, hrad, park, byt – Ide do domu, do hradu, do parku, do bytu.
S/he goes into the house, the castle, the park, the flat.

This is pretty unpredictable, though abstract nouns usually have
the **-u** ending. (If you want to get this right, consult the Slovak–
English glossary.)

Male accusative/genitive

Accusative (object) and genitive forms of male nouns are identical!

Poznáte Igora/kolegu.	You know Igor/(my) colleague.
List od Igora/kolegu.	A letter from Igor/(my) colleague.

Exercise 4

Add correct forms of the place names/nouns suggested and translate

1 **Prešov**: Jozef ide do_____. Jozef je v_____.
2 **Trnava**: Eva ide do_____. Eva je v_____.
3 **mesto**: Ivan ide do_____. Ivan je v_____.
4 **samoobsluha**: Viera ide do_____. Viera je v_____.
5 **Nitra**: Igor ide do_____. Igor je v_____.
6 **Martin**: Zuzana je v_____. Zuzana ide do_____.
7 **Komárno**: Juraj je v_____. Juraj ide do_____.

Exercise 5

Čo si želáte?   What do you want? Reply, saying Prosím si . . .:

1 an ice cream
2 a Pepsi Cola
3 a glass of milk
4 a cup of coffee
5 a piece of bread
6 a glass of water

Exercise 6

Complete as suggested:

1 Idem do _____. (*hotel*)
2 Idú do _____. (*garden*)
3 Jana ide do _____. (*park*)
4 Eva býva v _____. (*Oxford*)
5 Pavol nemá _____. (*ice cream*)
6 Želáte si _____? (*coffee*)
7 Eva _____. (*is writing a letter*)
8 Pavol _____ _____. (*is buying himself a book*)

Dialogue 6 🔲

Dušan Novák meets pani Bottová at the tram stop. He's moved to Petržalka, a large suburb of Bratislava across the Danube

DUŠAN:	Dobrý deň, pani Bottová. Ako sa máte?
BOTTOVÁ:	Dobre. Kam idete?
DUŠAN:	Idem do mesta. Práve čakám na električku. A poobede idem k tete do Trenčína. Ona má dcéru, ktorá študuje angličtinu. Práve píše diplomovú prácu a potrebuje pomoc. Nerada píše, ale teraz musí.
BOTTOVÁ:	A vy, čo teraz robíte? Pracujete alebo študujete?
DUŠAN:	Som študent. Študujem angličtinu a nemčinu.
BOTTOVÁ:	Bývate tu niekde blízko?
DUŠAN:	Nie, teraz máme nový byt. Starý je hneď za rohom. Moja sestra tam ešte stále býva. Nový byt je dosť ďaleko, za Dunajom, v Petržalke. A vy, čo robíte?
BOTTOVÁ:	Som predavačka. Predávam v samoobsluhe.
DUŠAN:	Kde?
BOTTOVÁ:	V meste. Práve teraz tam idem. Čakám na autobus. Škoda, že nemáme spoločnú cestu.
DUŠAN:	*Hello, Mrs Bottová. How are you?*
BOTTOVÁ:	*Fine. Where are you going?*
DUŠAN:	*I'm going to town. I'm just waiting for the tram. And in the afternoon/after lunch I'm going to my aunt's in (lit. to) Trenčín. She has a daughter who is studying English. She's just writing her thesis (diploma work) and needs help. She doesn't like writing, but now she has to.*
BOTTOVÁ:	*And (what about) you, what are you doing now? Are you working or studying?*
DUŠAN:	*I'm a student. I'm studying English and German.*
BOTTOVÁ:	*Do you live somewhere near here?*
DUŠAN:	*No, we have a new flat now. The old (one) is just around the corner. My sister still lives there. The new flat is rather far, over the Danube, in Petržalka. And (what about) you, what do you do?*
BOTTOVÁ:	*I'm a shop assistant. I sell in a supermarket.*
DUŠAN:	*Where?*
BOTTOVÁ:	*In town. I'm just going there now. I'm waiting for the bus. Pity we aren't going the same way (lit. we don't have a common journey).*

Vocabulary

autobus	bus
blízko	near, nearby
cesta	road, journey
dcéra	daughter
diplomová práca	diploma work, thesis
dosť	enough, rather
ďaleko	far, far away
električka	tram
hneď	at once, immediately
nerád, nerada	(s/he) doesn't like
niekde	somewhere
nový	new
pomoc	help
poobede	in the afternoon, after lunch
predavačka	female sales assistant
predávať	to sell
roh	corner
za rohom	round the corner
spoločný	common, shared
teta	aunt

5 Chcem ísť do kina

I want to go to the cinema

By the end of this lesson you should be able to:

- Express wanting and being able to
- say 'in', 'on', 'about'
- say 'give to' or 'do for'
- distinguish 'on/onto', 'in/into'
- talk about rooms and furniture

Dialogue 1

Janko invites Viera out, but she has other ideas

JANKO: Ahoj, Viera, ako sa máš?

VIERA: Dobre, Janko. Kam ideš?

JANKO: Idem do mesta k bratovi. Varí obed. Nechceš ísť so mnou? Práve čakám na autobus. Poobede ideme do parku. Potom chceme ísť plávať.

VIERA: Ale ja chcem ísť do kina. Dávajú nový americký film, ktorý chcem vidieť. Je vraj skvelý a veľmi napínavý.

JANKO: O čom je ten film?

VIERA: O politike a o prezidentovi. Vystupuje tam môj obľúbený herec a tiež jedna veľmi krásna herečka.

JANKO: Ktorá?

VIERA: Nepamätám si jej meno. Večer idem na koncert. Hrá Slovenská filharmónia. Hrajú Beethovena a Schuberta.

JANKO: *Hello, Viera, how are you?*

VIERA: *Fine, Janko. Where are you going?*

JANKO: *I'm going to town to (my) brother's. He's cooking lunch. Don't you want to come with me? I'm just waiting for the bus. In the afternoon we're going to the park. Then we want to go swimming.*

VIERA: *But I want to go to the cinema. They are showing (lit. giving) a new American film, which I want to see. It is apparently excellent and very exciting.*
JANKO: *What is this film about?*
VIERA: *About politics and also about the president. My favourite actor is performing there and also a (lit. one) very beautiful actress.*
JANKO: *Which (one)?*
VIERA: *I don't remember her name. In the evening we're going to a concert. The Slovak Philharmonic is playing. They are playing Beethoven and Schubert.*

Vocabulary

o čom	about what?	napínavý	exciting
filharmónia	Philharmonic	o	about
herec	actor	obľúbený	favourite
herečka	actress	pamätať	to remember
chcieť/chcem	to want/I want	politika	politics
Janko	= Johnny	prezident	president
jeden, f. jedna	one	skvelý	splendid, excellent
jej	her	ten	that
kino	cinema	večer	(in the) evening
koncert	concert	vraj	apparently, they say
krásny	beautiful		
meno	name	vystupovať	to perform
so mnou	with me		

Dialogue 2

*Pani Bottová offers Peter Novák some food. Peter turns out to have special requirements. Note they are on **vy** terms*

BOTTOVÁ: Čo si prajete na večeru, rybu alebo mäso?
PETER: Prepáčte, nejem ani rybu ani mäso. Som vegetarián. Nemáte vajíčko alebo nejaký syr?
BOTTOVÁ: Isteže máme. Nie je to problém. Čo si dáte na pitie? Kávu alebo čaj?
PETER: Nemáte pivo alebo víno? Ja som totiž aj veľký alkoholik!

BOTTOVÁ: No dobre! Dáte si teda omeletu, syr a víno? Červené alebo biele?

PETER: Červené. Ďakujem veľmi pekne. [. . .]

BOTTOVÁ: Nech sa páči. Dobrú chuť!

BOTTOVÁ: *What do you want for supper, fish or meat?*

PETER: *Sorry, I don't eat either fish or meat. I'm a vegetarian. Don't you have an egg or some cheese?*

BOTTOVÁ: *Certainly we have. It's not a problem. What will you have to drink? Coffee or tea?*

PETER: *Don't you have beer or wine? I'm also a great alcoholic you see!*

BOTTOVÁ: *Well fine! Will you have an omelette, cheese and wine then? Red or white?*

PETER: *Red. Thank you very much. [. . .]*

BOTTOVÁ: *Here you are. Enjoy your meal!* (lit. *Good appetite!*)

Vocabulary

alkoholik	an alcoholic	**omeleta**	omelette
ani . . . ani	neither . . . nor	**na pitie**	for drink/to drink
čaj	tea	**pivo**	beer
čo si dáte?	what will you have? (*lit.* give yourself?)	**čo si prajete?**	what do you want/ wish?
dobrú chuť!	enjoy your meal! (*lit.* good appetite!)	**problém**	problem
		ryba	fish
isteže	certainly	**syr**	cheese
mäso	meat	**vajíčko**	egg
no dobre!	well, fine!	**vegetarián**	a vegetarian

Language points

Wanting

Chcieť 'to want' is another **e**-type verb:

chcem	I want	**chceme**	we want
chceš	you want	**chcete**	you want
chce	he, she wants	**chcú**	they want

It is followed by verb infinitives or nouns:

Ak chceš, môžeš čítať.	If you want, you can read.
Chceme ísť do kina.	We want to go to the cinema.
Nechcú ísť domov.	They don't want to go home.
Nechcem mlieko, chcem kávu.	I don't want milk, I want coffee.
Čo chcete?	What do you want?
Chcem nový bicykel.	I want a new bike.

Often it is more polite to use **želať si** or **priať si/prajem si** 'to wish':

Čo si prajete na obed?	What would you like for lunch?
Čo si želáte na pitie?	What would you like for a drink?

Saying 'in', 'on', 'about', etc.

The locative case (basic ending **-e**) is used after several preposi-
tions, mostly for location, but also for time or topic:

v	in
na	on
pri	beside/near
po	along *or* after
o	about (a topic)

Igor býva v Prahe.	Igor lives in Prague.
Kniha je na stole.	The book is on the table.
Anna sedí pri okne.	Anna is sitting beside/near the window.
Po obede spí.	After lunch s/he sleeps.
Hovoríme o matke.	We are talking about mother.

V becomes **vo** before **v/f**, e.g. **vo vode** 'in the water'.

'To/towards'

K, meaning 'motion to, towards' (often to a person's house) is followed by the dative. Basic endings are feminine *-e* (= locative), masculine/neuter *-u*:

Ide k Viere.	S/he is going towards Viera/to Viera's.
Ide k stolu.	He goes to/towards the table.

K becomes **ku** (pronounced /gu/) before **k/g**: **ku Katke** 'to/towards Katka'.

Male dative/locative -ovi

Note that nouns for males have a special male dative ending *-ovi*.

Ideme k Petrovi.	We are going to Peter's.
Ideme k bratovi.	We are going to (my) brother's.

This is also the locative:

Hovoríme o Petrovi.	We're talking about Peter.

Giving to, doing for

On its own the dative case means 'to/for', e.g. 'giving to' or 'doing for':

Dávam Viere knihu.	I'm giving a book to Viera.
Varím Igorovi obed.	I'm cooking lunch for Igor.

Note that in English instead of saying 'to Viera' and 'for Igor' you can say 'I give Viera the book' and 'I cook Igor lunch.'
Some Slovak verbs are followed by a dative even though 'to/for' is never used in English, e.g. **pomáhať** 'to help':

Pomáhame otcovi.	We're helping father.

Exercise 1

Čo si dáte? What will you have? Complete the following as suggested:

1 Máte ... ? (*cheese, tea, coffee*)
2 Nemáte ... ? (*beer, wine, an egg, fish*)
3 Prosím si... (*an omelette, white wine*)

Exercise 2

Correct the following statements about Dialogues 1 and 2:

1 Janko ide do záhrady.
2 Janko ide k sestre.
3 Viera nechce ísť do kina.
4 Film je o koncerte a o Beethovenovi.
5 Peter chce mäso.
6 Peter nechce červené víno.

Exercise 3

Complete as indicated and translate into English:

1 Varím _____ obed. (*mother*)
2 Pomáham _____. (*Pavol*)
3 Ideme k _____ na večeru. (*Jozef*)
4 Hovoríme o _____. (*politics*)
5 Jana hovorí o _____. (*Juraj*)

Dialogue 3 📠

Zora Bednárová asks Peter Novák about the Rybár couple

ZORA: Kde je pán Rybár?
PETER: Je v parku.
ZORA: Poznáte ho dobre?
PETER: Áno, pracuje v múzeu. Vidím ho dosť často v meste. Niekedy sa stretávame v hoteli Carlton a obedujeme spolu. Alebo sedíme na námestí a hovoríme o politike, o literatúre, o umení. Je to veľmi múdry, zaujímavý človek.
ZORA: A pani Rybárová čo robí?
PETER: Pani Rybárová je doma. Nemôže pracovať, lebo je chorá. Je veľmi inteligentná a milá. Nemôže chodiť, ale hrá veľmi pekne na klavíri. Ak chcete, môžeme tam niekedy ísť na návštevu.
ZORA: Dnes nemôžem, ale niekedy áno, veľmi rada.
PETER: Aj vy viete hrať na klavíri?
ZORA: Nie, ale hrám na gitare a rada spievam.
PETER: Máte rada vážnu hudbu?
ZORA: Nie. Mám radšej ľudovú a rockovú hudbu.

ZORA: *Where is Mr Rybár?*
PETER: *He's in the park.*
ZORA: *Do you know him well?*
PETER: *Yes, he works in the museum. I see him quite often in town. Sometimes we meet in the Carlton Hotel, and we lunch together. Or we sit on the square and we talk about politics, about literature, about art. He is (lit. It is) a very wise, interesting person.*
ZORA: *And Mrs Rybárová, what is she doing?*
PETER: *Mrs Rybárová is at home. She can't work, because she is ill. She is very intelligent and sweet/nice. She can't walk, but she plays the piano (lit. on the piano) very nicely. If you want, we can go there sometime on a visit.*
ZORA: *I can't today, but sometime yes, very gladly.*
PETER: *Do you also know how to play the piano?*
ZORA: *No, but I play the guitar and I like singing.*
PETER: *Do you like classical (lit. serious) music?*
ZORA: *No. I prefer (lit. like better) folk and rock music.*

Vocabulary

ak	if	**múdry**	wise
často	often	**múzeum**	museum
človek	person	**námestie**	square
dnes	today	**obedovať**	to have lunch
gitara	guitar	**mám radšej**	I like better, I prefer
hotel	hotel		
hudba	music	**rockový**	rock (music) *adj.*
chodiť	to walk		
inteligentný	intelligent	**spievať**	to sing
klavír	piano	**spolu**	together
lebo	because	**stretávať sa**	to meet
ľudový	folk *adj.*	**vážny**	serious
môcť/môžem	to be able/I can	**zaujímavý**	interesting

Language points

Shared dative/locative -u

After consonants **k**, **h**, **ch** and **g** (habitually called *velars*) masculine/neuter nouns extend the dative ending **-u** to the locative also:

park – v parku	in the park
trh – na trhu	'on'/at the market
Nemecko – v Nemecku	in Germany
Rusko – v Rusku	in Russia

Neuters ending in **-io**, **-eum/-ium** do the same: **rádio – v rádiu** 'in/on the radio', **múzeum – v múzeu** 'in the museum'. (Note how the **-um** is dropped!)

Soft locative -i

Some nouns have a final 'soft' consonant, i.e. all those with a soft sign (**č, ň, š, ž, ď, ť, ľ**), plus **c, dz, j**. Often nouns in **-r, -l** also count as soft.

These so-called soft nouns have a soft locative ending in **-i** (except for male animate nouns which, as usual, have the ending **-ovi**, e.g. **Ondrej – o Ondrejovi** 'about Ondrej'):

gauč – na gauči	on the couch
koberec – na koberci	on the carpet
kufor – v kufri	in the suitcase
bicykel – na bicykli	on a bicycle

Neuters ending in **-e** also count as soft: **pole – v poli** 'in the field'. Neuters ending **-ie** have a long **-í**: **námestie – na námestí** 'on the square'.

'On' and 'onto', 'in' and 'into'

Sometimes the case taken by a preposition changes its precise meaning. The most obvious example is **na** 'on' or 'onto'.

When **na** means 'on' it takes the locative, but when it means 'onto' (with motion towards) it takes the accusative:

Kniha leží na stole.	The book is lying on the table.
Dávam knihu na stôl.	I give/put the book onto the table.

However, for 'in' and 'into' you use different words. **V** + *locative* means 'in', while **do** + *genitive* means 'into':

Marta je v Prešove.   Marta is in Prešov.
Marta ide do Prešova.   Marta goes to/into Prešov.

Notice how with some places you say **na** 'on, onto':

Slovensko – Sme na Slovensku.
We are in (*lit.* on) Slovakia.

Ideme na Slovensko.
We are going to (*lit.* onto) Slovakia.

Morava – Sú na Morave.
They are in (*lit.* on) Moravia.

Idú na Moravu.
They are going to (*lit.* onto) Moravia.

pošta – Sú na pošte.   They're at the post office.
Idú na poštu.   They're going to the post office.

Can

Môcť meaning 'to be able', 'can' is an **e**-type verb:

môžem	I can	**môžeme**	we can
môžeš	you can	**môžete**	you can
môže	he, she can	**môžu**	they can
		(**-u**: *rhythmic law*)	

It is followed by infinitives:

Môžeš ísť.   You can go.
Nemôžem pracovať.   I can't work. I'm not able to work.
Môžeme čakať.   We can wait.

Distinguish 'physical ability' from 'know how':

Vieš čítať.   You can read (i.e. know how to).
Môžeš čítať.   You can read (i.e. have the possibility).

Rooms and furniture

If you're going to make real progress with Slovak I'm afraid eventually you're going to have to pick up rather a lot of common domestic vocabulary. Hard work!

You may be living in a **dom** 'house', **byt** 'flat' in a **panelák** 'prefabricated block of flats', a **hotel** 'hotel', or maybe **internát** 'hall of residence'. We hope it has **strecha** 'roof', **dvere** 'door(s)', and at least one **okno** or **oblok** 'window', and maybe **ústredné kúrenie** 'central heating'.

Common **izby** 'rooms' are: **kuchyňa** 'kitchen', **obývačka** 'living-room', **jedáleň** 'dining-room', **spálňa** 'bedroom', **kúpeľňa** 'bathroom', and **predsieň** 'hallway'. To which we may add **schody** 'stairs', and **garáž** 'garage'.

In the **kuchyňa** you might like to have a **sporák** 'cooker', **chladnička** 'fridge', and **drez** 'sink', with **voda** 'water' from the **kohútik** 'tap', and there might be a **práčka** 'washing machine' for washing your **šaty** 'clothes'.

In the **kúpeľňa** you might hope for an **umývadlo** 'washbasin', **vaňa** 'bath' and/or **sprcha** 'shower', and **záchod** 'toilet/lavatory' or **WC** /vétsé/. Over the **umývadlo** you might like a **zrkadlo** 'mirror'.

In your **obývačka**, or **jedáleň** if you have one, you might expect a **stôl** 'table', more than one **stolička** 'chair', a **kreslo** 'armchair', and a **gauč** 'couch' or 'bed-settee'. On the **podlaha** (or **dlážka**) 'floor' it could be nice to have a **koberec** 'carpet', and maybe a **pekný obraz** 'pretty picture' on the **stena** 'wall' (**múr** is a structural wall). Also a **telefón** 'telephone', **rádio** 'radio' and **televízor** 'TV'.

Very tired, **veľmi unavený**, or **unavená**, you lie in the **spálňa** on your **posteľ** 'bed', gazing up at the **strop** 'ceiling', with the **kniha** 'book' under the **lampa** 'lamp' on your **nočný stolík** 'night/bedside table'. Stick it in the **knižnica** 'bookcase', or hide it in the **skriňa** 'cupboard', 'closet', and give up **slovenčina** for good. **Dobrú noc!** Good night!

Exercise 4

Write or say the following in Slovak:

1 I don't want tea, I want coffee.
2 Evička doesn't want fish.
3 We want to go to the cinema.
4 What would you like to drink?
5 The coffee is on the table.

6 Father is talking about Igor.
7 Sometimes we help mother.
8 We are going to Katarína's.
9 Do you remember her name?

Exercise 5

Answer these questions about Dialogue 3:

1 Kde je pán Rybár?
2 Kde pracuje?
3 O čom hovoria Peter a pán Rybár?
4 Čo robí pani Rybárová?
5 Vie Zora hrať na klavíri?

Exercise 6

Complete as indicated and translate into English:

1 Zora hrá na _____. (*the guitar*)
2 Bývam v _____. (*a hotel*)
3 Eva sedí na _____. (*the couch*)
4 Múzeum je na _____. (*the square*)
5 Pavol dáva šálku na _____ (*the carpet*)
6 Šálka je na _____ (*the carpet*)
7 Ak chceš, _____ plávať. (*you can*)
8 Viem, že Viera _____ písať. (*can*)
9 _____ ísť na koncert. (*we can't*)
10 _____ ísť do kina. (*we want*)

Dialogue 4 📼

Evička is talking to her brother Janko

EVIČKA: Kde je moja kniha?
JANKO: Na stole, nevidíš ju? Mama keď vidí niečo ležať na podlahe, vždy to dáva na stôl. Veď ju poznáš. Strašne rada upratuje.
EVIČKA: Ja tak rada čítam na podlahe alebo na koberci.
JANKO: Á ja radšej čítam na gauči alebo v kresle. Keď potom hodím knihu alebo časopis na gauč alebo do kresla, tak mi ich tam mama necháva!

EVIČKA: Čo robí otec?
JANKO: Je v obývačke. Pozerá televíziu.
EVIČKA: A mama?
JANKO: Mama je v robote. To znamená, že dnes varíme my.

EVIČKA: *Where is my book?*
JANKO: *On the table, don't you see it? Mother, when she sees something lying* (lit. *to lie*) *on the floor, she always puts it on the table. I mean, you know her. She just* (lit. *terribly*) *loves tidying up.*
EVIČKA: *I so much like reading on the floor or on the carpet.*
JANKO: *And I prefer reading on the settee or in the armchair. When I then throw a book or magazine on the settee or into the armchair, mum leaves them for me there!*
EVIČKA: *What's father doing?*
JANKO: *He's in the living room. He's watching television.*
EVIČKA: *And mum?*
JANKO: *Mum's at work. That means that today we are cooking.*

Vocabulary

časopis	magazine	**mi**	to/for me
gauč	settee, couch	**nechávať**	to let, to leave
ho	him/it	**obývačka**	living room
hodiť	to throw	**otec**	father
ich	them	**podlaha**	floor
ju	her/it	**stôl**	table
kniha	book	**strašne**	terribly
koberec	carpet	**veď**	after all
kreslo	armchair	**vždy**	always
ležať/ležím (!)	to lie	**znamenať**	to mean
mama	mum		

6 To je krásna dedina!

That's a lovely village!

Dialogue 1 ▣

Mária asks Jozef Bednár about his country cottage

MÁRIA: To je veľmi pekná fotografia. Ste naozaj skvelý fotograf. To je ale krásna dedina! Vy tam bývate?

JOZEF: Hej, máme tam chalupu.

MÁRIA: To je vynikajúce, to sa mi páči, bývať na vidieku.

JOZEF: Chodíme tam na víkend a cez leto tam bývame.

MÁRIA: Je váš domček na fotografii?

JOZEF: Tuná pod kopcom, medzi školou a námestím, pred kostolom. Vidíte?

MÁRIA: Je to ďaleko?

JOZEF: Nie. Tá dedina nie je ďaleko od Bratislavy. Chodíme tam autom alebo vlakom. Cesta vlakom trvá len hodinu a pol.

Vocabulary

to je ale	that's truly a . . .	**fotograf**	photographer
dedina	village	**fotografia**	photograph
dom, domček	house, little house	**hej**	yes (colloquial)

hodina	hour	**ten,** *f.* **tá**	that
chalupa	cottage	**trvať**	to last
kopec	hill	**tuná**	over here
kostol	church	**váš**	your
leto	summer	**vidiek**	the country
medzi	between, among	**víkend**	weekend
naozaj	really	**vlak**	train
pod	under, beneath	**to je vynikajúce**	that's
pol	half		marvellous
pred	in front of,	**to sa mi páči**	that pleases me,
	before		I like that
škola	school		

Dialogue 2

Pani Miková offers pán Kráľ something to drink

MIKOVÁ: Čo si dáte na pitie, pán Kráľ? Kávu alebo čaj?
KRÁĽ: Prosím si kávu.
MIKOVÁ: S mliekom alebo bez mlieka?
KRÁĽ: S mliekom.
MIKOVÁ: Sladíte?
KRÁĽ: Nie. Kávu pijem bez cukru a s mliekom. No čaj pijem s cukrom a bez mlieka.
MIKOVÁ: A ja naopak kávu sladím a čaj pijem bez cukru!

Vocabulary

bez	without	**piť/pijem**	to drink/I drink
cukor, -kru	sugar	**s**	with
Kráľ	= King, surname	**sladiť**	to sweeten, take
naopak	on the contrary		sugar
no	(mild) but		

Dialogue 3

Pani Miková asks Peter Jones from London about his travel plans

MIKOVÁ: Ste tu na Slovensku sám alebo cestujete s kamarátom?
PETER: Cestujem s bratom a so sestrou.

MIKOVÁ: Kde sú teraz?
PETER: Cestujú po Slovensku. Včera boli v Žiline a dnes idú do Prešova.
MIKOVÁ: Poznáte aj Českú republiku a Maďarsko?
PETER: Nie. Zatiaľ sme boli len v Rakúsku, v Nemecku a teraz na Slovensku.
MIKOVÁ: Ako sa vám tu páči?
PETER: Veľmi sa mi tu páči.

Vocabulary

boli	they were	**Rakúsko**	Austria
sme boli	we were	**republika**	republic
cestovať	to travel	**sám**	by oneself, alone
Maďarsko	Hungary	**Slovensko**	Slovakia
Nemecko	Germany	**včera**	yesterday
páčiť sa	to please	**zatiaľ**	so far, meanwhile
Prešov	Prešov	**Žilina**	Žilina

Ako sa vám tu páči?   how do you like it here? (*lit.* how to you here does it please?)

Veľmi sa mi tu páči.   I like it here very much (*lit.* very much to me here it pleases)

Language points

Pleasing and liking

By using **páčiť sa** 'to please/be pleasing' you can express a more immediate response of liking or not liking than the more fixed, habitual quality of **mať rád** 'to like/love':

Bratislava sa mi (ne)páči.
Bratislava pleases/doesn't please me.

Mám/nemám Bratislavu rád/rada.
I like/don't like Bratislava.

Remember the common phrase we learned earlier (*lit.* 'let it please'):

Nech sa páči.   Please (help yourself, come in). You're welcome.

The instrumental

On its own the instrumental case denotes the means or instrument by or with which something is done. Its usual endings are feminine *-ou*, masculine/neuter *-om*:

vlak, auto: **Cestujeme vlakom, autom.**	We travel by train, by car.
nôž: **Krájame chlieb nožom.**	We cut bread with a knife.
pero : **Píšeme perom.**	We write with a pen.
ceruzka : **Píšeme ceruzkou.**	We write with a pencil.
električka: **Cestujeme električkou.**	We travel by tram.

'With' and 'without'

The preposition **s** 'with' also takes the instrumental, but this 'with' refers to accompanying something or someone:

brat : **Cestujem s bratom.**	I'm travelling with (my) brother.
matka : **Cestujem s matkou.**	I'm travelling with (my) mother.

(Brother/sister is obviously not the means of travel!)

S 'with' is also the opposite of **bez** 'without' (which takes the genitive):

mlieko: **káva s mliekom – bez mlieka**
coffee with milk – without milk

cukor: **čaj s cukrom – bez cukru**
tea with sugar – without sugar

S becomes **so** (pronounced /zo/) before **s/z**, **š/ž**: **so sestrou** 'with sister'.

'Behind', 'in front', etc.

One pair of prepositions with the instrumental denotes location behind or in front of an object:

za	behind (or beyond)
pred	in front of (or before)
vlak: **za vlakom**	behind the train
dom: **pred domom**	in front of the house

Another pair denotes location below or above:

pod	below
nad	above

strom: **pod stromom**	below the tree
rieka: **nad riekou**	above the river

Another related preposition is **medzi** 'between' (or 'among'):

auto a vlak: **medzi autom a vlakom**
between the car and the train

Jana a Pavol: **medzi Janou a Pavlom**
between Jana and Pavol

Nouns in -ie

Neuter nouns ending in **-ie** have an instrumental ending **-ím**:

námestie: **pod námestím**   beneath the square

The seasons

Season is **ročné obdobie** (*lit.* 'year period') or **sezóna** as a time for some activity, e.g. **divadelná sezóna** 'theatrical season'.
  The four seasons are:

zima, **leto**; **jar**, **jeseň**   winter, summer; spring, autumn

Notice how you say 'in ...'

v zime, **v lete**	in winter, in spring
BUT: **na jar**, **na jeseň**	in spring, in autumn

Leto is neuter, the rest are feminine. With **od** 'from' and **do** 'to', 'till' you get:

od jari (!) **do jesene, od zimy do leta**
from spring to autumn, from winter to summer

Note also the adjectives:

zimný kabát	a winter coat	**letný deň**	a summer day
jarný dážď	spring rain	**jesenná hmla**	autumn mist

Buying tickets

For travel **vlakom** 'by train' or **autobusom** 'by bus' you'll need a **lístok** 'ticket', stating second or first class, **druhá alebo prvá trieda**, and often a seat reservation, **miestenka**.
You could get your **lístok** like this:

Prosím si (spiatočný/ jednosmerný) lístok ...	I'd like a (return/one-way) ticket ...
druhej/prvej triedy ...	(of) second/first class ...
s miestenkou ...	with a seat reservation
do Bratislavy, do Prešova.	to Bratislava, to Prešov.
Musím prestupovať?	Do I have to change (trains)?

At the **železničná/autobusová stanica** 'train/bus station' look out for the **cestovný poriadok** 'timetable' or **PRÍCHODY** 'arrivals', **ODCHODY** 'departures', and of course try to find the right **nástupište** 'platform'. **Úschovňa** is 'left-luggage office', **batožina** 'luggage'. **Konečná stanica/zastávka** is 'terminus/last stop'.

For travelling **lietadlom** 'by plane', **letenka** is 'air ticket', **letisko** 'airport'. To go **taxíkom** 'by taxi': **Na letisko prosím!** 'To the airport please!'

Exercise 1

Translate these questions and reply as suggested:

1 Chodíte do roboty autom? – (*No, I go by bus.*)
2 Kde je váš byt? – (*Our flat is on the square behind the church.*)
3 Kde je kostol? – (*The church is in front of the school.*)
4 A kde je škola? – (*The school is between the cinema and the river.*)
5 Ako chodíte do Prahy? – (*We go to Prague by train.*)
6 Cestujete sám/sama? – (*No, I'm travelling with my father and mother.*)
7 Ako sa vám tu páči? – (*I like it very much here.*)
8 Čo si želáte? – (*Tea with milk, please, and with sugar.*)
9 Prosím? – (*A return ticket with a seat reservation to Prešov please.*)

Exercise 2

Correct these statements about Dialogues 1 to 3:

1 Chalupa je medzi kostolom a riekou.
2 Dedina nie je ďaleko od Prešova.
3 Pán Kráľ pije kávu s cukrom a bez mlieka.
4 Peter cestuje s kamarátkou.
5 Brat a sestra boli včera v Poprade a dnes idú do Trnavy.

Dialogue 4

Zuzana has been looking for Igor

ZUZANA: Kde ste boli včera poobede? Hľadala som vás, ale nikto nebol doma. Čo ste robili?

IGOR: Išli sme všetci do mesta. Ja som sedel v bufete a učil som sa na skúšku. Pavol išiel do kina. Jana šla s Vierou na koncert. Otec so strýcom boli v krčme a mama mala stretnutie s kamarátkou zo školy. Čakala si na nás dlho?

ZUZANA: *Where were you yesterday afternoon? I looked for you, but no one was at home. What were you doing?*

IGOR: *We all went to town. I sat in the snack bar and studied for an exam. Pavol went to the cinema. Jana went with Viera to a concert. Father and (lit. with) uncle were in the pub and mum had a meeting with a friend from school. Did you wait for us long?*

Vocabulary

bol, *pl.* **boli**	was, were	**skúška**	exam
bufet	snack bar, buffet	**na skúšku**	for an exam
čakal(a)	waited	**som/si**	= I/you (+ *past form of verb*)
hľadal(a)	looked for		
išiel, išla, išli	went	**sme/ste**	= we/you (+ *past form of verb*)
kamarátka	female friend		
krčma	pub, bar, tavern	**stretnutie**	meeting
mal, mala	had	**strýc**	uncle
nás	us (*acc.*)	**šiel, šla, šli**	went
nikto nebol	nobody was	**učil(a) sa**	studied
robil, robili	was, were doing	**vás**	you (accusative)
sedel(a)	sat	**všetci**	all, everyone

Dialogue 5 🔲

But Zuzana didn't wait very long

ZUZANA: Nie, len krátko. Čakala som pred domom chvíľu, ale
keď nikto neprišiel, odišla som domov. Pozerala som
televíziu a potom som hrala so sestrou šach.
IGOR: A ako sa máš? Dobre?
ZUZANA: Dnes som trochu unavená, lebo som včera išla neskoro
spať a cez týždeň musím zavčasu vstávať.

ZUZANA: *No, only a short time. I waited in front of the house for
a while, but when nobody came, I went off home. I
watched television and then I played chess with my sister.*
IGOR: *And how are you? Well?*
ZUZANA: *Today I'm a little tired, because yesterday I went to sleep
late and through the week I have to get up early.*

Vocabulary

čakal(a)	waited	**som**	= I (+ *past form*
dom	house		*of verb*)
hral(a)	played	**šach, šachy**	chess
išiel, išla	went	**týždeň**	week
neskoro	late	**unavený**	tired
nikto neprišiel	nobody came	**vstávať**	to get up
odišiel, odišla	went away	**zavčasu**	early
pozeral(a)	watched		

The past tense

Slovak has only one basic way of forming the past tense of a verb.
To obtain the 'he' past tense form of a verb, you replace the **-ť** of
the infinitive by **-l**:

čakať	to wait	**čakal**	he waited, he was waiting, etc.
robiť	to do, work	**robil**	he did, worked, was doing, working
študovať	to study	**študoval**	he studied, was studying, etc.

This **-l** form agrees with its subject in gender as well as number. For 'she waited' you add **-a**, for 'it waited' you add **-o**, and for 'they waited' you add **-i**:

(Igor, autobus) čakal.	(Igor, the bus) he waited.
(Jana, električka) čakala.	(Jana, the tram) she waited.
(Auto) čakalo.	(The car) it waited.
(Pavol a Jana) čakali.	(Pavol and Jana) they waited.

When the infinitive is **-ieť** the past form shortens the vowel to **-e-**:

sediet'	to sit	**sedel, sedela**	he, she sat/was sitting

Som, **si** and **sme**, **ste** are added for 'I', 'you' and 'we':

Čakal(a) som.	I waited.
Čakal(a) si.	You (*familiar sg*) waited.
Čakali sme.	We waited.
Čakali ste.	You (*pl./formal sg*) waited.

Word order

When **som/si** and **sme/ste** are used in past forms they normally come in the second possible position in a sentence. So, if the subject pronoun is added for emphasis, you say:

Ja som čakal(a).	I waited.

If there is a question word or phrase:

Ako dlho ste tam čakali?	How long did you wait there?

If the reflexive pronoun **sa/si** 'self' is also used, it comes after **som/si** and **sme/ste**:

My sme sa učili.	We studied/were studying.

'Went'

Only a few verbs have any irregularities in the past. The most glaringly irregular is **(i)šiel** 'went', the past of **ísť** 'to go':

Pavol išiel domov.	Pavol went/has gone home.
Jana (i)šla domov.	Jana went/has gone home.
(I)šli domov.	They went home.

'Didn't go' is **nešiel**:

Nešli domov. They didn't go home.

'Was' and 'had'

The past of **byť** 'to be' is **bol**, etc.

Bol/bola doma. She/he was at home.
Neboli doma. They weren't at home.
Kde boli? Where were they?

The past of **mať** 'to have' is **mal**, etc.

Mal/mala sestru. He/she had a sister.
Mali auto. They had a car.
Nemali čas. They didn't have time.

The weather

Statements about the weather, **počasie**, often begin **je/bolo ...** 'It is/it was ...':

Je pekne. Je krásne. It's lovely. It's beautiful.
Je ošklivo. Je pľuhavo. It's horrible.
Je teplo, horúco. It's warm, hot.
Bolo chladno. Bolo zima. It was cool. It was cold.
Vonku je tma. Outside it's dark.
Bolo svetlo. It was light.
Dnes bolo slnečno. Today it was sunny.
Je oblačno, zatiahnuto. It's cloudy, overcast.
Je hmla. Je hmlisto. There's a mist. It's misty/foggy.
Je veterno. It's windy.
Je sucho. Je mokro. It's dry. It's damp.
Bola búrka. There was a thunderstorm.

Other expressions use various verbs:

Prší. It's raining.
Sneží. It's snowing.
Mrzne. It's freezing.
Slnko svieti. The sun is shining.
Vietor fúka. A wind is blowing.

Note also: **dážď** 'rain', **mráz** 'frost', **sneh** 'snow', **predpoveď počasia** 'weather forecast' (**na dnes** 'for today', **na zajtra** 'for tomorrow').

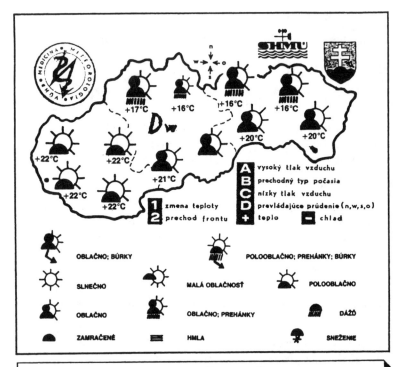

PREDPOVEĎ POČASIA

To some phrases above with **Je ...** you can add **mi** 'to me', etc. This produces phrases like:

Je mi pekne/krásne. I feel fine/great (*lit*. It is to me fine/great).

Je ti (vám) teplo/zima? Do you feel warm/cold?

Exercise 3

Put these sentences into the past tense, and translate into English:

1 Hľadám sestru.
2 V lete neštuduješ.
3 Čo robíte na jar?
4 Pavol ide do kina.
5 Otec je v krčme.
6 Pozerám televíziu.

7 V zime hrajú šach.
8 Študujem medicínu.
9 Matka nemá byt.
10 Na jeseň cestujeme.

Exercise 4

Translate these sentences, then put them into the present:

1 Pil(a) som kávu.
2 Eva čakala na vlak.
3 Pavol nebol doma.
4 Sestra bola unavená.
5 Škola bola na námestí.
6 Juraj sa učil.
7 Išli spať.
8 Otec nemal sestru.

Exercise 5

Complete to make sense, using forms of **rieka**, **škola**, **vlak**, **dom**, **sestra**, **otec**, **námestie**. Now put the sentences into the past and translate them into English:

Náš _____ je na _____ medzi _____ a _____.
Môj _____ tam chodí autom, ale _____ chodí niekedy aj

_____.

Exercise 6

Talk about the weather, saying in Slovak:

1 It's raining. I feel cold.
2 It's nice. The sun's shining.
3 It's cold. It's snowing.
4 It's cloudy, but it's hot.
5 It's windy, but I feel warm.
6 It's misty and it's freezing.

Reading 1

Zuzka gets up and goes to work ...

Každý deň Zuzka vstáva skoro ráno a ide do roboty. V zime, keď sa vracia, je už tma. Včera, keď šla do mesta, pršalo, bolo ešte takmer tma. Pred domom nebol nikto. Zastávka autobusu je dosť ďaleko, pod mostom ako v tuneli. Vietor tam strašne fúka. Na autobus čakala veľmi dlho. Niekedy pozerala, ako cez most prechádza dlhý vlak. Nudila sa. Rozprávala sa so susedou, ktorá čakala na električku. Za susedou stál ešte jeden starý pán vo svetri, bol to ďalší sused. Vyzeral celkom veselo. Zuzke sa nechcelo ísť do práce.

Every day Zuzka gets up early in the morning and goes to work. In the winter, when she returns, it is already dark. Yesterday, when she went to town, it was raining, it was still almost dark. In front of the house there was no one. The bus stop is quite far, under a bridge like in a tunnel. The wind blows dreadfully there. She waited for the bus a very long time. Sometimes she watched a long train going over the bridge (lit. how a long train crosses over the bridge). She was bored. She chatted with a (woman) neighbour who was waiting for the tram. Behind the neighbour also stood an old man in a sweater, this was another neighbour. He looked quite happy (lit. merrily). Zuzka didn't feel like going to work (lit. to Zuzka it didn't want itself to go to work).

Vocabulary

ako	like (as if)	**pršať, pršalo**	to rain, it was raining
celkom	quite, entirely		
ďalší	another, a further	**ráno**	morning
dlhý	long	**rozprávať sa**	to talk, chat
ešte	still	**skoro**	early
ešte jeden	still one, another	**stáť, stál**	to stand, stood
fúkať	to blow	**sused,** *f.*	neighbour
každý	each, every	**suseda**	
most	bridge	**sveter, -tra**	sweater
nudiť sa	to be bored	**takmer**	almost
prechádzať	to cross, go across/through	**tma**	darkness, dark
		tunel	tunnel

veselo	happy, merry	**vyzerať**	to look
vietor – vetra	wind		(appearance)
vo	(= **v** in)	**zastávka**	bus/tram stop
vracať sa/	to return/I return	**zima**	winter, *also*: cold
vraciam sa			

Zuzke sa nechcelo ísť do práce
Zuzka did not feel like going to work (*lit.* to Zuzka it did not want itself to go to work).

Reading 2

It was a long wait for the bus . . .

Suseda vravela, že doma dnes neraňajkovali, cez týždeň sa rodina vždy ponáhľa do roboty, na raňajky nemajú nikdy čas. Strašne nerada takto ráno čaká, ale nemá inú možnosť. Sama nevie viesť auto a ani si ho nemôžu dovoliť, lebo vôbec nemajú peniaze. Autobus stále nešiel. O štvrťhodinu suseda nasadla na električku a odišla. Jana čakala ďalej. Už nebola tma, ale bola zima. Napokon aj autobus prišiel. Jana mala naozaj radosť, lebo sa už začínala báť, že do roboty príde neskoro.

Nasadla na autobus. Autobus sa ponáhľal do mesta. Bol preplnený ako vždy, takže Zuzka nemohla čítať noviny. Vonku bola hustá hmla.

The neighbour said that at home today they didn't have breakfast, through the week the family always hurry to work, they never have time for breakfast. She awfully dislikes waiting like this in the morning, but she hasn't (any) other possibility. She herself doesn't know how to drive a car and they can't even afford one, because they don't have (any) money at all. The bus still didn't come. In a quarter of an hour the neighbour boarded the tram and left. Jana waited further. It wasn't dark now, but it was cold. Finally the bus came as well. Jana was really glad (lit. really had joy), because she was now beginning to be afraid that she would come (lit. will come) to work late.

She got on the bus. The bus hurried into town. It was over-full as always, so Zuzka couldn't read the newspaper. Outside there was a thick fog.

Vocabulary

ani	even	**príde**	(s/he) will arrive, come
báť sa/bojím sa	to be afraid/I'm afraid	**raňajkovať**	to breakfast
dovoliť si	to afford (for oneself)	**raňajky**	breakfast
		rodina	family
hmla	mist, fog	**sám**, *f.* **sama**	self (as subject), alone
ho	him/it		
hustý	thick	**stále nešiel**	he still didn't come
iný	other		
možnosť	possibility	**o štvrťhodinu**	in a quarter of an hour
napokon	finally		
nasadla	boarded	**takto**	this way, like this
nemohla	(she) couldn't		
nikdy	never	**takže**	so that
noviny	newspaper	**viesť auto**	to drive (*lit.* lead) a car
peniaze	money		
ponáhľať sa	to hurry	**vôbec**	at all
preplnený	over-full, crowded	**vravieť**	to say
		začínať	to begin
prišiel	arrived, came		

7 Raňajky, obed, večera

Breakfast, lunch, supper

By the end of this lesson you should be able to:

- talk about eating and drinking
- use more soft nouns
- talk more about place and motion
- say 'take' and 'carry'
- talk about clothes, dressing, washing and the body

Dialogue 1

Eva and Juraj discuss breakfast and eating habits

EVA: Juraj, čo jedávaš na raňajky?
JURAJ: Na raňajky jem chlieb so salámou alebo so syrom. A ty?
EVA: Buď neraňajkujem vôbec, alebo si dám len rožok s maslom a s džemom. A na obed?
JURAJ: Cez týždeň obedujem v menze.

Vocabulary

buď ... alebo	either ... or	**jesť/jem**	to eat/I eat
dám si	I'll give myself/ have	**Juraj**	= George
		maslo	butter
džem	jam	**menza**	refectory
chlieb	bread	**rožok**	crescent-shape bread roll
jedávať	to eat (repeated action)	**saláma**	salami

Dialogue 2 📼

What did Juraj's refectory have for lunch yesterday?

EVA: Čo si jedol včera?
JURAJ: Včera sme mali zeleninovú polievku a kurča s ryžou. Mali aj bravčový rezeň a zemiakový šalát.
EVA: To máte teda skvelú menzu! Takmer ako v reštaurácii.
JURAJ: Naša menza je naozaj dobrá, hoci je aj pomerne drahá.

Vocabulary

bravčový rezeň	pork schnitzel	**pomerne**	fairly, relatively
drahý	dear, expensive	**reštaurácia**	restaurant
hoci	although	**ryža**	rice
jedol	ate	**zemiakový šalát**	potato salad
kurča	chicken		
zeleninová polievka	vegetable soup		

Dialogue 3 📼

And what does he do for food in the evenings?

EVA: A večeriaš doma?
JURAJ: Áno, ale len málo, fazuľku s vajíčkom, chlieb so salámou a tak. Alebo cestou domov si kupujem na ulici klobásu či párok v rožku s horčicou. Potom pozerám chvíľu televíziu a hneď idem spať. Cez týždeň vstávam skoro ráno.
EVA: Máte ťažký život! Málo jedla, veľa práce!

Vocabulary

fazuľka	beans	**párok v rožku**	hot dog
horčica	mustard	**ulica**	street
klobása	sausage	**večerať/večeriam**	to have supper
málo	little, few	**veľa**	a lot of
párok	frankfurter	**život**	life

KULTÚRNY ŽIVOT

Ročník XXIV.　　　27. júna 1990　　　Cena 4 Kčs

Language points

Meals, eating and drinking

The standard words for meals are:

raňajky (*pl.!*)	breakfast
obed	lunch, midday meal
večera	supper, evening meal

Note also the meal verbs **raňajkovať/raňajkujem** 'to have breakfast', **obedovať/obedujem** 'to have lunch', and **večerať/večeriam** 'to have supper'.

Večerať has **-ia-** instead of **-á-** in the present: **večeriam, večeriaš** ... **večerajú**. Compare also **vracať** (**sa**) 'to return': **vraciam** (**sa**) ... **vracajú** (**sa**).

The verb **jesť** 'to eat' is a slightly irregular **e**-type:

jem	I eat	**jeme**	we eat
ješ	you eat	**jete**	you eat
je	s/he eats	**jedia**	they eat (!)
(*don't confuse with* **je** = *is*!)			

The past forms are: **jedol, jedla, jedli**.

For regular eating you can also say **jedávať/jedávam**, as in Dialogue 1.

The verb **piť** 'to drink' is a simple **e**-type:

pijem	I drink	**pijeme**	we drink
piješ	you drink	**pijete**	you drink
pije	s/he drinks	**pijú**	they drink

The past forms are: **pil, pila, pili**.

Soft feminine nouns

Soft feminine nouns, e.g. **ulica** 'street', have a soft consonant before their final **-a**. They have a special genitive ending **-e**. Here are the various forms:

genitive **-e**	**do ulice**	into the street
dative/locative **-i**	**k ulici**	towards the street
	na ulici	on the street
instrumental **-ou**	**pod ulicou**	under the street

Nouns ending **-ia** (pronounce /ija/) also count as soft, e.g. **reštaurácia** 'restaurant':

do reštaurácie /-ije/, **v reštaurácii**   into, in the restaurant.

Some soft feminines end in a consonant, e.g. **posteľ** 'bed', **kaviareň** 'café', **vináreň** 'wine bar' and other such nouns ending in **-eň**:

Idem do kaviarne.   I'm going to the café.
Sedím v kaviarni, pred   I'm sitting in, in front of the café.
kaviarňou.

Those ending in **-osť** (and a few others) have an **-i** ending in the genitive, as well as in the dative/locative, e.g. **radosť** 'joy, happiness':

veľa radosti   lots of joy

Exercise 1

Čo ste jedli? What did you eat? Reply as suggested:

1 pork schnitzel and potato salad
2 a frankfurter in a roll with mustard
3 fish and bread with butter
4 vegetable soup, fish, and bread with cheese
5 chicken with rice and ice cream
6 beans with an egg and a roll with jam

Exercise 2

Fill in the blanks with words for *refectory, street, coffee, wine, mustard, restaurant* and *café*:

1 Cez týždeň obedujem v _____ , ktorá je veľmi dobrá, takmer ako v _____.

2 Niekedy chodím do _____ a pijem čaj, _____ alebo pohárik _____.

3 Cestou domov si kupujem na _____ klobásu či párok s _____.

Exercise 3

Translate into Slovak and then put into the past:

1 They eat in the hotel or in a restaurant.
2 We have lunch in a café.
3 Then we have supper at home.
4 For breakfast I eat bread with cheese or with jam.
5 I drink coffee and tea with sugar and with milk.
6 The restaurant is good, although it is also fairly expensive.

Dialogue 4 🔲

Pavol asks Eva about her brother Janko

PAVOL: Kde je Janko? Nevidel som ho hádam celý mesiac.

EVA: Je vonku. Včera cez deň pršalo. Janko sedel doma, čítal si noviny a počúval rádio. Dnes chcel ísť von. Teraz je v meste. Otec ho tam viezol asi pred hodinou autom. Šiel do Carltonu. Má tam v kaviarni schôdzku s kamarátkou.

PAVOL: Kto je to?

EVA: Američanka, volá sa Katka. Janko ju učí slovenčinu.

Vocabulary

celý	(a) whole	**schôdzka**	meeting
Katka	= Katy	**von**	out (motion out)
kaviareň, -rne *f.*	café	**viezol**	drove, took
pred hodinou	an hour ago (*lit.* before an hour)		

Dialogue 5 🔘

And what about Eva's sister Oľga?

PAVOL: A Oľga? Nie je chorá? Volala mi včera a povedala, že sa necíti dobre. Učila sa na skúšku a sedela v knižnici veľmi dlho.

EVA: V noci ju bolela hlava. Celú noc nespala. Teraz je zasa hore v spálni. Niekedy, keď je chorá, berie si knihu do postele, ale teraz asi nečíta. Práve počúva rádio, lebo spieva jej obľúbený spevák. Nepoznáš túto slovenskú pieseň?

Vocabulary

asi	probably, about	**pieseň**	song
brať/beriem	to take	**posteľ**	bed
bolieť	to hurt	**povedať**	to say, tell
cítiť	to feel	**spálňa**	bedroom
hlava	head	**spevák**	singer
hore	up, upstairs	**táto** *f.*, *acc.* **túto**	this
knižnica	library	**zasa, zase**	again
noc	night		

Dialogue 6 🔘

And Eva's mother?

PAVOL: Kde je tvoja mama? Hádam v kuchyni?

EVA: Nie. Sedí v jedálni. Pozerá televíziu, píše tete list, alebo číta časopis. Aha. Teraz ide sem do izby.

PAVOL: Idem hore, dobre? Potrebujem sa s Oľgou porozprávať. Nesiem jej darček, len takú maličkosť.

EVA: Odkiaľ vieš, že má dnes narodeniny?

PAVOL: Sama mi to povedala. Neberie ma síce vážne, ale vie, že ju mám predsa len veľmi rád.

Vocabulary

izba	room	**kuchyňa**	kitchen
jedáleň	dining room	**maličkosť**	a trifle

narodeniny	birthday	síce ... ale ...	(albeit) ...,
niesť/nesiem	to carry, bring		however ...
odkiaľ	where from?	taký	such a, this kind
porozprávať sa	to have a talk		of
predsa len	anyway, after all	vážne	seriously
sem	here (motion towards)		

Language points

Talking about place and motion

A distinction in meaning between *place* and *motion towards a place* is found in pairs of closely related words. Note:

| **Kde je Janko?** | Where is Janko? |
| *but:* **Kam ide?** | Where is he going? |

| **Je tu.** | S/he is here. |
| *but:* **Ide sem.** | S/he is coming here. |

| **Sedí doma.** | S/he is sitting at home. |
| *but:* **Ide domov.** | S/he is going home. |

| **Je vonku.** | S/he is outside. |
| *but:* **Ide von.** | S/he is going out(side). |

Some speakers use **kde** instead of **kam**. Other words regularly make no distinction:

| **Je dnu.** | He is in/inside. |
| **Ide dnu.** | He goes in/inside. |

| **Je preč.** | He is away. |
| **Ide preč.** | He goes away. |

| **Je hore.** | He is upstairs/up. |
| **Ide hore.** | He goes upstairs/up. |

| **Je dolu/dole.** | He is downstairs, down below. |
| **Ide dolu/dole.** | He goes downstairs, down. |

| **Je tam.** | He is there. |
| **Ide tam** (*or:* **ta**). | He goes there. |

Taking and carrying

Some verbs have **-ie-** instead of **-e-** in forms of the present. We'll call them **ie**-types. Here are two essential ones:

brať/beriem	to take
niesť/nesiem	to carry

Another two are easy to confuse, but also vital:

viezť/veziem	to convey (= take by vehicle)
viesť/vediem	to lead

Their present forms are all similar:

brať	*niesť*	*viezť*	*viesť*
beriem	nesiem	veziem	vediem
berieš	nesieš	vezieš	vedieš
berie	nesie	vezie	vedie
berieme	nesieme	vezieme	vedieme
beriete	nesiete	veziete	vediete
berú	nesú	vezú	vedú

Where infinitive **-ť** follows a consonant, as in **niesť**, **viezť** and **viesť**, the past form for 'he' has the ending **-ol**:

Niesol (viezol) kufor.	He carried (conveyed) the suitcase.
Viedol Ivana do izby.	He led Ivan into the room.

Other past forms lose the **-o-**:

Niesla kufor.	She carried the suitcase.
Viedli Ivana do izby.	They led Ivan into the room.

All of the above verbs may be translated as 'take' in English (the meaning of which is very broad!):

Beriem knihu zo stola.	I take/pick up the book from the table.
Nesiem obed do izby.	I take/carry the lunch into the room.
Veziem Ivana do mesta.	I take/convey Ivan into town.
Vediem Ivana do izby.	I take/lead Ivan into the room.

Viesť 'to lead' can also mean 'to drive (a car)':

Eva vedie auto.	Eva leads/drives the car.

Washing and getting dressed

Verbs often have **sa** 'self' added when the action is devoted to the subject/self, e.g. with **umývať** 'to wash':

Umývam sa.	I wash. I wash myself.
but: **Umývam riad.**	I wash the dishes.

When the action is devoted to the subject/self, but there is also an object, **sa** is replaced by **si** 'to/for self':

Umývam si ruky.	I wash my hands (*lit.* I wash to self the hands).

The same happens with **obliekať** 'to dress, put on', and **vyzliekať** 'to undress, take off':

Obliekam sa.	I dress myself, get dressed, put on my clothes.
Obliekam si kabát.	I put on my coat (*lit.* I put on 'to self' the coat).
Pavol sa vyzlieka.	Pavol gets undressed, takes off his clothes.
Pavol si vyzlieka sveter.	Pavol takes off his sweater.

Following the same pattern are **obúvať** 'to put on shoes', and **zobúvať** 'to take off shoes':

Obúvam sa. Obúvam si topánky.	I put on my shoes.
Zobúvam sa. Zobúvam si topánky.	I take off my shoes.

Clothes and parts of the body

The text below is partly about **šaty** 'clothes', and as you wear **oblečenie** 'clothing' over your **telo** 'body', let's put together some basic words for both topics. You may not be able to learn all this list now, but you can use it for revision later.

Out of doors, you might wear a **kabát** 'coat', **sako** 'jacket' or **bunda** 'anorak'. You might have a **dáždnik** 'umbrella' in your **ruka** 'hand', and **rukavice** 'gloves' on both **ruky**, to keep your **prsty** 'fingers' warm. On your **hlava** 'head' you might have a **klobúk** 'hat' or a **čiapka** 'cap' to cover your **vlasy** 'hair' and **uši** 'ears' (**ucho** 'ear'). You might also be wearing **okuliare** 'glasses' on your **nos** 'nose', for the sake of your **oči** 'eyes' (**oko** 'eye'). Round your **krk** 'neck' you might have a **šál** 'scarf'.

You could have **make-up** on your **tvár** 'face', and **rúž** 'lipstick' on your **pery** 'lips', around your **ústa** 'mouth', with its **biele zuby** 'white teeth' and **ružový jazyk** 'pink tongue'.

You might have an **oblek** 'suit' over your **plecia** 'shoulders' (or **ramená**, correctly 'upper arms'). Alternatively you could have a **sveter** 'sweater' or **pulóver** 'pullover' round your **chrbát** 'back' and **hruď** or **prsia** 'chest'. Below the **pás** 'waist' or 'belt' you might have **nohavice** 'trousers' on your **nohy** 'legs', or a **sukňa** 'skirt'. On your **nohy**, which have **prsty** 'toes', the same as 'fingers', you might be wearing **ponožky** 'socks' (**podkolienky** if up to your **kolená** 'knees') and **topánky** 'shoes', maybe **sandále** 'sandals' or **čižmy** 'boots'. You are perhaps also in a **košeľa** 'shirt' or **blúzka** 'blouse', unless you are wearing **šaty** 'a dress' (also 'clothes' in general). Alternatively you could be wearing some kind of **džínsy** 'jeans' and **tričko** 't-shirt'.

A woman may have a **podprsenka** 'bra' to support her **prsníky** 'breasts'. We should also mention **tielko** 'vest' or US 'undershirt', **pančuchy** 'stockings' and **pančuchové nohavice** or **pančucháče** 'tights', and **spodná bielizeň** ('underwear' in general). On their **zadok** 'backside' men wear **spodky** 'underpants' (**trenírky** 'boxer shorts' or **slipy** 'briefs'), women **nohavičky** 'knickers'. Babies wear, amongst other things, **plienky** 'nappies', 'diapers'.

Bielizeň, incorrectly also **prádlo**, is likewise 'bedlinen', which takes us back to **posteľ** 'bed', **pyžama** 'pyjamas' and **nočná košeľa** 'night shirt'. Maybe it's time to rest your **unavené kosti** 'tired bones', restore your **krv** 'blood', and refresh your **unavený mozog** 'tired brain'. It's all too much for the poor old **srdce** 'heart'.

Exercise 4

Translate into Slovak:

Jozef is out. Yesterday it rained. He sat at home, read the paper and listened to the radio. Today he wanted to go out. Now he's in town. He went to the Carlton. He has a meeting in the café with a female friend. She's an Englishwoman. Her name's Andrea. Jozef is teaching her Slovak.

Exercise 5

Complete with the words suggested and translate into English:

1 Sedela v _____. (*the library*)

2 Je hore v _____. (*the bedroom*)
3 Janko je v _____. (*bed*)
4 Otec bol v _____. (*the kitchen*)
5 Pozeral _____. (*television*)
6 Janko si _____ sveter. (*puts on*)
7 Jozef si _____ ruky. (*washes*)
8 Eva si _____ kabát. (*takes off*)
9 Viera si _____ topánky. (*takes off*)
10 Igor si _____ topánky. (*puts on*)

Reading 1

Getting up in the morning and going to work . . .

V spálni je tma. Práve zvoní budík. Je ráno. Pavol Petrík vstáva a ide do kúpeľne. Berie mydlo a umýva sa. Potom berie žiletku (alebo holiaci strojček) a holí sa. Vracia sa do spálne, vyzlieka si pyžamu, oblieka si spodky, košeľu, nohavice a ponožky. Potom ide dolu do kuchyne. V kuchyni si pripravuje čaj (alebo kávu), berie chlieb a šunku (alebo syr) a ide do jedálne (alebo do obývačky). Je krajec chleba so šunkou (alebo so syrom, niekedy aj rožok s džemom). Upratuje v obývačke. Umýva v kuchyni riad. Napokon ide do predsiene, obúva si topánky, oblieka si pulóver, sako, kabát alebo bundu a beží von. Musí bežať, lebo je neskoro, ponáhľa sa do práce.

Vocabulary

bežať	to run	**nohavice**	trousers
budík	alarm-clock	**obliekať**	to put on
bunda	anorak, wind		(clothes)
	cheater	**obúvať**	to put on (shoes)
dolu	down, downstairs	**ponožky**	socks
holiaci strojček	shaver	**predsieň**	hallway
holiť sa	to shave (oneself)	**pulóver**	pullover
kabát	coat	**pyžama**	pyjamas
košeľa	shirt	**riad**	dishes
krajec	slice	**sako**	jacket
kúpeľňa	bathroom	**spodky**	underpants
mydlo	soap	**šunka**	ham

topánky	shoes	**zvoniť**	to ring
umývať	to wash	**žiletka**	razor blade
vyzliekať	to take off (clothes)		

Reading 2

Working and coming home . . .

V práci sa veľmi nudí. Často telefonuje. Obeduje s kolegom v reštaurácii. Píše dlhú správu o ceste do Prešova.
 Večer ide domov, je unavený, vyzerá zle. Otvára dvere, ide dnu, zatvára, vyzlieka si sako, kabát alebo bundu, nalieva si pohárik slivovice. Sadne si do kresla. (Niekedy, najmä keď je trocha nahnevaný, namiesto slivovice berie pivo a pije priamo z fľaše. Dnes je len unavený, preto pije slivovicu.) O chvíľu počuje tichú hudbu. Oľga je hore v spálni, čaká. Nevie, čo má robiť. Ide hore. Je už takmer tma.

Vocabulary

čo má robiť	what he should do	**počuť, počuje**	to hear
dnu	inside, in	**preto**	so, therefore
dvere	door	**priamo**	straight, directly
fľaša	bottle	**sadne si**	(s/he) sits down
kolega	colleague	**slivovica**	plum brandy
nahnevaný	angry, cross	**správa**	report, news
nalievať	to pour out	**telefonovať**	to telephone
namiesto	instead of	**tichý**	quiet
otvárať	to open	**zatvárať**	to close

8 Chcela napísať list

She wanted to write a letter

By the end of this lesson you should be able to:

- understand verb pairs
- talk about the future
- learn some telephone phrases
- name the days of the week
- say 'would like' and 'could'

Dialogue 1

Elena doesn't know what to put in a letter to Martin

ŠTEFAN: Čo si dnes robila? Čítala si?

ELENA: Nie. Chcela som, ale nemala som čas.

ŠTEFAN: Veď si povedala, že si chceš čítať ten nový americký román, ktorý ti dal Martin.

ELENA: Čítala som ho včera. Už som ho aj prečítala. Písala som Martinovi list. Chcela som mu poďakovať za tú knihu.

ŠTEFAN: Ty si ten list už napísala? Chcel som s tebou ísť do kina. Dávajú výborný taliansky film.

ELENA: Neviem, čo mám Martinovi písať. Prečítam ti jeho posledný list. Asi je do mňa zaľúbený. Chcela som mu niečo písať o politike, o situácii na Slovensku, ale potom som si povedala, že Martin o politiku vôbec nemá záujem.

Vocabulary

dať *pf* of **dávať** to give/put
napísať/napíšem *pf* to write/I'll write

poďakovať za to thank for
  + *acc.*(!) *pf*

posledný	last	**s tebou**	with you
povedať/	to tell	**ti**	to you
poviem *pf*		**za tú knihu**	for that book
prečítať/	to read/I'll read	**výborný**	excellent
prečítam *pf*		**zaľúbený**	in love
román	novel	**záujem**	interest in
situácia	situation	**o** + *acc.* (!)	
taliansky	Italian		

Dialogue 2

*Štefan recalls a funny incident when they cooked for their friend Mišo (= Mick; **Michal** = Michael)*

ŠTEFAN: Mohla by si mu napísať o Mišovi, ako sme ho nedávno pozvali na večeru. Varili sme spolu, aj sme kúpili niečo dobré, chceli sme urobiť naozaj chutnú večeru, ale napokon sme uvarili niečo, čo sa vôbec nedalo jesť.

ELENA: Urobili sme totiž jednu malú chybu.

ŠTEFAN: Áno. Dali sme do vody priveľa soli. Mišo bol síce veľmi hladný, ale zjedol iba malý kúsok a hneď musel ísť na záchod.

ELENA: Hej, bolo to veľmi smiešne! Potom sme šli do reštaurácie. Mišo zjedol strašne veľa a vypil celú fľašu vína. Bol opitý.

ŠTEFAN: Napokon všetko musel zaplatiť sám, lebo my sme nemali peniaze!

ELENA: A Mišo tak nerád platí! Štefan, to je skvelý nápad. Vďaka. List napíšem zajtra, lebo teraz radšej idem s tebou do kina.

Vocabulary

hladný	hungry	**nápad**	idea
chutný	tasty	**nedalo sa**	it wasn't possible
chyba	mistake	**nedávno**	recently
iba	only	**opitý**	drunk
kúpiť *pf*	to buy	**platiť**	to pay
kúsok	piece	**pozvať** *pf*	to invite
mohla by si	you could	**priveľa**	too much

smiešny	funny	**vypiť** *pf*	to drink
soľ – soli	salt	**zajtra**	tomorrow
urobiť *pf*	to do, make	**zaplatiť** *pf*	to pay
uvariť *pf*	to cook	**záchod**	WC, toilet
vďaka	thanks	**zjesť/zjedol** *pf*	to eat up/ate up
všetko	everything		

Language points

Verb pairs

Slovak verbs mostly come in pairs: one *imperfective*, the other *perfective*. Both verbs mean basically the same, but differ in *aspect* – whether their sense is seen as being completed or not.

An imperfective verb denotes ongoing or general activity. (The verbs in previous lessons were nearly all imperfective.)

A perfective verb denotes a complete act (or complete set of acts).

To make **písať** 'to write' perfective you add the prefix **na-** (meaning 'on, onto'). Compare:

Chcem písať list.	I want to write a letter (*activity*)
Chcem napísať list.	I want to write a letter (*complete act*).

There are two main types of pair: prefix and suffix pairs.

In prefix pairs the perfectives add a prefix to the simple imperfectives, as in **písať – napísať** 'to write'. The prefix used is not exactly predictable. For example, in Dialogues 1 and 2 you will find: **pre-čítať** 'to read (through)', **u-variť** 'to cook', **po-ďakovať** 'to thank', **za-platiť** 'to pay', **u-robiť** 'to do', **vy-piť** 'to drink (up)', **z-jesť** 'to eat (up)'.

In suffix pairs the two forms end differently, with different suffixes, as in **dávať – dať** 'to give, put', **kupovať – kúpiť** 'to buy', **pozývať – pozvať** 'to invite'. Generally, as in these examples, the imperfective is the longer form.

The past with verb pairs

Perfective and imperfective verbs form past tenses in the same way, but differ in their precise meaning.

Písal som list.	I wrote/was writing a letter (*process*).

Napísal som list.   I wrote/have written a letter (*complete act*).

English has a wide range of past forms with different distinctions. 'Was writing' can be treated as clearly imperfective, but 'wrote' can correspond to either aspect.

Včera písala list.   Yesterday she was writing/wrote a letter.

Písala ho celý deň.   She was writing/wrote it all day.

Už ho napísala.   Now she has written it.

Dnes napísala ďalší.   Today she has written/wrote another one.

Present versus future

Only imperfectives have a sense in the present of something going on now.

Píšem list.   I am writing a letter (*process*).

Kupujem knihu.   I am buying a book.

Present forms of perfectives are regularly future in meaning!

Zajtra napíšem list.   Tomorrow I will write a letter (*complete act*).

Zajtra kúpim knihu.   Tomorrow I will buy a book.

However, a present perfective can sometimes correspond to an English present, if referring to a complete action:

Niekedy prečíta celú knihu!
Sometimes s/he reads a whole book!

'Would like' and 'could'

To say a polite 'would like' (instead of just 'want') you add **by** to the past forms of **chcieť** 'to want':

Chcel by som hovoriť s pánom Kováčom.
I would like to talk to Mr Kováč.

For a polite 'could' (instead of 'can') you add **by** to the past forms of **môcť** 'to be able, can':

Mohol/Mohla by som hovoriť s pánom Kováčom?
Could I speak with Mr Kováč?

Mohli by sme hovoriť s pani Vizárovou?
Could we speak with Mrs Vizárová?

Exercise 1

Give perfective infinitives of these verbs:

   variť, piť, platiť, jesť, robiť, písať

Exercise 2

Give both infinitives of the verbs suggested:

   to buy, to give, to invite, to read, to thank

Exercise 3

Complete as suggested and translate:

1 Igor _____ román. (*was reading*)
2 Zuzka _____ list. (*has read*)
3 Mišo _____ strašne veľa. (*has eaten*)
4 Eva _____ fľašu vína. (*has drunk*)
5 Mišo a Eva _____ celý deň. (*were drinking*)
6 Brat _____ naozaj chutnú večeru. (*has cooked*)
7 Sestra _____ jednu veľkú chybu. (*has made*)
8 Otec mu _____ pekný list. (*will write*)
9 Zajtra mu _____ za tú knihu. (*I will thank*)
10 _____ hovoriť s pani Vilikovskou? (*could I*)
11 _____ hovoriť s pani Bednárovou. (*I would like to*)

Dialogue 3

Peter Miko speaks to pani Nováková on the phone

NOVÁKOVÁ: Haló?
PETER: Pani Nováková?
NOVÁKOVÁ: Áno, pri telefóne. Kto volá?
PETER: Miko. Peter Miko. Mohol by som hovoriť s pánom
      Petríkom? Napísal som mu pred viac ako týždňom.
      Dúfam, že dostal môj list.
NOVÁKOVÁ: Žiaľbohu, nie je doma.
PETER: A neskôr?

NOVÁKOVÁ:	Nebude doma celý deň. Je na konferencii vo Viedni.
PETER:	Aha, rozumiem. Kedy sa vráti, pani Nováková?
NOVÁKOVÁ:	Povedal, že sa vráti v pondelok večer, myslím, že dosť neskoro v noci.
PETER:	Dobre.
NOVÁKOVÁ:	Mám mu niečo odkázať?
PETER:	Ehm ... nie. Nie je to veľmi dôležité. Zavolám mu niekedy cez týždeň.
NOVÁKOVÁ:	Určite? Poviem mu, že ste zavolali.
PETER:	Veľmi pekne vám ďakujem. Prepáčte, že som vás obťažoval.
NOVÁKOVÁ:	Nič sa nestalo. Do videnia.

Vocabulary

dôležitý	important	odkázať *pf*	to give a message
dostať *pf*	to get	pondelok, v ...	Monday, on
dúfať	to hope		Monday
ehm	uhm	povedať/	to tell/I'll tell
haló	hello (*on phone*)	poviem *pf*	
kedy	when?	pri telefóne	on (at) the phone,
konferencia	conference		speaking
mu	to him	určite	definitely
nebude	(s/he) won't be	viac ako	more than
neskôr	later	Viedeň	Vienna
nič sa nestalo	nothing happened,	vrátiť sa *pf*	to return
	don't mention it	zavolať *pf*	to call, phone
obťažovať	to bother, disturb	žiaľbohu	unfortunately

Dialogue 4 🔲

Peter rings up again a few days later

PETER:	Haló? Pani Nováková?
NOVÁKOVÁ:	Áno, kto volá?
PETER:	Peter Miko. Spomínate si, volal som vám ...
NOVÁKOVÁ:	Áno, spomínam si.
PETER:	Vrátil sa už pán Petrík? Chcel by som sa s ním stretnúť. Ide o dosť dôležitú vec.

NOVÁKOVÁ:	Bohužiaľ už zasa niekam odišiel. Je tuším na seminári v Prahe. Povedal mi, že vám napíše.
PETER:	Kedy sa vráti?
NOVÁKOVÁ:	Neviem presne. Myslím, že zajtra alebo pozajtra.
PETER:	Neviete, či príde veľmi neskoro?
NOVÁKOVÁ:	Dúfam, že nie, ale obávam sa, že áno. Vracia sa často neskoro v noci. Má priveľa práce.
PETER:	Dobre, zavolám pozajtra. Nebude vám to prekážať?
NOVÁKOVÁ:	Nie, to je v poriadku. Poviem pánu Petríkovi, že ste mu opäť telefonovali.
PETER:	Ďakujem vám pekne. Do videnia.
NOVÁKOVÁ:	Do videnia.

Vocabulary

ide o + *acc.* (!)	it concerns	**prekážať**	to obstruct/be a nuisance
niekam	(to) somewhere		
s ním	with him	**presne**	exactly
obávať sa	to fear	**seminár**	seminar
opäť	again	**spomínať si**	to remember
poriadok, v poriadku	order, in order	**stretnúť sa** *pf*	to meet up
		telefonovať	to telephone
pozajtra	the day after tomorrow	**vám**	to you

Language points

The days of the week

Dnes je ... 'today it is ...'. It's time to learn the days of the week. Note that they are spelt without capitals:

Je pondelok, utorok.	It's Monday, Tuesday.
Je streda.	It's Wednesday.
Je štvrtok, piatok.	It's Thursday, Friday.
Je sobota, nedeľa.	It's Saturday, Sunday.

To say 'on' a day, use **v** 'in' with (oddly!) the accusative:

Prídem v pondelok, v utorok.	I'll come on Monday, Tuesday.
Prídu v stredu.	They'll come on Wednesday.
Odišli vo štvrtok, v piatok.	They left on Thursday, Friday.
Odišiel v sobotu, v nedeľu.	He left on Saturday, Sunday.

'From' is **od**, 'till' is **do** (both with their usual genitive):

Boli tam od pondelka do soboty.
They were there from Monday till Saturday.

Boli sme tam od stredy do nedele.
We were there from Wednesday till Sunday.

Remember also:

včera, dnes a zajtra	yesterday, today and tomorrow
predvčerom	the day before yesterday
pozajtra	the day after tomorrow

Deň 'day' is masculine, like **týždeň** 'week', while **noc** 'night' is feminine. Note the phrases **v noci** 'in the night' and **vo dne** 'in the day'.

Prídem o týždeň.	I'll come in a week('s time).

Prefix pairs

Find the prefix pairs in the dialogues. As we have said, the prefix varies from verb to verb, and just has to be learnt! The commonest are **po-**, **u-**, **z-/s-**, **za-**. The symbolic arrow > points to the perfective:

ďakovať > poďakovať	to thank
robiť > urobiť	to do, make

jesť > zjesť	to eat
platiť > zaplatiť	to pay
volať > zavolať	to call

Suffix pairs

In suffix pairs the verb is typically a compound. A prefix is attached in both aspects, because it is needed as part of the general meaning.

For example, if **pod-** 'under-' is added to **písať** 'to write' you get **podpísať**, a perfective verb meaning 'to write under', i.e. to sign. This has its own imperfective **podpisovať**, formed with the suffix **-ovať**.

Compound imperfectives end in **-ať**, **-vať** or **-ovať**.

Slovak dictionaries list such pairs under their more basic, shorter forms, the perfectives. So we make the perfective arrow < point backwards:

podpísať < podpisovať	to sign
vrátiť sa < vracať sa	to return

Families of verbs

Note how related compound verbs form families with parallel forms. Look at the verbs for 'to open' and 'to close':

otvoriť < otvárať	to open
zatvoriť < zatvárať	to close

Similarly, 'put on', 'take off' – we met the imperfectives in Lesson 7:

obliecť, oblečiem, obliekol < obliekať	to put on (clothes)
vyzliecť, vyzlečiem, vyzliekol < vyzliekať	to take off
obuť, obujem, obul < obúvať	to put on (shoes)
zobuť, zobujem, zobul < zobúvať	to take off

Or 'get' and 'get up/stand up':

dostať, dostanem, dostal < dostávať	to get
vstať, vstanem, vstal < vstávať	to get up

Compounds of **ísť** 'to go' have imperfectives in **-chádzať**.

prísť, prídem, prišiel < prichádzať	to come/arrive
odísť, odíde, odišiel < odchádzať	to go away

Ísť itself has no separate perfective form:

Ide domov. Išiel domov. He goes home. He went home.

Sometimes the meanings of prefixes are similar to the corresponding prepositions, e.g. **pri** 'near', **od** 'away from'.

Verbs without pairs

Various verbs lack, or usually lack, pairs. They include imperfectives for fixed states, such as **ležať/ležím** 'to lie', **sedieť/sedím** 'to sit'.

Other such imperfectives are **byť** 'to be', **môcť** 'to be able', **musieť** 'to have to, must', **chcieť** 'to want'.

'Say' and 'tell'

The perfective verb **povedať** 'to say/tell' has a present/future form just like the present of **vedieť** 'to know':

poviem	**povieme**
povieš	**poviete**
povie	**povedia** (!)

Ja mu to poviem.	I'll tell him it, say it to him.
Povedal mi to včera.	He told me, said it to me yesterday.

For imperfective senses you use **hovoriť** or **vravieť**.

Čo hovoríš/vravíš?	What are you saying?

Note the idiomatic:

Ako sa to povie po slovensky?
How do you say it in Slovak? (*lit.* How does it say itself . . .?)

Po anglicky sa povie . . .
In English you say 108

The future again

The verb **byť** 'to be' has the following future:

budem	I shall/will be	**budeme**	we shall/will be
budeš	you will be	**budete**	you will be
bude	s/he, it will be	**budú**	they will be

| **Budeš bohatá!** | You'll be rich! |
| **Nebudú doma.** | They won't be at home. |

You can make an imperfective future of other verbs by adding infinitives (imperfective only!!) to **budem, budeš**, etc.

| **Budem písať list.** | I'll be writing a letter (*process*). |
| **Nebudeme otvárať okno.** | We won't be opening the window (*in general*). |

Exercise 4

You make a telephone call. Translate Mrs Bednárová's words for yourself and speak as suggested:

- *Hello? Mrs Bednárová?*
- *Áno, pri telefóne. Kto volá?*
- *Peter/Viera. Could I speak to Mr Bednár?*
- *Žiaľbohu, nie je doma. Je vo Viedni.*
- *Ah, I understand. When will he return, Mrs Bednárová?*
- *Vráti sa v pondelok. Mám mu niečo odkázať?*
- *Umm ... no. It's not very important. I'd like to meet with him. I'll call him the day after tomorrow, on Monday evening. It won't be a nuisance for you?*
- *Nie, to je v poriadku. Poviem mu, že ste zavolali.*
- *Thank you very much. Excuse me for disturbing you.*
- *Nič sa nestalo. Do videnia.*
- *Goodbye.*

Exercise 5

Translate into Slovak:

1 Viera opened the window.
2 Eva closed the window.
3 Pavol put on his trousers.
4 Eva is putting on her sweater.
5 Pavol has taken off his shirt.
6 Yesterday he got a nice letter.
7 He got up early and ate a roll with butter.
8 They arrived yesterday and left today.
9 They will not be at home all day.

Reading 1

One early morning in Oľga's daily existence

Keď zazvonil budík, Oľga vstala a išla do kúpeľne. Vyzliekla si nočnú košeľu a rýchlo sa osprchovala. Potom sa vrátila do spálne. Obliekla si nohavičky, hodvábnu blúzku, pančucháče a krásnu úzku sukňu. Pred zrkadlom si učesala vlasy a urobila make-up. Potom zišla dolu do kuchyne a postavila vodu na čaj. Na stole v jedálni našla peceň chleba, kúsok masla a prázdny čajník. (Pavol je inžinier a odišiel do práce už pred hodinou. Oľga je lekárka, pracuje v nemocnici, a často má nočnú službu.)

Vocabulary

blúzka	blouse	**postaviť vodu** *pf*	to put on water
čajník	teapot		(to boil)
hodvábny	silk	**prázdny**	empty
lekár, lekárka	doctor	**rýchlo**	quickly
make-up	make-up	**stôl – stola**	table
nájsť/našiel,	to find	**sukňa**	skirt
našla *pf*		**učesať** *pf*	to comb
nemocnica	hospital	**úzky**	narrow
nočná služba	night-duty	**vlasy** *pl.*	hair
nohavičky	knickers	**vstať/vstanem** *pf*	to get up
obliecť/	to put on	**vyzliecť/**	to take off
obliekol *pf*	(clothes)	**vyzliekol** *pf*	(clothes)
osprchovať sa *pf*	to have a	**zazvoniť** *pf*	to ring
	shower	**zísť/zišiel, zišla**	to go down
pančucháče	tights	*pf*	
peceň	loaf	**zrkadlo**	mirror

Reading 2

The continuation of her day

Dnes mala voľný deň. Naraňajkovala sa, upratala byt, umyla riad, sadla si do kresla a začala čítať román, ktorý dostala minulý týždeň od kamaráta, ktorý teraz býva v Kanade. Poobede išla plávať a stretla sa v kaviarni s kolegom z Anglicka. Hovorili spolu hodinu a pol po anglicky. Rozprávali o Európe (o politike a kultúre).

Potom ju kolega odviezol autom na sídlisko, pozval ju na kávu, odišla asi o hodinu. Nakúpila v samoobsluhe (kúpila chlieb, mlieko, bravčové mäso a kurča). Pred domom uvidela Pavla. Práve otváral dvere a vyzeral veľmi unavený ako vždy. Ahoj, Oľga, povedal. Ako sa máš? Mal som naozaj strašný deň. Vošli spolu do domu, Pavol zatvoril dvere, vyzliekol si sako, išiel do obývačky, nalial si ako zvyčajne pohárik slivovice a sadol si do kresla. Oľga išla hore do spálne. Vonku bola už takmer tma.

Vocabulary

ako vždy	as always	**rozprávať**	to talk, chat
ako zvyčajne	as usual	**sadnúť/sadol** *pf*	to sit down
Anglicko	England	**sídlisko**	housing estate
Európa	Europe	**strašný**	terrible, awful
Kanada	Canada	**stretnúť sa/**	to meet
kultúra	culture	**stretol sa** *pf*	
minulý	last, past	**upratať** *pf*	to tidy up
nakúpiť *pf*	to do shopping	**uvidieť** *pf*	to see, catch
naliať/	to pour out		sight of
nalejem *pf*		**vošli**	they went in
naraňajkovať	to have	**začať/začnem** *pf*	to begin
sa *pf*	breakfast	**zatvoriť** *pf*	to close
odviezť *pf*	to drive, take	**zvyčajne**	usually
	(away)		

9 Stratila som cestovný pas

I've lost my passport

By the end of this lesson you should be able to:

- talk some more about directions
- talk about colours
- use more adjective forms, and 'this/that'
- use forms of 'who' and 'what'
- say 'somebody', 'nobody', etc.
- make adverbs

Dialogue 1

*Anna has lost her passport and money; she approaches the waiter (**čašník**, alternatively head waiter, **pán hlavný**)*

ČAŠNÍK: Hľadáte niečo?

ANNA: Stratila som cestovný pas a peňaženku.

ČAŠNÍK: Aký pas a akú peňaženku?

ANNA: Britský pas a malú čiernu peňaženku. Boli tu v tejto taške.

ČAŠNÍK: Kde ste sedeli? V prednej miestnosti?

ANNA: Nie. Predná miestnosť bola plná. Išla som do zadnej miestnosti a sadla som si do kúta vľavo pri okne.

ČAŠNÍK: Boli ste tam sama?

ANNA: – Nie. Hovorila som s tamtým pánom v zelenom svetri. Teraz som mu povedala, čo sa mi stalo. Hľadali sme pod stolom, ale nič sme nenašli.

ČAŠNÍK: Bol tam ešte niekto?

ANNA: Keď som odchádzala, prišiel tam mladý chlapec v bielom tričku, ale teraz tu už nie je. V kúte vpravo sedela ešte jedna pani v koženej sukni.

ČAŠNÍK: Tá tiež pred chvíľou odišla. Žiaľbohu, nedá sa nič robiť. Budete to musieť ohlásiť na polícii.

Vocabulary

britský	British	**polícia**	the police
cestovný pas	passport	**na polícii**	at the police
čierny	black		(station)
chlapec	boy, lad	**predný**	front
kožený	leather *adj.*	**stratiť** *pf*	to lose
kút	corner	**s tamtým**	with that man
miestnosť	room	**pánom**	
odchádzať	to go away	**taška**	bag
ohlásiť *pf*	to report	**v tejto taške**	in this bag
okno	window	**tričko**	t-shirt
peňaženka	purse	**zadný**	back
plný	full	**zelený**	green

Dialogue 2

Anna asks about the nearest police station

ANNA: Kde je tu policajná stanica?

ČAŠNÍK: Hneď za rohom. Nie je to ďaleko. Keď vyjdete z kaviarne, pôjdete doľava a prejdete cez hlavnú ulicu. Hneď naproti starému kostolu, za obchodným domom, pôjdete doprava. Policajná stanica je v modernej budove hneď vedľa starej pošty.

ANNA: Ďakujem vám pekne. Hneď tam idem. Do videnia.

ČAŠNÍK: Počkajte, čo to tu leží pod pultom? Čašníčka tam niekedy niečo dáva. Slečna, vy máte ale šťastie! Cestovný pas – a čierna peňaženka!

ANNA: Museli mi vypadnúť z tašky, keď som platila! Veľmi pekne vám ďakujem!

ČAŠNÍK: Rado sa stalo. Vy ste Angličanka?

ANNA: Hej, Angličanka.

ČAŠNÍK: Ale viete dobre po slovensky!

ANNA: Mám matku Angličanku a otca Slováka.

ČAŠNÍK: Nemohli by sme sa niekedy stretnúť? . . .

Vocabulary

budova	building	**pošta**	post-office
čašníčka	waitress	**prejdete** *pf*	you('ll) cross
doľava	to the left	**pult**	counter, bar
doprava	to the right	**rado sa stalo**	happy to oblige
hlavný	main		(*lit.* glad it
ležať	to lie		happened)
moderný	modern	**slečna**	Miss
naproti + *dat.*	opposite	**stanica**	station
obchodný dom	department store	**vedľa** + **gen.**	next to
počkajte!	wait!	**vyjdete** *pf*	you('ll) go out
pôjdete	you('ll) go	**vypadnúť** *pf*	to fall out
policajná stanica	police-station		

Language points

Colours

'Colour' is **farba**. Colour adjectives are often needed for describing things.

> **Hľadám košeľu. – Akú chcete farbu?**
> I'm looking for a shirt. – What colour do you want?

> **Nemáte to v inej farbe?**
> Don't you have it in another colour?

> **Akú to má farbu?**
> What colour is it? (*lit.* What colour does it have?)

Here are some common colour adjectives:

čierny, biely	black, white
modrý/belasý	blue/light blue
červený, žltý, zelený	red, yellow, green
hnedý, sivý/šedivý	brown, grey
ružový, oranžový	(rose-)pink, orange
fialový, béžový	(violet-)purple, beige

> **Aké máte auto? – Malý fiat.**
> What kind of car do you have? – A little Fiat.

> **Akú má farbu? – Je červený.** What colour is it? – It's red.

Akú má košeľu? – Fialovú.
What kind of shirt does he have/is he wearing? – A purple one.

Tráva je zelená.	The grass is green.
Obloha je modrá/belasá.	The sky is blue.
Kvetina je žltá.	The flower is yellow.
Majú farebný televízor.	They have a colour TV set.
Kúpil čiernobiely film.	He bought a black and white film.

'This' and 'that'

The basic shared adjective for 'that/this' is **ten, tá, to**. We have met the neuter form as a general word for 'that/this (thing)'. It often corresponds to English 'it':

Čo je to?	What is that/this?
To je dom.	That/This is a house. It's a house.
Je to kniha?	Is that/it a book?
Áno, to je kniha.	Yes, it is a book.

As an adjective **ten, tá, to** is an unemphatic 'that/this':

Kto je ten študent?	Who is that/this student?
Kde je tá kniha?	Where is that/this book?
Kde je to mesto?	Where is that/this town?

For an emphatic 'this (here)' you add **-to**, producing **tento, táto, toto**, etc.:

Táto kniha je veľmi dobrá.	This (this here) book is very good.

For an emphatic 'that (there)' you add **tam-** on the front instead:

Tamtá kniha nie je dobrá.	That (that there) book is not good.

The two accusatives are male **toho** and feminine **tú**. The emphatic male form **tento** takes the accusative form **tohto**:

Vidíte toho (tohto, tamtoho) študenta?
Do you see this/that student?

Vidíte tú (túto, tamtú) knihu?
Do you see this/that book?

Adjectives in different cases

Masculine and neuter adjectives mostly share endings. The box shows forms of **(to) malé mesto** '(that) little town':

genitive	**do (toho) malého mesta**	into . . .
dative	**k (tomu) malému mestu**	towards . . .
locative	**v (tom) malom meste**	in . . .
instrumental	**za (tým) malým mestom**	beyond . . .

For males, as always, the accusative is the same as the genitive:

Poznáte toho mladého človeka?
Do you know that young person?

Feminine adjectives have fewer different endings. The example shows **(tá) malá záhrada** '(that) little garden':

genitive	**do (tej) malej záhrady**	to, into . . .
dative	**k (tej) malej záhrade**	towards . . .
locative	**v (tej) malej záhrade**	in . . .
instrumental	**za (tou) malou záhradou**	beyond . . .

The 'rhythmic law' operates as before (**é** – **e**, **ý** – **y**):

krásne mesto, do krásneho mesta, za krásnym mestom

Exercise 1

Correct these statements about Dialogues 1 and 2:

1 Anna stratila knihu.
2 Sadla si do kúta vpravo pri okne.
3 Prišiel tam starý pán v čiernom tričku.
4 Policajná stanica je v starej budove hneď vedľa kostola.
5 Anna má otca Angličana a matku Slovenku.

Exercise 2

Fill in the blanks with the right forms of adjectives and translate into English:

1 Elena má _____ tašku. (*black*)

2 Juraj má _____ tričko. (*white*)
3 Vľavo sedí pani v _____ sukni. (*red*)
4 Vpravo stojí pán v _____ svetri. (*brown*)
5 Anna čaká v _____ _____ aute. (*that blue*)
6 Jozef býva v _____ _____ dome. (*that beautiful yellow*)

Exercise 3

You are giving directions and need to say in Slovak:

1 To the left on the main street.
2 Opposite the big department store.
3 In the old building next to the post-office.
4 Just round the corner in front of the old church.
5 In the back room in the corner on the left.
6 In that little street opposite the police station.
7 You cross the street, then you go to the right.
8 The station? It's not far, you go to the left, then across the bridge.

Dialogue 3

Katka is writing to a French student, but they don't share the same interests

IVAN: Ako sa máš, Katka? Vyzeráš smutne! Píšeš list? Komu?
KATKA: Píšem Francúzovi, tomu študentovi, vieš, ktorý bol u Martina vlani.
IVAN: Myslíš Pierra?
KATKA: Áno. Neviem, čo mu mám písať. O kom a o čom. Nikoho tu vlastne nepozná. A ani nemá nejaký veľký záujem o Slovensko. Miluje šport, futbal a iné, čo ja nenávidím. Strašne rád počúva vážnu hudbu, hrá na klavíri, má rád aj súčasné maliarstvo, kým ja o modernom umení a vážnej hudbe neviem takmer nič!

Vocabulary

a iné, čo ...	and other (suchlike), which ...	**Francúz**	Frenchman
čo, o čom	what, about what	**kto, o kom**	who, about whom
		komu	to whom

kým	while	nikto, nikoho	nobody
maliarstvo	painting	smutne	sad(ly)
mám	here = I should	súčasný	contemporary
milovať	to love	u + *gen.*	at (person's house)
nenávidieť	to hate	vlani	last year
nejaký	some, any	vlastne	actually, in fact

Dialogue 4 📼

Ivan just hates writing letters. Maybe he's a bit jealous . . .

IVAN: Osobne tiež nenávidím takéto písanie, veď vieš. Preto nikomu nikdy nič nepíšem, dokonca aj keď mám niekoho skutočne rád, alebo máme aspoň niečo spoločné. Niekam napríklad ideš: musíš tej kamarátke niečo napísať, lebo na to čaká. Hľadáš peknú pohľadnicu, s nejakou peknou krajinkou, vyberáš dlho, nemajú takmer nič, celý autobus čaká, napokon si predsa len dáku rýchlo vyberieš, kúpiš si známku a zistíš, že si jednoducho stratil adresu!

KATKA: Ty si úplne nemožný! Ale keď mu nič nenapíšem, prestane sa so mnou stýkať!

IVAN: A je ten Francúz tak mimoriadne krásny a inteligentný? Aha, už viem, jeho otec je bohatý bankár, zatiaľ čo ja som len chudobný Slovák.

Vocabulary

aspoň	at least	nikto, nikomu	nobody, to nobody
bankár	banker	osobne	personally
bohatý	rich	písanie	writing
dáky	some or other	pohľadnica	postcard
dokonca (aj)	even	prestať/	to stop (doing)
chudobný	poor	prestane *pf*	
jednoducho	simply	preto	for that reason,
krajinka	landscape		that's why
mimoriadne	extraordinarily	skutočne	actually, really
napríklad	for example	so mnou	with me
nemožný	impossible	stýkať sa	to be in touch
niekto, niekoho	somebody	takýto	this kind of, such

úplne	entirely, completely	**zatiaľ čo**	while
vyberať	to choose	**zistiť**	to find out,
vybrať/	to choose		ascertain
vyberie *pf*		**známka**	stamp

Language points

'What', 'who' and 'that/this'

We have met **čo?** 'what?' and **kto?** 'who?' already. They have other case forms very much like neuter **to** 'that/this (thing)'. Compare forms of **to**, **čo** and **kto**:

genitive	**toho, čoho, koho**	of that/what/whom
dative	**tomu, čomu, komu**	to . . .
locative	**o tom, o čom, o kom**	about . . .
instrumental	**(s) tým, čím, kým**	by/with . . .

Accusative **koho** 'whom' is the same as the genitive:

Koho hľadáš?   Who are you looking for?

Note how English commonly puts words like 'about' and 'for' at the end of sentences like these:

O čom hovoríš?
What are you talking about?   = About what . . .?
O kom hovoríš?
Who are you talking about?   = About whom . . .?
Komu varíš obed?
Who are you cooking lunch for?   = For whom . . .?

'Somebody' and 'nobody'

The prefix **nie-** 'some-' (sometimes **da-**) contrasts with the negative prefix **ni-** 'no-' in words from **čo?** 'what?' and **kto?** 'who?'

niekto, dakto	somebody, somebody or other
niečo, dačo	something, something or other
nikto/nik	nobody
nič	nothing

They have other forms just like **čo** and **kto**. Verbs with **nikto, nič** are always negative!

Nikoho nemá rád.

He likes nobody/doesn't like anybody (*lit.* He doesn't like nobody).

Nehovorí o ničom.

He talks about nothing/doesn't talk about anything (*lit.* he doesn't talk about nothing).

'Somewhere', 'nowhere', etc.

A whole series of terms for 'some-' and 'no-' are derived from other question words. **Kde?** 'Where?' (**Kde je Janko?** 'Where is Janko?'):

niekde, dakde	somewhere, somewhere or other
nikde	nowhere

Kam? 'Where to?' (**Kam ide?** 'Where is he going?'):

niekam	somewhere
nikam	nowhere

Kedy? 'When?' (**Kedy máš čas?** 'When do you have time?'):

niekedy, dakedy	sometimes
nikdy (!)	never

Aký? 'What kind of' (**Aký máš dom?** 'What kind of a house do you have?')

nejaký (!), **dajaký/dáky**	some, some kind of
nijaký (or **žiadny**)	no, no kind of

Adverbs

Adverbs often end in **-o** and can be formed from adjectives in this way:

ľahký	light, easy	→	ľahko	lightly, easily
dlhý	long	→	dlho	for a long time

Others end in **-e**, especially if the adjective ending is **-ný** or **-itý**:

výborný	excellent	→	výborne	excellently
pekný	fine, nice	→	pekne	finely, nicely
okamžitý	immediate	→	okamžite	immediately

Similarly: **dobre** 'well', **zle** 'badly'.
Some have competing forms:

Idem rýchlo/rýchle.   I go quickly.

Adjective types **-ský** or **-cký** have adverbs ending **-y**. We have met these for languages:

slovenský jazyk:‚Nehovorí po slovensky.
He doesn't speak (in) Slovak.

Similarly, **letecký** 'air'- gives **letecky** 'by air' (e.g. used on a letter).

Instrumental 'as'

Note a special use of the instrumental to mean something like '*as*' after the verb 'to be'. It tends to be used for someone/something *functioning as*, or being *in the role of something* (rather than *being* it in a permanent sense):

Čím je tvoj otec?   [As] what is your father?
Môj otec je učiteľom.   My father is [as] a teacher.

Exercise 4

Translate the following into Slovak:

Who was Viera talking about? She was talking about Pavol. Who was she talking with? She was talking with the teacher. He knows nothing about Pavol. Nobody knows anything about that teacher. He lives somewhere in Petržalka, but he never talks about anything. Viera talks very quickly, sometimes she talks for a very long time.
– Are you going anywhere, Viera?
– No, today I'm not going anywhere.

Exercise 5

First study Dialogue 5, then come back and translate the following into Slovak:

1 I'm sorry, I didn't recognize you at first.
2 We haven't seen each other for ages!
3 You haven't even changed much.
4 I've put on weight a bit.
5 That's not true! You look fine.
6 I know your article about the Czech Republic.
7 Just now I'm very interested in the political situation in Central Europe, especially in Slovakia.

Dialogue 5

Ms Macdonald is trying to interview her old colleague Jozef Botto

MACDONALDOVÁ:	Dobrý deň. Chcela by som hovoriť s pánom Bottom. Nechala som mu ráno odkaz. Tu je moja vizitka.
BOTTO:	Veď ja som Botto. Jozef Botto.
MACDONALDOVÁ:	Prepáčte, ja som vás v prvej chvíli nespoznala. To sme sa dlho nevideli! Ani ste sa veľmi nezmenili.
BOTTO:	Trocha som stučnel, pani Macdonaldová. Prestal som športovať. A vy ste naopak schudli.
MACDONALDOVÁ:	To nie je pravda! Nie ste vôbec tučný! Vyzeráte dobre. A ja zasa nie som taká chudá!
BOTTO:	Ste autorkou knihy o dnešnom Nemecku, však? Budete sa čudovať, ale ja vás čítam. Poznám váš článok o politickej situácii v Českej republike.
MACDONALDOVÁ:	Vy ste dôležitým politikom a ja som obyčajnou britskou novinárkou. Teraz ma veľmi zaujíma dnešná politická situácia v strednej Európe. Najmä na Slovensku.
BOTTO:	Ľutujem, pani Macdonaldová, ale nedávam interview nikomu. Ani peknej kolegyni z krásneho Škótska.

PRAVDA

NEZÁVISLÝ DENNÍK

| STREDA 1. SEPTEMBRA 1993 | CENA 3 Sk | ROČNÍK 3 (74) ČÍSLO 203 * * * |

Vocabulary

autor, autorka	author	**politik**	politician
článok	article	**pravda, to je ...**	truth, that's true
čudovať sa	to be amazed	**schudnúť/**	to get thin
dnešný	today's	**schudol** pf	
chudý	thin	**spoznať** pf	to recognise
interview	interview	**stredný**	central
kolega, kolegyňa	colleague	**stučnieť** pf	to grow fat
ľutovať	to be sorry	**Škótsko**	Scotland
nechať	to leave, let	**športovať**	to play sport
novinár,	journalist	**tučný**	fat
novinárka		**vizitka**	business card
obyčajný	ordinary	**zaujímať**	to interest
politický	political	**zmeniť** pf	to change

Dialogue 6 📼

A bit later, things look a bit more promising

MACDONALDOVÁ: Čo nového doma? Ako sa má Mária? Už ste sa zobrali? Máte deti?

BOTTO: Už sme sa aj rozviedli. Máme syna a dcéru.

MACDONALDOVÁ: To je smutná správa. To som nevedela. Viete čo? Začína mi byť trochu chladno. Budem už musieť ísť. Čo poviete, že by sme sa mohli zajtra stretnúť v nejakej tichej reštaurácii, vy to tu poznáte lepšie, a ...

Botto: Dobre, môžeme si spolu zájsť na večeru, ale, prosím vás, žiadne interview! Na námestí Slobody, na druhom brehu rieky, je taká tichá vináreň U zlatého kríža. Môžeme sa tam stretnúť, povedzme o siedmej.

Macdonaldová: Fajn. Tak zajtra o siedmej. Do videnia, Jozef. Už sa na to teším.

Vocabulary

breh	shore, bank	**tešiť sa na**	to look forward
čo nového?	what's new?	+ *acc.*	to
deti	children	**vináreň**	winebar
fajn	fine	**zájsť**	to go (call in
je mi chladno	I'm cold		somewhere)
kríž	cross	**zlatý**	golden
lepšie	better	**zobrať/**	to take
povedzme	let's say	**zoberiem** *pf*	
rozviesť sa/	to get divorced	**zobrať sa** *pf*	to get married
rozviedol sa *pf*			(*lit.* take each
o siedmej	at seven		other)
	(o'clock)	**žiadny**	no
sloboda	freedom		

10 Môžem ísť ďalej?

Can I come in?

By the end of this lesson you should be able to:

- give instructions
- say 'sit/lie', 'sit down/lie down'
- form the plural of nouns and adjectives
- use numbers 1–4 with nouns

Dialogue 1

Viera drops in on Bill Sykes one evening

VIERA: Dobrý večer. Prepáčte, nevyrušujem?

BILL: Vôbec nie.

VIERA: Ja som Viera Krížová.

BILL: Teší ma. Som Bill. Bill Sykes.

VIERA: Veď ja vás už poznám. Môžem ísť ďalej?

BILL: Samozrejme. Nech sa páči. Ale mám tu trochu neporia-dok. Počkajte chvíľu. Trocha to upravím.

VIERA: Dobre, ja tu chvíľu počkám. Veď viem, ako to chodí. Nemáte veľa času na upratovanie.

BILL: Poďte ďalej a sadnite si.

VIERA: Ďakujem. Máte to tu pekné. Máte krásnu veľkú izbu.

BILL: Posaďte sa, ja zatiaľ niečo pripravím.

VIERA: Ale čo? Vy tu máte aj kuchyňu?

BILL: Nie, je to len kuchynský kút. Dáte si nejaké ovocie alebo čokoládu? Vypijete si?

VIERA: Čo máte?

BILL: Koňak a víno.

VIERA: Koňak ... Fíha. Napoleon. To si nemôže každý dovoliť! Kde robíte? Tuším ste novinár, že?

BILL: Na zdravie. (Štrngnú si.) Píšem pre televíziu.

Vocabulary

čokoláda	chocolate	**štrngnúť** *pf*	to clink glasses
fíha	goodness!	**tušiť**	to guess, sense
koňak	cognac, brandy	**upratovanie**	tidying-up
kuchynský kút	kitchen corner,	**upraviť** *pf*	to put in order
	kitchenette	**vypiť si** *pf*	to have a drink
neporiadok	disorder	**vyrušovať**	to disturb
ovocie	fruit	**zdravie**	health
posaďte sa *pf*	take a seat	**na zdravie!**	cheers!
pripraviť *pf*	to prepare	**že?**	isn't it so? (e.g.
sadnite si *pf*	sit down		aren't you?)

Dialogue 2 ▣

The evening advances, they switch their 'you' form of address from
vy *to* **ty,** *but also become more intimate generally . . .*

BILL: Máte pravdu, nie.
VIERA: Hovoríte veľmi dobre po slovensky.
BILL: Myslíte?
VIERA: Kde ste sa tak dobre naučili?
BILL: Chodil som na hodiny slovenčiny. Mám veľmi rád aj
slovenskú literatúru. Vy ste študentka? Vezmite si
pomaranč!
VIERA: Vďaka. Hej, študujem ekonómiu, prvý ročník. Pozrite sa,
Bill, prečo si vykáme? Nemohli by sme si začať tykať, čo
poviete?
BILL: Fajn. Tak ja som Bill.
VIERA: Viera. (Štrngnú si.) Ako sa ti páčim? Nebuď taký
nervózny! Neboj sa! Bozkaj ma! (O chvíľu) Už by som
mala ísť domov. Čoskoro bude polnoc.
BILL: Nechoď! Daj si so mnou ešte pohárik! A vezmi si jablko
alebo kúsok čokolády!
VIERA: Nehnevaj sa! Nemysli si, ja nie som taká . . ., veď vieš
čo . . .
BILL: To si rozhodne nemyslím.
VIERA: Počkaj! Zapíš si aspoň telefónne číslo! A zavolaj mi!
Sľúb, že mi zajtra zavoláš! Povedzme, večer o šiestej,
dobre?

Vocabulary

báť sa/bojím sa	to be afraid	**pozrieť sa/**	to look/look!
neboj sa!	don't be afraid!	**pozrite sa!** *pf*	
bozkať/bozkaj!	to kiss/kiss!	**pravda**	truth
telefónne číslo	phone number	**mať pravdu**	to be right, (*lit.*
čoskoro	soon		have the truth)
hnevať sa	to be angry	**ročník**	year (of studies)
nehnevaj sa!	don't be angry!	**rozhodne**	definitely
hodiny	hours, classes	**sľúbiť/sľúb!** *pf*	to promise/
choď!	go!		promise!
jablko	apple	**o šiestej**	at six (o'clock)
mnou	me	**taký**	so (*with an*
naučiť sa *pf*	to learn		*adjective*)
nebuď!	don't be!	**tykať si**	to say **ty**
nemysli si!	don't think,	**vezmi si!**	take! have!
	imagine!	**vezmite si!** *pf*	
nervózny	nervous, tense	**však**	here = are you?
o chvíľu	in a while, a	**vykať si**	to say **vy**
	while later	**zapísať/zapíš!** *pf*	to note down/
počkaj! *pf*	wait!		note down!
polnoc	midnight	**zavolaj mi!** *pf*	call me!
pomaranč	an orange		

Language points

Giving orders

The imperative issues commands or instructions: 'Read!' 'Work!'

The Slovak verb may be imperfective or perfective, depending on the meaning (e.g. activity or complete act).

Imperatives are basically the present form with no ending, or (more precisely) the 'they' form minus **-ú/-ia**. (Thus, **á**-type verbs take the ending **-aj!**, **-ovať** verbs take **-uj!**)

For a person or people addressed as **vy**, just add **-te** to the basic form:

Čítajú.	**Čítaj! Čítajte!**	They read.	Read!
Píšu.	**Píš! Píšte!**	They write.	Write!
Pracujú.	**Pracuj! Pracujte!**	They work.	Work!

Final **d, t, n, l** are always soft (**ď, ť, ň, ľ**). Final **j** is lost after **i, y**:

Chodia.	**Choď! Choďte!**	They go.	Go!
Pijú.	**Pi! Pite!**	They drink.	Drink!

To say 'let us, let's', replace **-te** by **-me**:

Čítajme!   Let's read!

Note these individually:

Buď! Buďte! Be!
Povedz! Povedzte! Tell! and **Jedz! Jedzte!** Eat!
Poď! Poďte! Come! – the opposite of **Choď! Choďte!** Go!

Long imperatives

Without an ending, some imperatives would end unpronounceably or awkwardly, e.g. the verbs **spať** (*present:* **spím** . . . **spia**) 'to sleep', **sadnúť si** (**sadnem si** . . . **sadnú si**) *pf* 'to sit down', **vziať** (**vezmem** . . . **vezmú**) *pf* 'to take'.

For these you have to form long imperatives in **-i! -ite!** (and **-ime!**):

Sadni si! Sadnite si!	Sit down!
Spi! Spite!	Sleep!
Vezmi! Vezmite si!	Take!

'Sit' and 'lie' – 'sit down' and 'lie down'

Sedieť/sedím 'to sit' and **ležať/ležím** 'to lie' refer to fixed positions:

Sedím na stoličke.	I am sitting on a chair.
Ležím na posteli.	I am lying on the bed.

Two typical (perfective) **-núť** verbs express movement into those positions: **sadnúť si/sadnem si** *pf* 'to sit down' and **ľahnúť si/ľahnem si** *pf* 'to lie down'.

For verbs where **-núť** follows a consonant, past forms regularly end in **-ol**, but the feminine ends in **-la**, neuter **-lo**, plural **-li**, dropping the **-o-**:

Sadol/Sadla si na stoličku.	He/She sat down onto the chair.
Ľahol/Ľahli si na posteľ.	He/They lay down onto the bed.

Exercise 1

Give these instructions in Slovak to a person you address as **vy**:

1 Wait a moment!
2 Come in and sit down!
3 Take a book!
4 Don't be afraid!
5 Don't be so nervous!
6 Don't go!
7 Don't be angry!
8 Note down the address!
9 Call me tomorrow!
10 Promise you'll call me!

Exercise 2

Translate the following in Slovak using the **ty** form of address:

1 Sorry, I'm not disturbing (you)? Can I come in?
2 Wait a moment!
3 Drink (it) up!
4 You ought to go home now.
5 Look, Viera, why do you call me **vy**?
6 Have another glass with me!
7 You were lying on the bed
8 You lay down on the bed.
9 Sorry!

Exercise 3

Make both **ty** and **vy** imperatives from these verbs and translate them into English:

čítať, piť, milovať, dať, nedávať, napísať, povedať, zjesť, prestať, vybrať, ľahnúť si

Dialogue 3 CO

Igor is confused about whether Pavol and Michal are Slovaks or not

IGOR: Kde sú Pavol a Michal?
ZORA: Išli von.

IGOR: Povedzte, sú títo dvaja Slováci alebo Česi? Vyzerajú ako bratia, ale Michal hovorí skôr ako Čech.

ZORA: Vôbec nie sú bratia. Ich otcovia sú priatelia a starí kolegovia. Pavol je Slovák, narodil sa v Nitre. Hovorí dobre aj po maďarsky, lebo jeho matka je Maďarka. Michal má síce slovenských rodičov, ale narodil sa v Prahe. Bývali tam dosť dlho, a potom jeho rodičia pracovali štyri roky na veľvyslanectve v Londýne. Vtedy pracovali ako diplomati a teraz sú z nich bohatí podnikatelia.

IGOR: Preto teda Michal dobre hovorí po anglicky.

ZORA: Pravdaže. Aj učitelia a profesori angličtiny si často myslia, že je Angličan. Aj jeho sestry hovoria pekne po anglicky.

Vocabulary

brat, -ia	brothers	**má slovenských**	he has Slovak
Čech, Česi	Czechs	**rodičov**	parents
diplomat, -i	diplomats	**rok**	year
dvaja	two	**skôr**	rather, more
kolega, -ovia	colleagues		(like); sooner
Londýn	London	**Slovák, Slováci**	Slovaks
Maďar, Maďarka	a Hungarian	**štyri**	four
narodiť sa *pf*	to be born	**títo dvaja**	these two
otec, otcovia	fathers	**učiteľ, -lia**	teachers
podnikateľ, -lia	entrepreneurs	**veľvyslanectvo**	embassy
povedzte!	tell (me)!	**vtedy**	then, at that
pravdaže	of course		time
priateľ, -lia	friends	**z nich**	out of/from
profesor, -i	professors,		them
	teachers	**sú z nich**	they've become
rodičia	parents		

Dialogue 4 🔘

Igor helps Zora lay the table; and the talk turns to clothing

IGOR: Prinesiem ešte nože a vidličky. Sú tam lyžice?

ZORA: Áno. Už sú na stole. Buďte taký láskavý, prineste aj nejaké taniere a tie veľké poháre!

IGOR: Michal a Pavol sa tak pekne obliekajú. Kupujú si drahé oblečenie: krásne nohavice, kravaty a saká. Asi chcú vyzerať ako praví Angličania!

ZORA: A vy?

IGOR: Radšej nosím džínsy a staré tričká alebo svetre.

ZORA: A topánky?

IGOR: V zime nejaké staré čižmy a v lete sandále.

ZORA: A čo klobúky?

IGOR: Tie vôbec nikdy nenosím! Ani čiapky, aj keď je sneh a tuhý mráz.

ZORA: Ste vy normálny? Nemrznú vám uši?

IGOR: Možno som trochu blázon, ale mám kožené rukavice a teplý šál a to mi stačí.

ZORA: No, aspoň vám ruky nemrznú!

Vocabulary

a čo?	and what about?	**priniesť/**	to bring
Angličan, -ia	Englishmen	**prinesiem** *pf*	
blázon	madman	**ruka, -y**	hand, hands
čiapka, -y	cap, caps	**rukavica, -e**	glove, gloves
čižma, -y	boot, boots	**sako, -á**	jacket, jackets
džínsy	jeans	**sandál, -e**	sandal, sandals
klobúk, -y	hat, hats	**sneh**	snow
kravata, -y	tie, ties	**stačiť**	to be enough
buďte tak	be so kind!	**sveter, -tre**	sweater,
láskavý!			sweaters
lyžica, -e	spoon, spoons	**šál**	scarf
možno	maybe	**tanier, -e**	plate, plates
mráz	frost	**teplý**	warm
mrznúť	to freeze	**tie**	those
normálny	normal	**tričko, -á**	t-shirt, t-shirts
nosiť	to carry, wear	**tuhý**	hard
nôž, nože	knife, knives	**uši**	ears
oblečenie	clothes	**vám**	to you
pohár, -e	glass, glasses	**vidlička, -y**	fork, forks
pravý	true		

Language points

Human male plurals

Nouns for human males have a basic plural ending in **-i**:

To je kamarát – To sú kamaráti.
That's a friend – Those (*lit.* that) are friends.

To je študent – To sú študenti.
That's a student – Those are students.

You have to change **k** to **c**, and **ch** to **s**:

Slovák – Slováci	Slovaks
Čech – Česi	Czechs

But some types have a plural ending **-ia** or **-ovia**:

-an:	**Američan – Američania**	Americans
-teľ:	**učiteľ – učitelia**	teachers
-a:	**kolega – kolegovia**	colleagues
-o:	**strýko – strýkovia**	uncles

Also: **bratia, otcovia, synovia** 'brothers, fathers, sons', and others.
Noun surnames have plural **-ovci**: **Novák – Novákovci** 'the Nováks'.

Neuter plurals

Neuters have the plural ending **-á** (soft **-ia**):

mesto – mestá	towns	**námestie – námestia**	squares
okno – okná	windows	**pole – polia**	fields

After a long vowel **-á** shortens (rhythmic law!): **miesto – miesta** 'places'.

Other plurals

Masculine nouns for things (and animals) and feminine nouns have plural **-y**:

dom – domy	houses
stôl – stoly	tables
žena – ženy	women

But after soft consonants **-e**:

nôž – nože	knives
ulica – ulice	streets

The feminine **-osť** type has plural **-i**:

radosť – radosti	joys
noc – noci	nights

Male object forms

Only nouns for male human beings have a separate accusative plural form. It regularly ends in **-ov**:

Učím Američanov a Slovákov.	I teach Americans and Slovaks.
Učím študentov a kolegov.	I teach students and colleagues.

A few male animal nouns can also be treated as if 'male human' in the plural:

pes – psi (or **psy**), *acc.* **psov** (or **psy**)	dogs
vták – vtáci (or **vtáky**), *acc.* **vtákov** (or **vtáky**)	birds

N.B. In the singular, male animal nouns *are* regularly treated grammatically like human males, e.g. **Vidím psa** 'I see a dog'.

Plural adjectives

Male adjectives have plural **-í**, accusative **-ých**:

Kde sú tí americkí študenti?
Where are those American students?

Vidíš tých anglických študentov?
Do you see those English students?

Otherwise the plural is **-é**. 'Those' is **tie**:

To sú tie pekné domy.	That's those nice houses.
Majú veľké autá.	They have big cars.

The rhythmic law operates, as usual:

Nie sme hlúpi.	We are not stupid.
Máme hlúpych študentov.	We have stupid students.
Deti nie sú hlúpe.	Children are not stupid.

Týždenník Matice slovenskej *Založené 1. augusta 1845*

5. 4. 1994
Ročník
5 (9)
Cena 3 Sk

SLOVENSKÉ 13/'94 NÁRODNÉ NOVINY

Numbers 'one' to 'four'

Basic numbers 'one' to 'four' are **jeden**, **dva**, **tri**, **štyri**.

Jeden has a feminine form **jedna** (accusative **jednu**) and neuter **jedno**. Other singular forms are like regular adjectives:

Mám jeden dom a jedno auto.
I have only one house and one car.

Býva tam len jedna žena.
Only one woman lives there.

Mám jednu dcéru a jedného syna.
I have one daughter and one son.

Dva has a feminine/neuter form **dve**:

Karol má dva domy.	Karol has two houses.
Karol má dve sestry.	Karol has two sisters.

Male nouns take special forms **dvaja** 'two', **traja** 'three', **štyria** 'four', with accusatives **dvoch**, **troch** and **štyroch**:

Boli tam dvaja študenti.	There were two students there.
Prišli traja, štyria učitelia.	Three, four teachers arrived.
Karol má dvoch bratov.	Karol has two brothers.

Exercise 4

Give the plurals of the following and translate into English:

1 Slovák, Čech, Maďar, Angličan, učiteľ, brat, otec, syn
2 Slovenka, Češka, Maďarka, Angličanka, učiteľka, matka, sestra, dcéra
3 stôl, nôž, vidlička, lyžica, tanier
4 pekná kravata, veľký pohár, krásne mesto, biele sako, čierny klobúk

Exercise 5

Translate these sentences into Slovak, watching out for plurals:

1 Do you buy English, Czech or Hungarian buses?
2 He chose some pretty postcards.
3 These old houses have beautiful gardens.
4 Do you like modern buildings?
5 I like old castles, churches, museums and concerts.
6 Adriana likes cafés, winebars and expensive restaurants.
7 I need three stamps for (onto) letters to England.
8 His friends read American novels.
9 They like Italian films and German cars.

Exercise 6

Fill in the blanks with the words suggested and translate:

1 Janko má _____ autá. (*two*)
2 Títo _____ študenti nie sú _____. (*three American, stupid*)
3 Mám _____ bratov a _____ syna. (*four, one*)
4 Karol má _____ _____ slovenčiny. (*two male teachers*)
5 Jozef má _____ _____ slovenčiny. (*two female teachers*)
6 To sú veľmi _____ a _____ džínsy. (*old, ugly*)
7 Karol pracoval tri _____ v Bratislave. (*years*)
8 Títo _____ bratia boli _____ priatelia. (*two, good*)
9 Tieto _____ sestry sú veľmi _____ priateľky. (*two, good*)

Reading 1

It is night and all is peaceful in the Mikos' bedroom

Je noc a v izbe je takmer tma, ale vonku za oblokom svieti mesiac a hviezdy. Domy a ulice vyzerajú smutno. Ľudia spia, aj Mikovci spia, lebo sú tri hodiny.

V izbe sú dve postele, dva nočné stolíky a stôl. Na dlážke sú dva koberce a na bielej stene visia štyri obrazy. Pod stolom ležia dve čierne mačky a biely pes. Mačky spia, ale pes stráži dom. Pod oknom sú dve kreslá a pri stole tri biele stoličky. Zo stropu visia dve lampy a sedí tam veľký čierny pavúk.

Vocabulary

dva, **dve**	two	**pavúk**	spider
hviezda	star	**pes**	dog
lampa	lamp	**stena**	wall
ľudia	people	**stolička**	chair
mačka	cat	**strážiť**	to guard
Miko, Mikovci	the Mikos	**strop**	ceiling
nočný stolík	night/bedside table	**svietiť**	to shine
oblok	window	**tri**	three
obraz	picture	**visieť**	to hang

Reading 2

Suddenly the alarm clock rings . . . Pavol has to catch a train

Zrazu zazvoní budík. Oľga sa zobudí hneď, ale Pavol spí ďalej. Pavol, zobuď sa! – povie Oľga. – Vstávaj! – Pavol sa obráti a otvorí modré oči. – Choď do kúpeľne, umy sa, ohoľ sa a rýchlo sa obleč! – Oľga, nekrič tak, nebuď na mňa zlá! – povie Pavol. – Nehnevaj sa, Pavol, ale vieš, že musíš chytiť vlak, tak sa ponáhľaj! Pavol vstáva a ide do kúpeľne. – Zavolaj mi a nezabudni si vo vlaku tašku! – O chvíľu si Oľga zase ľahne a čoskoro zaspí. Je spokojná. Zajtra má nočnú službu, ale dnes má voľný deň. Pavol už odišiel, hádam chytil vlak.

Ráno zazvoní telefón. – Haló, kto volá? – Tu je Dávid. Prišiel som včera z Viedne, tak volám z hotela. Ako sa máš? Príď ku mne dnes večer. Chcem ťa vidieť.

Vocabulary

chytiť	to catch	**otvoriť** *pf*	to open
kričať	to shout	**spokojný**	contented
ku mne	to me/my place	**umyť sa** *pf*	to wash
ľahnúť/ľahne si *pf*	to lie down	**vstávať/vstávaj!**	to get up/get up!
mi	to me	**zabudnúť** *pf*	to forget
mňa	me	**zaspať/zaspí** *pf*	to fall asleep
obrátiť sa *pf*	to turn	**zobudiť sa** *pf*	to wake up
oči	eyes	**zlý na** + *acc.*	nasty to
oholiť sa *pf*	to shave	**zrazu**	suddenly, all at once

11 Nakupovanie

Shopping

By the end of this lesson you should be able to:

- ask for quantities, e.g. when shopping
- use the genitive with plural nouns
- use numbers 5 and above, and cope with money
- say 'many', 'few', 'some'

Dialogue 1

Dušan goes shopping for cold meats and cheese

DUŠAN:	Dobrý deň. Prosím si pätnásť deka trvanlivej salámy.
PREDAVAČKA:	V celku alebo pokrájať?
DUŠAN:	Pokrájať. A desať deka šunky.
PREDAVAČKA:	Všetko?
DUŠAN:	Dajte mi ešte desať deka bryndze, jeden oštiepok a pätnásť deka z tohto syra.
PREDAVAČKA:	Eidam? V celku?
DUŠAN:	Áno.
PREDAVAČKA:	Zaplatíte to pri pokladnici.
DUŠAN:	Prosím vás, nemám nákupnú tašku, môžete mi dať igelitovú tašku?
PREDAVAČKA:	Dve koruny.
DUŠAN:	Ďakujem pekne.
PREDAVAČKA:	Nech sa páči.

Vocabulary

bryndza	soft sheep's milk cheese	**celok**	whole (piece)
		deka	decagram (10 grams)

igelitová taška	plastic bag	**pokladnica**	till, cash desk
koruna	crown	**pokrájať**	to slice, i.e.
nákupná taška	shopping bag		sliced?
oštiepok	a hard sheep's milk cheese	**trvanlivý**	durable

Dialogue 2

He goes on to buy some fruit

DUŠAN: Prosím si päť pomarančov. A kilo jabĺk.
PREDAVAČKA: Červené alebo zelené?
DUŠAN: Z tých malých zelených.
PREDAVAČKA: Prajete si ešte niečo?
DUŠAN: Päť banánov – nie, tri banány, šesť broskýň a štvrť
            kila marhúľ. A dajte mi ešte dve kilá zemiakov.
PREDAVAČKA: Nechcete ešte jahody? Pozrite, aké sú krásne!
DUŠAN: Ďakujem, nie, to je všetko. Koľko platím?
PREDAVAČKA: Stodvadsaťsedem korún. Nemáte drobné? Ďakujem
            pekne, do videnia.

Vocabulary

banán	banana	**marhuľa**	apricot
broskyňa	peach	**pozrite!**	look!
drobné	change	**stodvadsaťsedem**	127
ešte niečo	any/something else	**štvrť**	quarter
jahody	strawberries	**z tých ...**	some of those ...
kilo	kilogram	**zemiaky**	potatoes
koľko	how much		

Language points

Quantities of things

When shopping for food you often need to ask for specific quantities. Quantity words are typically followed by 'of' – in Slovak by the *genitive*.

For weight you use **kilo** 'kilogram' (2.2 lbs) and **deka** 'decagram' (10 grams), an invariable form. **Štvrť kila**, a quarter of a kilo, is just over half a pound. **Desať** (10) **deka** is just under a quarter of a pound:

Kúpil kilo/dve kilá cukru.
He bought a kilo/two kilos of sugar.

Kúpili sme pol/štvrť kila masla.
We bought half/quarter of a kilo of butter.

Kúpila desať/pätnásť deka syra.
She bought 10/15 decagrams of cheese.

For liquids you use **liter** 'litre' or **deci** 'decilitre', (a tenth of a litre), invariable.

Kúpil liter/dva litre mlieka.
He bought a litre/two litres of milk.

Objednala si dve deci vína.
She ordered two decilitres (a fifth of a litre) of wine.

Genitive plural in -ov

The genitive plural ('of') form of masculine nouns ends in **-ov** (like the male accusative form). This form often appears after quantity words:

Kúpil si kilo/dve kilá zemiakov.
He bought a kilo/two kilos of potatoes.

Basic number forms **päť** 'five' upwards are also followed by the genitive plural 'of' form:

Dajte mi päť pomarančov.	Give me five [of] oranges.
Dajte mi desať litrov.	Give me ten [of] litres.

The zero ending

Non-masculine nouns mostly have zero (i.e. *no* ending) for the genitive plural/'of' form. The final **-a** or **-o** is simply dropped.
However: the last vowel in the word *lengthens*. **E** becomes **ie**:

žena: **ženy** → **päť žien**	five [of] women
mesto: **mestá** → **šesť miest**	six [of] towns

O becomes **ô**. Others add the acute sign:

hora: hory → deväť hôr	nine [of] mountains
koruna: koruny → sedem korún	seven [of] crowns = Slovak money
kravata: kravaty → osem kravát	eight [of] ties
kilo: kilá → desať kíl	ten [of] kilos
jablko: jablká → kilo jabĺk	a kilo of apples

After a soft consonant **a** becomes **ia**:

fľaša: fľaše – desať fliaš	ten [of] bottles

(No lengthening after long vowels, or with the ending **-ov: záhrady → do záhrad** 'into the gardens', **slová → zopár slov** 'a couple of words'. Some foreign words don't bother to follow this rule either, **percento → desať percent** 'ten percent'.)

Numbers 1–20

Here again are basic numerals 1-10, with those up to **dvadsať** 20. For 11–19 you roughly just add **-násť** to numbers 1–9. (The **-ť** of **päť** becomes **-t-** in **pätnásť** 15, etc.)

1	**jeden/jedna/jedno**	11	**jedenásť**
2	**dva/dve**	12	**dvanásť**
3	**tri**	13	**trinásť**
4	**štyri**	14	**štrnásť** (!)
5	**päť**	15	**pätnásť**
6	**šesť**	16	**šestnásť**
7	**sedem**	17	**sedemnásť**
8	**osem**	18	**osemnásť**
9	**deväť**	19	**devätnásť**
10	**desať**	20	**dvadsať**

As we have already noted, forms **päť** 'five' upwards are followed by the genitive plural (!). So you say:

Mám štyri koruny.	I have four crowns.
but: **Mám päť korún.**	I have five crowns.

And, if asked **Koľko máte rokov?** 'How old are you?' (*lit.* 'How many of years do you have?') you can say:

Mám štyri roky.	I'm four years old (*lit.* I have four years.)

but: **Mám dvadsať rokov.**   I am twenty.

Verbs in phrases with 'five' and upwards treat the quantity as neuter singular!

Prišlo dvadsať kamarátov.   Twenty friends came.

Higher numerals

You will need numbers higher than 20 to cope with prices, etc.
Numbers 21–29 are formed by combination:

21 **dvadsaťjeden**, 22 **dvadsaťdva** . . . 29 **dvadsaťdeväť**,
30 **tridsať**, 40 **štyridsať**

For 50–90 just add **-desiat** to the Slovak for 'five', etc.:

50 **päťdesiat**, 60 **šesťdesiat**, 70 **sedemdesiat**, 80 **osemdesiat**,
90 **deväťdesiat**

'A hundred' is **sto**, 200 **dvesto**, 300 **tristo**, etc. 'A thousand' is **tisíc**,
2,000 **dvetisíc**, and so on.

'Million' is **milión**, giving **dva milióny**, **päť miliónov** . . . **tisíc
miliónov** = **miliarda**, 'a thousand million'.

Other numbers are combinations as before:

38 **tridsaťosem**, 99 **deväťdesiatdeväť**,
753 **sedemsto päťdesiattri** (or as one word)

Exercise 1

Revise quantity words. You are shopping and want to ask for these
quantities of things:

1 Four kilos of potatoes.
2 A quarter of a kilo of butter.
3 Three litres of milk.
4 One kilo of oranges.
5 Twenty decagrams of cheese.
6 Fifteen decagrams of bryndza.
7 Half a kilo of apricots.
8 One kilo of strawberries.
9 Ten decagrams of ham.
10 Two kilos of apples.

Exercise 2

Ask for these amounts of things or people, etc.

1 Six bananas, eight oranges and seven peaches.
2 Twelve bottles of beer and five bottles of white wine.
3 Five Slovaks and sixteen Englishmen.
4 Ten weeks and eleven months.
5 Fourteen words and four words.

Exercise 3

Give these prices in Slovak crowns:

1 3, 4, 2
2 5, 14, 16, 24, 40, 60, 35, 81, 99, 19
3 500, 300, 257, 982, 3000, 2146

Dialogue 3

Dušan is out shopping again

PREDAVAČKA: Čo si želáte?
DUŠAN: Prosím si desať vajíčok, pol masla, jedno mlieko a ementálsky syr.
PREDAVAČKA: Stačí takýto kus?
DUŠAN: Áno, stačí.
PREDAVAČKA: Pokrájať?
DUŠAN: Nie, v celku.
PREDAVAČKA: Ešte niečo? Dostali sme pekné paradajky.
DUŠAN: Dobre, tak pol kila paradajok. A ešte jeden biely chlieb a rožky.
PREDAVAČKA: Koľko rožkov?
DUŠAN: Osem rožkov. A päť žemieľ.
PREDAVAČKA: Všetko?
DUŠAN: Moment. Čo ešte potrebujem? Aha. Päť fľašiek piva – Zlatý bažant. A desať deka kávy – mokka.
PREDAVAČKA: Zomlieť?
DUŠAN: Áno, a ešte, prosím vás, túto bonboniéru. Môžete mi ju zabaliť? Koľko platím?
PREDAVAČKA: Dvestopäťdesiat korún a tridsať halierov. Áno. Nemáte tých tridsať halierov?

DUŠAN:	Počkajte, pozriem sa. Tu sú.
PREDAVAČKA:	Tristo. Tak to je päťdesiat korún naspäť. Ďakujem. Do videnia.

Vocabulary

bonboniéra	a box of chocolates	**prosím vás**	please
		stačiť	to be enough
dvestopäťdesiat	250	**takýto**	this kind of
ementálsky	Emmental	**tridsať**	30
fľaška, päť fľašiek	bottle, 5 bottles	**tristo**	300
		vajíčko, desať vajíčok	egg, 10 eggs
halier	heller (100 = 1 koruna)	**zabaliť** *pf*	to wrap
kus	piece	**žemľa, žemieľ**	round-shaped roll, [of] rolls
mokka	mocca		
moment	(just) a moment	**Zlatý bažant**	Golden Pheasant (beer)
naspäť	back		
paradajka, paradajok	tomato, [of] tomatoes	**zomlieť/ zomeliem, zomlel** *pf*	to grind
päťdesiat	50		
pol masla	half/half a kilogram of butter		

Language points

Filler vowels

If the genitive plural would otherwise end in awkward consonants, you insert a filler vowel between the final consonants, normally **-ie-**:

študentka → **sedem študentiek**   seven [of] female students
okno → **desať okien**   ten [of] windows

But: before **-k** the filler is **-o-**, following a long vowel (or **j**):

vajíčko → **šesť vajíčok**   six [of] eggs
paradajka → **kilo paradajok**   a kilo [of] tomatoes

(Other vowels – **á, ô, e** – only occur in a few words, e.g. **jedlo** 'food, meal', **päť jedál** 'five meals'.)

Soft genitive plural -í

As a rule non-masculine soft nouns ending in a consonant or **-e** have a soft genitive plural ending **-í**.

kaviareň → **veľa kaviarní**	lots of cafés
noc → **päť nocí**	five [of] nights
námestie → **šesť námestí**	six [of] squares
pole → **sedem polí**	seven [of] fields

Nouns types **-ia**, and **-ňa** (after a consonant) also take this ending:

reštaurácia → **veľa reštaurácií**	lots of restaurants
kúpelňa → **päť kúpelní**	five [of] bathrooms

Note also: **dni** → **dní** 'days', **ľudia** → **ľudí** 'people', **deti** → **detí** 'children'. You will come across a number of others.

Quantity again

The genitive is much in demand after general quantity words like **veľa** 'a lot, lots of, many', **priveľa** 'too much, too many' and **málo** 'little, few'.

Mám veľa času.	I have a lot of time.
Mám priveľa času.	I have too much time.
Mám málo času.	I have little time.
Janko má veľa priateľov.	Janko has lots of friends.
Janko má málo priateľov.	Janko has few friends.

As with higher numbers, for the verb these words count as neuter singular. Note also **koľko?** 'how many?':

Koľko tam bolo ľudí?	How many [of] people were there?
Bolo tam málo ľudí.	Few people were there.
Bolo tam asi šesť ľudí.	There were about six [of] people there.

Other such words are **niekoľko** 'some, several', **mnoho** 'many', **toľko** (or **tak veľa**) 'so many', **pár/zopár** 'a few, a couple'.

Poznám len niekoľko/zopár Slovákov.
I know only some/a few Slovaks.

Toľko ľudí!
So many people!

Shops and shop signs

'A shop' is **obchod**, or **predajňa**. 'To shop' is **nakupovať**. **Nákup** is 'shopping' or 'the purchase'. **Trh, na trhu** means 'market, at the market'.

SAMOOB-	self-service	**citróny**	lemons
SLUHA	(supermarket)	**paradajky**	tomatoes
košík	basket	**uhorky**	cucumbers
pokladnica	till (also box-	**zemiaky**	potatoes
	office)	**kapusta**	cabbage
platíte pri	pay at the cash	**karfiol**	cauliflower
pokladnici	desk	**mrkva**	carrots
POTRAVINY	foodstuffs	**KVETINY**	flowers
obchod s	food shop	**ruža**	rose
potravinami		**fiala**	violet
múka	flour		
ryža	rice	**CHLIEB-**	bread – bakery
cukor	sugar	**PEČIVO**	goods
olej	oil	**pekáreň**	bakery
maslo	butter		
mlieko	milk	**RYBA**	fish
syr	cheese	**MÄSO-**	meat and smoked
káva	coffee	**ÚDENINY**	meats
čaj	tea	**mäsiarstvo**	butcher's
		hovädzie	beef
OVOCIE-	fruit and vegetables	**bravčové**	pork
ZELENINA		**teľacie**	veal
jablká	apples	**hydina**	poultry
pomaranče	oranges	**kurča**	chicken

Moving away from food:

DROGÉRIA	chemist's	**ODEVY**	clothes
mydlo	soap	**dámske**	ladies'
šampón	shampoo	**pánske**	men's
zubná pasta	toothpaste	**detské**	children's
		oblečenie, šaty	clothes in general
LEKÁREŇ	pharmacy	**šaty**	ladies' dress
lieky	medicines	**oblek**	suit
lekár/lekárka	doctor	**OBUV**	footwear
chorý/chorá	ill		

KNÍHKU-PECTVO	bookshop	**cigareta/-y**	cigarettes
KNIHY	books	**POŠTA**	post office
román	novel	**známky**	stamps
učebnica	textbook	**list**	letter
slovník	dictionary	**doporučený list**	registered letter
		balík	parcel
NOVINY–TABAK	newspapers and tobacco, often a kiosk		

Exercise 4

You are shopping again and ask for these items:

1 Six eggs.
2 Five litres of milk.
3 Twenty decagrams of coffee.
4 Two kilos of tomatoes.
5 Six round-shaped rolls.
6 Five pointed-shaped rolls.

Exercise 5

Fill in the blanks as suggested and translate into English:

1 Zostali tam desať _____. (nights)
2 Zostaneme tam osem _____. (days)
3 Má osem _____. (fields)
4 V Bratislave je veľa _____. (cafés)
5 Náš dom ma dve _____. (bathrooms)
6 Majú šesť _____. (children)
7 Poznám len zopár _____. (people)
8 Mám dosť málo _____. (friends)
9 Mám veľa _____. (time)

Exercise 6

Read through quickly now, but only translate into Slovak after studying Dialogues 4 and 5 below

1 We have a lot of pupils, several Americans of Slovak origin and a couple of Englishmen, altogether eighteen people.

2 Mr Švantner has a group of beginners, ten Italians, eight Hungarians and seven French.

3 Mostly they are women: four Italian, six Hungarian and six French – many beginners but few advanced.

4 What time is it? – It's exactly seven o'clock, they should have begun by now.

5 What have you got in that briefcase? – About four books, ten exercise books and a kilo of potatoes.

Dialogue 4 🔲

Pani Bednárová and pán Minárik discuss the students on their Slovak course

BEDNÁROVÁ:	Koľko študentov máte na slovenčinu, pán Minárik?
MINÁRIK:	Tento rok mám dosť veľa žiakov, ako zvyčajne niekoľko Američanov slovenského pôvodu a zopár Angličanov. Spolu osem ľudí. A vy?
BEDNÁROVÁ:	Ja mám skupinu začiatočníkov, jedenásť Talianov, deväť Maďarov a osem Francúzov.
MINÁRIK:	Tak veľa! To je krásne! Ale aj veľa roboty! Koľko je z toho žien?
BEDNÁROVÁ:	No, chlapov je málo, väčšinou sú to ženy. Päť Talianok, sedem Maďariek a päť Francúzok.
MINÁRIK:	Prirodzene mnoho začiatočníkov, ale málo pokročilých.

Vocabulary

dosť veľa	quite a lot	**skupina**	group
Francúz,	Frenchman/	**spolu**	(al)together
Francúzka	woman	**tak veľa**	so many
chlap	man, guy	**Talian, Talianka**	an Italian
málo	few	**väčšinou**	mostly
mnoho	many	**veľa**	a lot
niekoľko	several	**začiatočník**	beginner
pokročilý	advanced	**žiak**	pupil
pôvod	origin	**zopár**	a couple
prirodzene	naturally		

Dialogue 5 🔲

Jana and Peter are at a lecture which is about to begin

JANA: Kedy začína prednáška? Koľko je hodín?
PETER: Je presne päť hodín a desať minút. Už mali začať, o chvíľu asi skutočne začnú.
JANA: O čom je táto prednáška?
PETER: O ekonómii a dnešnej politickej situácii.
JANA: A kto prednáša?
PETER: Dvaja mladí profesori, jeden z Košíc a druhý z Bratislavy. Bude to asi dosť veľká nuda. Ekonómia nie je mojou obľúbenou témou!
JANA: Čo to máte v tej aktovke? Vyzerá strašne ťažká!
PETER: Asi šesť kníh a veľa zošitov. Ticho, už prichádzajú. Čoskoro začnú. Určite budú hovoriť minimálne tri hodiny.

Vocabulary

aktovka	briefcase	**minuta**	minute
hodina	hour	**moja, mojou**	my
koľko je hodín?	what time is it?	**prednášať**	to lecture
Košice *pl.*	town of Košice	**prednáška**	a lecture
z Košíc	from Košice	**téma**	theme
mali	*here* = should have	**ticho!**	quiet!
		zošit	exercise book
minimálne	minimally, at least		

12 Koľko je hodín?

What time is it?

By the end of this lesson you should be able to:

- tell the time
- use ordinal numbers up to 'twelfth'
- say forms for 'me', 'you' and 'us'
- say forms for 'self'

Dialogue 1

Viera wants some tennis lessons

PAVOL: Ahoj, Viera! Koľko je hodín?

VIERA: Sú presne dve. Kam sa tak náhliš? Hľadám ťa celý deň! Chcem ti niečo povedať.

PAVOL: Idem do Univerzitnej knižnice. Nechceš ísť so mnou?

VIERA: Dobre. Pôjdem teda kus cesty s tebou. Chcem ťa poprosiť o jednu vec. Počula som totiž o tebe, že hráš tenis. Nemohol by si ma to naučiť?

PAVOL: A ty už vieš trošku hrať?

VIERA: Trošku, áno. Nepoviem o sebe, že som veľký talent, ale myslím, že som na seba dosť prísna. Budem sa veľmi snažiť.

PAVOL: Prepáč, že sa ťa na to pýtam, ale o tebe viem len to, že si študentka prvého ročníka a že rada plávaš.

VIERA: O mne vieš tak málo, lebo sme sa zoznámili len pred týždňom.

PAVOL: No dobre. Čo keby sme sa stretli zajtra poobede? Príď ku mne, povedzme, o tretej.

VIERA: O tretej nemôžem, lebo mám schôdzku so sestrou. Nemohla by som prísť tak o piatej?

PAVOL: Fajn. O piatej teda. Teším sa. Čau!

Vocabulary

čau	bye!	**pýtať sa na**	to ask ... about
čo keby	what if	**+ gen.**	that
koľko je hodín?	what time is it?	**seba, sebe**	self
ma	me	**snažiť sa**	to try
ku/o mne	to/about me	**študentka**	female student
so mnou	with me	**ťa**	you
náhliť sa	to hurry	**ti**	to you
naučiť *pf*	to teach	**o tebe**	about you
o tretej/piatej	at three, at five	**s tebou**	with you
	(o'clock)	**tak**	so; about
pôjdem	I'll go		(approximately)
poprosiť	ask for	**talent**	talent
o + *acc. pf*		**teším sa**	I look forward
pred týždňom	a week ago	**to, že ...**	(the fact) that ...
prepáč(te)!	sorry!	**trošku**	a little, a bit
prísny	strict, severe	**univerzitný**	university *adj.*
prísť, príď! *pf*	come!	**vec -i** *f.*	thing
prvý	first	**zoznámiť sa** *pf*	to get to know

Language points

What time is it?

To ask 'what time is it?' you say: **Koľko je hodín?** (*lit.* 'how many is it of hours?').

For 'one' to 'four o'clock' you say:

Je/bola jedna hodina. It is/was one o'clock.
Sú/boli dve, tri, štyri hodiny. It is/was (*lit.* are/were) two, three, four o'clock.

But from 'five' up you say: **je/bolo X hodín.**

Je/Bolo päť, šesť, sedem, osem (hodín).
It is/was five, six, seven... o'clock

Je deväť, desať, jedenásť, dvanásť (hodín).
It's nine, ten, eleven, twelve.

Learn also:

Je polnoc.	It's midnight.
Je poludnie.	It's midday.
ráno	in the (early) morning
doobeda/dopoludnia	in the morning
poobede/popoludní	in the afternoon
večer	in the evening

Literally, **doobeda** and **poobede** mean 'before lunch' and 'after lunch'.

'At what time?' – ordinal numbers

To ask 'at what time?' you say:

Kedy prišiel?	When did he come?
or: **O koľkej prišiel?**	At what time did he come?

For 'at one o'clock' you say:

O jednej (hodine).	At one (o'clock).

But for 'at two o'clock', etc. you say 'at the second (hour)', etc. in Slovak.

For this you need the *ordinal numbers*, which are:

prvý	first	**piaty**	fifth	**deviaty**	ninth
druhý	second	**šiesty**	sixth	**desiaty**	tenth
tretí	third	**siedmy**	seventh	**jedenásty**	eleventh
štvrtý	fourth	**ôsmy**	eighth	**dvanásty**	twelfth

The phrases are all in the form: **o -ej** (**hodine**):

o druhej at two, **o tretej** at three, **o štvrtej** at four
o polnoci at midnight

Work out the others yourself!

Similar time phrases use **od** 'from', **do** 'until', and **okolo** 'around':

Bol tu od šiestej do ôsmej.	He was here from six till eight.
Odišiel okolo siedmej.	He left around seven.

'Me' and 'you'

Ja 'I' and **ty** 'you' have various other forms. You have already come across some of these earlier in the book.

Note the contrast between *weak* (shorter) forms used alone and *strong* (longer) forms used after prepositions:

accusative	**Vidia ma, ťa**	They see me, you
(+ genitive)	**List pre mňa, pre teba**	A letter for me, you
	List odo mňa, od teba	A letter from me, you
dative	**Pomáhajú mi, ti**	They help 'to' me, you
(+ locative)	**Idú ku mne, k tebe**	They go towards me, you
	Hovoria o mne, o tebe	They talk about me, you
instrumental	**Idú so mnou, s tebou**	They go with me, you

Weak forms come roughly second position in a sentence (but after **som/si/sme/ste** and **sa/si** 'self'):

Kto ma hľadal?   Who was looking for me?
Kto ti to povedal?   Who told 'to' you that?

Pýtal(a) som sa ťa, či si ma videl v kine.
I asked you whether you saw me in the cinema.

Strong forms can also be used for emphasis:

Teba hľadal?   Was he looking for you?
Mňa nehľadal.   He wasn't looking for me.

So is pronounced /so/ in the phrase **so mnou** (not, as normally, /zo/). Note the added **-o** in **cezo mňa**, **bezo mňa**, **odo mňa** ('through me', 'without me', 'from me'), and **predo mnou**, **nado mnou**, **podo mnou** ('in front of me', 'above me', 'below me').

'Each other'

Sa 'self' can also mean 'each other':

Majú sa radi.   They like each other.
Nemajú sa radi.   They don't like each other.

Sa has strong case forms similar to **ty** 'you': **pre seba** 'for self', **k sebe** 'to/for self', **so sebou** 'with self'

Máš pred sebou ťažkú úlohu.
You have a hard task in front of yourself.

Varím pre seba.   I cook for myself.

Exercise 1

What time is it? **Koľko je hodín?** Reply in Slovak as suggested:

1 It's four o'clock.
2 It's three o'clock.
3 It's eleven o'clock.
4 It's nine o'clock.
5 It's midnight.

Exercise 2

When? **Kedy?** At what time? **O koľkej?** Translate the questions and reply in Slovak as suggested:

1 Kedy prišiel? – *He came at one o'clock.*
2 O koľkej odišiel? – *He left at two o'clock.*
3 Kedy prišli? – *They arrived at eight o'clock.*
4 Kedy odišli? – *They left at midnight.*
5 Kedy tu boli? – *They were here from three o'clock to nine o'clock.*
6 Kedy prišla? – *She arrived around four.*

Exercise 3

Complete with correct forms of **ma/ťa** and translate into English:

1 Hľadajú _____ / _____.
2 Táto kniha je pre _____ / _____.
3 Hovorili často o _____ / o _____.
4 Stoja za _____ / _____.
5 Ide ku _____ / k _____.
6 Kto _____ / _____ to povedal?
7 Chcela _____ / _____ poprosiť o jednu vec.
8 Nechcel ísť so _____ /s _____.

Dialogue 2 🔲

The scene is a hotel. Pan Kolár enters and the receptionist asks him if he has a reservation

KOLÁR: Dobrý deň.
RECEPČNÁ: Pekne vás vítam! Máte objednané izby?
KOLÁR: Nie. Prišli sme práve teraz z Košíc. Nemáte voľné izby?
RECEPČNÁ: Koľko je vás?
KOLÁR: Je nás päť. Potrebujeme tri izby, s kúpeľnou alebo so sprchou. Moja matka by chcela mať vlastnú izbu.

RECEPČNÁ: Bohužiaľ nemáme jednolôžkové izby. U nás sú len dvojlôžkové a izby pre tri osoby.
KOLÁR: Tak dobre, vezmeme dve izby. Vnučka môže spať so starou matkou a chlapec s nami.
RECEPČNÁ: Ako dlho tu zostanete?
KOLÁR: Dva dni. Koľko to bude stáť? Majú deti zľavu?
RECEPČNÁ: Áno. Moment, hneď vám poviem. Menšia izba so sprchou ... tisíc stopäťdesiat korún na deň, vrátane zľavy. Väčšia izba s kúpeľňou stojí tisíc päťstošesťdesiat. Aj raňajky sú zahrnuté v cene.
KOLÁR: Dobre, berieme to.

Vocabulary

ako dlho?	how long?	**sprcha**	shower
cena	price	**stará matka**	grandmother
dni *pl. of* **deň**	days	**stáť**	to cost
na deň	per day	**tisíc stopäťdesiat**	1,150
dvojlôžková izba	double room	**tisíc päť-**	1,560
jednolôžková izba	single room	**stošesťdesiat**	
		väčšia izba	bigger room
koľko je vás?	how many are there of you?	**vám, vás**	to you, (of) you
		vziať/vezmem *pf*	to take
menšia izba	smaller room	**vítať, vítam!**	welcome!
nás, s nami	(of) us, with us	**vlastný**	own
u nás	at us = in our hotel	**vnučka**	granddaughter
		voľná izba	vacant room
objednaný	reserved, ordered	**vrátane** + *gen.*	including
		zahrnutý	included
osoba	person	**zľava**	reduction
pre + *acc.*	for	**zostať/zostanem**	to stay
recepčný/-á	receptionist	< **zostávať**	

Language points

'We/us' and 'you'

My 'we' and **vy** 'you' have the following set of other forms:

accusative	**Vidia nás, vás**	They see us, you
(+ *genitive*)	**List pre nás, pre vás**	A letter for us, you
	List od nás, od vás	A letter from us, you
dative	**Pomáhajú nám, vám**	They help 'to' us, you
	Idú k nám, k vám	They go towards us, you
locative	**Hovoria o nás, o vás**	They talk about us, you
instrumental	**Idú s nami, s vami**	They go with us, you

NB: Short **a** in **nami, vami!**
Basic word order for **nás, vás** is the same as for **ma, ťa:**

Kto vám pomáha? Who is helping you?

Pýtali sme sa vás, či ste nás videli včera v meste.
We asked you whether you saw us in town yesterday.

Je nás päť. There are five of us.
but: **Sme traja.** We are three.

More about telling the time

Learning to say the quarter and half hours is a bit tricky. For 'quarter past' in Slovak you refer *forward* to the next hour, unlike English:

Je štvrť na dve. It's a quarter *onto two* = past one.
Je štvrť na šesť. It's a quarter *onto six* = past five.
Je štvrť na jednu. It's quarter *onto one* = past twelve.

Similarly, for 'half past':

Je pol jednej. It's half *of one* = past twelve.
Je pol druhej. It's half *of the second* = past one.
Je pol tretej. It's half *of the third* = past two.

For a 'quarter to' you say '*three-quarters to*':

Je trištvrte na jednu. It's *three-quarters to* one = a quarter to one.

Je trištvrte na päť. It's *three-quarters to* five = a quarter to five.

You can also add five or ten-minute intervals like this, using **minuta** 'minute':

Je o päť minút osem.
It's *in five minutes* eight = five to eight.
Je o desať minút pol ôsmej.
It's *in ten minutes* half past seven = twenty past seven.

O is also used to say 'at':

Prišli o pol deviatej.	They arrived at half past eight.
Odišli o trištvrte na päť.	They left at a quarter to five.

Omit a second **o** 'at' if the time phrase already starts with **o**:

O päť minút sedem zastavil pred hotelom.
(At) five minutes to seven he stopped in front of the hotel.

Specific delays are stated using **meškať** 'to be delayed/late' or **mať meškanie** (*lit.* 'have a delay'):

Vlak mešká hodinu.	The train is an hour late.

Máme meškanie dvadsať minút.
We are twenty minutes late.

The 24-hour clock

You may find it easier to say the time in simple numbers! This is standard with the 24-hour clock anyway:

Je sedem hodín a pätnásť minút.
It's 7.15 (7 o'clock and 15 minutes).

Je trinásť desať a desať sekúnd.
It's 13.10 and ten seconds.

Vlak odchádza osem päť.
The train leaves (at) 8.05.

Chytil rýchlik o sedemnásť trinásť.
He caught the express at 17.13.

Exercise 4

Complete with correct forms of **nás** or **vás** and translate into English:

1 Nevideli _____. (*us*)
2 Nepomáhali _____ ? (*you*)
3 Koľko je _____ ? (*you*)

4 Chlapec môže hrať s _____. (*us*)
5 Moment, hneď _____ to poviem. (*you*)
6 Tento list je pre _____ (*us*)

Exercise 5

Koľko je hodín? Kedy? What time is it? When? Reply in Slovak as suggested:

1 It's a quarter past five.
2 It's a quarter to five.
3 It's half past five.
4 They left at half past nine.
5 They came at half past two.
6 The train leaves at a quarter past eleven.
7 At half past one we stopped in front of the hotel.

Exercise 6

You enter a hotel and try to book rooms, saying:

1 Do you have any rooms free?
2 There are six of us.
3 There are two of us.
4 We need three double rooms, with a shower.
5 We need one double room, with a bathroom.
6 Is breakfast included in the price?
7 Good, we('ll) take it.

Dialogue 3

Where can they park the car? Is there a restaurant?

KOLÁR: Kde môžeme zaparkovať auto?
RECEPČNÁ: Hneď za hotelom je malé parkovisko. Tu sa zapíšte do knihy. Prineste si batožinu, dajte mi pasy a dám vám kľúče. Vpravo je výťah, hneď pôjdem s vami a ukážem vám izby. Sú naozaj pekné, na treťom poschodí, s krásnym výhľadom na rieku, zámok a les. Izby majú aj telefón, televízor a chladničku. Raňajky sa podávajú od pol siedmej do deviatej.
KOLÁR: Môžeme tu aj večerať?

RECEPČNÁ: Bohužiaľ nemáme vlastnú reštauráciu. O kus ďalej na námestí je veľmi pekná vináreň, hneď naproti obchodnému domu, v uličke za kostolom. Je to odtiaľto len pár krokov. Ukážem vám cestu, keď pôjdete von.

KOLÁR: Neviete, koľko je hodín? Zastavili sa mi hodinky.

RECEPČNÁ: O päť minút trištvrte na osem.

KOLÁR: Tak neskoro! Ďakujem vám. Rodina je asi hladná. Ale je teplo, slnko ešte svieti. Pôjdeme tam asi peši. Teraz si idem po rodinu a zaparkujem auto.

RECEPČNÁ: Poviem vrátnikovi. Ak chcete, pomôže vám s batožinou.

Vocabulary

batožina	luggage	**poschodie**	floor, storey
chladnička	fridge	**slnko**	sun
hodinky	watch	**televízor**	TV set
ísť si po + *acc.*	go for/and fetch	**teplo**	warm(th)
kľúč	key	**ukázať/ukážem**	to show
krok	step, pace	< **ukazovať**	
les	forest	**ulička**	little street
malý	little	**vrátnik**	porter
o kus ďalej	a bit further	**výhľad na** + *acc.*	view of
odtiaľto	from here	**výťah**	lift, elevator
parkovisko	car-park, parking lot	**zámok**	château, castle
		zaparkovať *pf*	to park
peši, pešo	on foot	*of* **parkovať**	
podať <	to be served	**zastaviť** <	to stop
podávať sa		**zastavovať sa**	
pomôcť/	to help		
pomôžem			
< **pomáhať**			

13 Ako mačka s myšou

Like a cat with a mouse

By the end of this lesson you should be able to:

- say him, her and it
- say them
- distinguish some basic going verbs
- understand some basic prefixes

Dialogue 1 📼

Milan's involved with Soňa, and Zora's very interested

ZORA: Kam šiel Milan?

DUŠAN: Práve išiel do knižnice. Teraz tam stále chodí, číta si tam noviny. Chodí tam totiž aj Soňa, vieš. Rád s ňou sedí v čitárni. Potom chodia spolu do vinárne alebo do mliečneho baru, niekedy aj k nemu na kávu, alebo k nej na obed. Niekedy chodia spolu do divadla alebo na diskotéku.

ZORA: Kto je vlastne tá Soňa?

DUŠAN: Soňa je jeho spolužiačka zo strednej školy. Študuje film a televíziu na Vysokej škole múzických umení. Sú to starí kamaráti, poznajú sa tak desať rokov.

ZORA: Je to fantastická blondínka, však? Ľudia na fakulte o nej často rozprávajú.

DUŠAN: Milan na ňu stále čaká pred školou, alebo aj Soňa niekedy naňho čaká na zastávke električky. Dnes bola veľmi spokojná, dostala od neho strašne dlhý list.

ZORA: Takže Milan je do nej zaľúbený?

DUŠAN: Pravdaže! Nie je to na ňom vidieť? Ale mne sa zdá, že ona sa s ním len hrá ako mačka s myšou.

Vocabulary

blondínka	a blonde	**naňho**	onto/for him
chodiť	to go (habitually)	**neho, nemu, ňom, ním**	him
čitáreň	reading room	**nej, ňou, ňu**	her
diskotéka	disco	**poznať sa**	to know each other
divadlo	theatre		
fakulta	faculty	**spolužiak, -žiačka**	fellow-student
na fakulte	at the faculty		
fantastický	fantastic	**stredný**	middle, central
film	film	**stredná škola**	secondary school
je to vidieť	it is visible	**takže**	so . . .
jeho	his	**však?**	isn't she?
mliečny bar	milk-bar	**vysoký**	high
múzické umenia	the performing arts	**vysoká škola**	= university
myš -i *f.*	mouse	**zdať sa**	to seem

Language points

'Her' and 'him'

The table gives the basic range of Slovak forms for both 'her' and 'him'. Note that forms after prepositions all have initial *n-*.

accusative	**Vidím ju/ho**	I see her/him
	List pre ňu /pre neho	A letter for her /him
genitive	**Pýtam sa jej/ho**	I ask 'of' her/him
	List od nej/od neho	A letter from her/him
dative	**Pomáham jej/mu**	I help 'to' her/him
	Idem k nej/k nemu	I go to her/him
locative	**Hovorím o nej/o ňom**	I talk about her/him
instrumental	**Idem s ňou/s ním**	I go with her/him

There is less variation for 'her' than for 'him'. Which forms are used for more than one case?

Word order is the same as for 'me':

Viera ju hľadala.   Viera was looking for her.

Ján sa ho stále pýtal, kam chce ísť.
Ján kept asking him where he wanted to go.

'Him' and 'her' come after 'me', 'you' and 'us':

Dajte mi ho! Ja vám ho nedám!
Give me him! I won't give you him!

Daj mi ju! Ja ti ju nedám!
Give me her! I won't give you her!

'Her' and 'his'

Jej is also the possessive 'her', alongside **jeho** 'his':

To je jej/jeho kniha.	That is her/his book.
Hovoríme o jej/jeho knihe.	We are talking about her/his book.

More about 'him'

Neho 'him' can shrink to **-ňho** or **-ň** after short prepositions like **pre**, **na**, **do** ending in a vowel. Preposition and 'him' become a single word:

preňho, preň	for him
naňho, naň	onto him
doňho, doň	into him.

There are also two emphatic forms: **jeho** instead of **ho**, and **jemu** instead of **mu**. They often come at the beginning of a sentence:

Jeho nevidím.	*lit.* 'Him I don't see.'
Jemu nepomáham.	I don't help *him*.

'It' as the subject

If you need a vague subject word for 'it', you can just use **to** 'that'. But if 'it' refers back to a particular noun, you use the matching gender of **ten**, **tá**, **to**:

Čo je to? To je kniha.	What is it? It's a book.
Tá je dobrá. Je dobrá.	That [one] is good. It's good.

Another word for 'it' is **ono**, used to refer to neuter nouns for living beings, e.g. **dievča** 'girl' and **dieťa** 'child':

Ono spí.	It's asleep.

Other case forms for 'it'

When in Slovak you want to refer to a feminine noun as 'it', you call it 'her':

To je pekná záhrada.	That's a pretty garden.
Vidíš ju? Pozri na ňu.	Do you see her/it? Look at her/it.

Masculine and neuter nouns use the 'him' case forms, with accusative **ho** and **-ň**:

To je pekný dom.	That's a nice house.
Vidíš ho? Pozri naň.	Do you see him/it? Look at it.
Okno je špinavé.	The window is dirty.
Vidíš ho? Vidíš cezeň?	Do you see it? Do you see through it?

Two 'going' verbs

You have met two basic verbs for 'to go or come': **ísť** and **chodiť**. Both are extremely common, but used somewhat differently.

The usual way to give the command 'Go!' is **Choď! Choďte!**, but to say 'Come!' (here and now) you say **Poď! Poďte!**

Otherwise, **chodiť** denotes habitual or repeated activity, or walking in general:

Chodí do školy.	S/he goes to school.
Chodíme často do divadla.	We often go to the theatre.
Obyčajne chodíme autobusom.	We usually go by bus.
Evička sa učí chodiť.	Evička is learning to walk.

Basically, **ísť** refers to single acts:

Dnes ide pešo.	Today s/he is going on foot.
Včera išla vlakom.	Yesterday she went by train.
Vlak ide pomaly.	The train is going slowly.

The future of **ísť** is special. You add **pô-**:

Zajtra pôjdem do školy.	Tomorrow I'll go to school.
Pôjdeš so mnou?	Will you come with me?

The future of **chodiť** is regular:

Budem chodiť do školy.	I'll be going to school (regularly).

Exercise 1

Replace the names by correct forms for 'her', and translate:

1 Vidím Soňu.
2 Pomáham Viere.
3 Idem s Hedou.
4 Hovorili sme o Zuzke.
5 Hľadám pani Bednárovú.

Exercise 2

Replace the names by correct forms for 'him' and translate:

1 Nemám Michala rada.
2 Telefonujem otcovi.
3 Išla s Pavlom na koncert.
4 Nerád hovoril o bratovi.
5 Stretli sme pána Kováča pred divadlom.

Exercise 3

Translate into Slovak using forms of **chodiť** or **ísť**, as appropriate:

1 She usually goes by train.
2 Yesterday she went by bus.
3 He often goes to the cinema.
4 Today he's going to the theatre.
5 On Monday he went to a concert.
6 Will you go with me to the disco?

Dialogue 2

Zora continues her interest in Soňa and Milan

ZORA: Kde sú Milan a Soňa? Nevidíte ich? Viem, že tu boli pred
        chvíľou. Chcela som sa s nimi rozprávať o včerajšom filme.
DUŠAN: O nich viem len to, že išli na obed. Presne o dvanástej
        zišli dolu schodmi, vyšli z budovy, prešli cez námestie a
        odišli smerom na električku. Videl som ich, lebo som
        práve prichádzal. Keď zasa prídu, poviem im, že si ich
        hľadala. Aký bol film?

ZORA: Taliansky, skvelý. Milan a Soňa na ňom tiež boli. Povedali vraj ale, že sa im vôbec nepáčil. Chcela by som od nich počuť, čo proti nemu majú, lebo ma to veľmi prekvapuje, Podľa mňa je to proste fantastická vec!

DUŠAN: Asi tam bolo málo lásky, nie?

ZORA: Práve naopak. Bolo tam tej lásky až priveľa!

DUŠAN: Preto sa im to asi nepáčilo.

ZORA: Asi máš pravdu.

DUŠAN: Nemám proti nim v podstate nič, ale sú to naozaj čudní ľudia, títo dvaja!

ZORA: No nič. Aj ja pôjdem na obed. Zatiaľ ahoj.

DUŠAN: Čau.

Vocabulary

aký bol?	what was it like?
ale	however
až priveľa	to the point of too much
cez + *acc.*	across
chvíľa, pred chvíľou	moment, a moment ago
čudný	strange, odd
ich, im	them, to them
láska	love
na ňom	at it
nich, nim, nimi	them
nie?	wasn't there?
no nič	well never mind
odísť/odišli *pf*	to go away, went away

podľa mňa	according to me, in my view	**proti** + *dat*	against
		schody	stairs, steps
podstata	basis	**dolu schodmi**	down the stairs
v podstate	basically	**smerom**	in the direction
prekvapiť	to surprise	**na** + *acc.*	of
< **prekvapovať**		**včerajší**	yesterday's
prejsť/prešli *pf*	to cross, crossed	**vôbec ne-**	not at all
prísť/prídem	to arrive	**vyjsť, vyšli** *pf*	to go out, went out
< **prichádzať**			
proste	simply	**zísť, zišli** *pf*	they went down

Language points

Saying 'them'

'They' as a subject word is **oni**, with a non-male form **ony**. Different forms for 'them' are also used for things. Forms after prepositions again have initial **n-**.

accusative	**Videl som ich**	I saw them
	List pre ne (*male:* **nich**)	A letter for them
genitive	**Pýtam sa ich**	I ask 'of' them
	List od nich	A letter from them
dative	**Pomáham im**	I help 'to' them
	Idem k nim	I go to them
locative	**Hovorím o nich**	I talk about them
instrumental	**Idem s nimi**	I go with them

Remember, **ich** is also the possessive 'their':

To je ich dom.   That is their house.

Going in, going out

English verbs are often followed by words like 'in/out': 'He went in/out'. Slovak verbs use prefixes in a similar way.

Various perfective compounds are based on **ísť** 'to go'. Their imperfective pairs are based on **-chádzať**. Here are two opposites, using **vo-/v-** 'in' and **vy-** 'out':

vojsť/vojdem, vošiel < vchádzať	to go/come in, enter

Vošiel dnu.	He went in.
Vošla do obchodu.	She went into the shop.
Práve vchádzali do domu.	They were just going into the house.

vyjsť/vyjdem, vyšiel < vychádzať	to go/come out, exit

Vyšla von.	She went out.
Vyšiel z obchodu.	He came out of the shop.

Práve vychádzali z domu.   They were just coming out of the house.

Arriving and departing

Two more verbs use opposites **pri-** 'near' and **od-** 'away':

> **prísť/prídem, prišiel < prichádzať**   to come, arrive

Autobus ešte neprišiel.   The bus hasn't come/arrived yet.
Príďte zajtra!   Come tomorrow!

> **odísť/odídem, odišiel < odchádzať**   to go away, depart

Autobus už odišiel.   The bus has now left, departed.
Anna odíde zajtra.   Anna will leave, go away tomorrow.

The related nouns **príchod** and **odchod** appear on timetables and travel signs: **PRÍCHODY** 'arrivals' and **ODCHODY** 'departures'.

Meeting and parting

Compare similar opposites **z-/s-** 'together' and **roz-** 'apart'. Both add **sa**:

> **zísť sa/zídem, zišiel sa < schádzať sa**   to come together, meet

Zišiel sa s kamarátom.   He met with a friend.

> **rozísť sa/rozídem, rozišiel sa < rozchádzať sa**   to part, separate

Rozišli sa po hodine.   They separated after the hour/class.

Up and down

Vy- can also mean 'up', while **z-/s-** can mean 'down':

Vyšiel hore na prvé poschodie.
He went up to the first floor.

Zišli dolu schodmi.   They went down (by) the stairs.

Other prefixes

Other common prefixes used to form compounds of **ísť** are:

---

do- finish   **dôjsť/dôjdem, došiel** to reach, arrive

Došiel do školy.   He reached school.

---

na- upon   **nájsť/nájdem, našiel** to come upon, find

Našiel som knihu.   I found a book.

---

o-/ob- round   **obísť/obídem, obišiel** to go round

Obišiel dom/okolo domu.   He went round the house.

---

pod- under, up to   **podísť/podídem, podišiel** to go up to

Podišla k oknu.   She went up to the window.

---

pre- across   **prejsť/prejdem, prešiel** to go across

Prejdi/prejdite cez most!   Go across the bridge!
Prejdite podchodom!   Go through the subway!

---

u- off, away   **ujsť/ujdem, ušiel** to get away

Ušiel mi autobus.   I missed the bus. (*lit.* The bus got away to me.)

---

za- behind, off   **zájsť/zájde, zašiel** to go behind, go/call into (for a purpose)

Zašiel za roh.   He went off round the corner.
Slnko už zašlo.   The sun has now set (gone behind).
Zašli si na obed/do kina.   They went in for lunch/to the cinema.

Exercise 4

Replace these pairs of names by correct pronoun forms for 'them' and translate:

1 Vidíte Milana a Soňu?
2 Hovorili sme práve o Pavlovi a Petrovi.
3 Zatelefonovala matke a sestre.
4 Išli k Viere a Zuzane na večeru.
5 Dostali sme od Jany a Jozefa pekný list.

Exercise 5

Translate into Slovak using compounds of **-ísť**:

1 They went into the house.
2 The train has now left.
3 They parted in front of the theatre.
4. Janko went into the library.
5 Viera went round the theatre and crossed the bridge.
6 We found a lovely wine bar.
7 The boy went up to the window.

Reading 1

Milan and Soňa yet again

Milan a Soňa sa zišli o pol jednej v hale univerzitnej knižnice. O trištvrte na jednu zišli dolu schodmi a vyšli z budovy. Šli asi tri minúty, prešli podchodom na druhú stranu ulice a obišli okolo obchodného domu. Už bola o päť minút jedna. Zašli do vinárne na obed a našli tam aj Vieru Kolárovú. Viera ich síce priateľsky pozdravila ale bolo jasné, že s ňou nie je niečo v poriadku. O desať minút sa jej kamarát vrátil, hádala sa s ním asi päť minút, ale nakoniec odišli spolu. Milan so Soňou sa naobedovali, dali si kávu a rozprávali sa vyše pol hodiny. O štvrť na dve vyšli z vinárne a prechádzali sa tak dvadsať minút po námestí. Rozišli sa o desať minút tri.

Vocabulary

druhý	other, second	**podchod**	subway
hádať sa	to quarrel	**pozdraviť** *pf*	to greet
hala	hall	**prechádzať sa**	to walk
jasný	clear	**priateľsky**	in a friendly way
nakoniec	finally, in the end	**rozísť/rozišli**	they parted
naobedovať	have dinner	**sa** *pf*	
sa *pf*		**strana**	side
obísť/obišli	went round	**vyše**	more than
okolo + *gen.*	around	**zísť/zišli sa** *pf*	they met
po + *loc.*	about, over, up and down		

14 Sveter, Tatry a Ľudovít Štúr

A sweater, the Tatras and Ľudovít Štúr

By the end of this lesson you should be able to:

- make comparisons
- use soft adjectives
- express preference
- talk about 'north', 'south', 'east', 'west'
- use other plural forms
- use more 'going' and 'taking' verbs

Dialogue 1

Peter tries to buy a sweater

PETER: Dobrý deň. Môžete mi ukázať ten žltý sveter – aj ten modrý?

PREDAVAČKA: Tu sú. Nech sa páči, vyberte si. Obidva sú vlnené. Modrý je tenší, ale drahší, z trošku mäkšej a kvalitnejšej látky. Žltý je hrubší, oveľa lacnejší, ale teplejší a tiež veľmi kvalitný.

PETER: Páčia sa mi obidva, ale žltý mi hádam lepšie pristane. Koľko stojí?

PREDAVAČKA: Rovných päťsto korún.

PETER: Zvyčajne nosím číslo štyridsaťštyri. Tento mi bude malý, potrebujem väčšie číslo. Nemáte aj svetlejšiu alebo tmavšiu farbu?

PREDAVAČKA: Áno, máme. Tu máte väčšie čísla. Pozrite si tieto hnedé alebo tieto biele. Ak chcete, môžete si ich vyskúšať. Tu vpravo je kabínka.

PETER (o chvíľu sa vráti): Tento hnedý je mi akurát. Veľmi sa mi páči.

PREDAVAČKA: Áno, svedčí vám.
PETER: Dobre, vezmem si ho.
PREDAVAČKA: Päťsto korún. Ďakujem. Hneď vám ho zabalím.

Vocabulary

akurát, je mi	it's an exact fit	**pozrite si**	look at
akurát		**pristať/pristane**	to suit, fit
číslo	number, size	*pf*	
drahý, -ší	dear, -er	**rovný**	straight, exact
farba	colour	**svedčí vám**	it suits you
hnedý	brown	**svetlý, -ejší**	light, -er-
hrubý, -ší	thick, -er		coloured
kabínka	cabin, cubicle	**tenký, tenší**	thin, -ner
kvalitný, -ejší	good, better	**teplý, -ejší**	warm, -er
	quality	**tmavý, -ší**	dark, -er
lacný, -ejší	cheap, -er	**veľký, väčší**	big, -ger
látka	material, fabric	**vlnený**	woollen
lepšie	better	**vyberte si!**	choose!
mäkký, mäkší	soft, -er	**vyskúšať si** *pf*	to try on
obidva	both	**žltý**	yellow
oveľa	much (+ -er)		

Dialogue 2 📼

Zuzana tries to buy a shirt or blouse

PREDAVAČ: Želáte si?
ZUZANA: Len sa tak pozerám. Moment – môžete mi ukázať tamtie
blúzky? Tú bielu, tú zelenú a tú červenú? Ďakujem.
PREDAVAČ: Nech sa páči. Sú pekné, však?
ZUZANA: Nie sú tieto blúzky veľmi drahé?
PREDAVAČ: Táto biela je samozrejme drahšia ako tá červená, lebo
je hodvábna. Tá červená je lacnejšia, ale je z čistej
bavlny. Zelená blúzka má krátke rukávy, je
najlacnejšia, polyesterová, ale kvalitná a hádam aj
najobľúbenejšia.
ZUZANA: Tá biela sa mi vôbec nepáči.
PREDAVAČ: Skôr sa hodí pre staršiu paniu, však?
ZUZANA: Tá červená sa mi najviac páči. Má širšie rukávy a užší

golier. Gombíky má tiež lepšie ako tá zelená. Zdá sa mi celkom elegantnejšia, má najkrajší strih, ale bude mi hádam veľká. Nemáte menšie číslo?

PREDAVAČ: Žiaľ, táto je posledná, čo máme. Tieto blúzky sú veľmi obľúbené, viete. Budúci týždeň máme dostať ďalšie, ale neviem aké farby.

ZUZANA: Škoda. No nič. Mohli by ste mi ukázať, kde máte pánske košele? Môj mladší brat bude mať čoskoro narodeniny.

PREDAVAČ: Pozrite si tieto páskované a kockované košele.

ZUZANA: Tieto sú oveľa lepšie ako tie dámske! A máte aj bohatší výber! Kúpim si hádam aj jednu pre seba!

Vocabulary

ako	than	**máme**	we are supposed to
bavlna	cotton	**mladý, -ší**	young, -er
bohatý, -ší	rich, -er	**naj-**	most/-est
budúci	next, coming, future	**najviac**	most
dámsky	ladies'	**pani**, *acc.* **paniu**	lady
elegantný,	elegant, more	**pánsky**	men's
-nejší	elegant	**páskovaný**	striped
golier	collar	**polyesterový**	polyester
gombík	button	**predavač**	sales assistant
hodiť sa	to be suitable	**rukáv**	sleeve
kockovaný	checked	**široký, širší**	wide, -er
krásny,	beautiful, most	**starý, -ší**	old, -er
najkrajší	beautiful	**strih**	cut
krátky	short	**úzky, užší**	narrow, -er
len sa tak	I'm just looking	**výber**	selection
pozerám		**žiaľ**	unfortunately
malý, menší	small, -er		

Language points

Comparative adjectives in -ší

In English we can make comparisons by adding '-er' to adjectives (or by prefacing 'more'). In Slovak you often replace **-ý** by

-ší. These forms are called comparatives. For 'than' you use **ako** or **než**.

Pavol je starší ako ja.	Pavol is older than me.
Pavol je mladší než Peter.	Pavol is younger than Peter.

To say 'much' (e.g. small)-er you add **oveľa** (*lit.* 'by much'). Notice the feminine ending **-šia**:

Zuzana je oveľa mladšia ako Viera.
Zuzana is much younger than Viera.

Here are some common examples, grouped by meaning:

starý – starší	older
mladý – mladší	younger
nový – novší	newer

Some very common ones lose a **-k-** and alter slightly in other ways:

vysoký – vyšší	higher
hlboký – hlbší	deeper
nízky – nižší	lower
široký – širší	wider
úzky – užší	narrower
ťažký – ťažší	heavier
ľahký – ľahší	lighter
krátky – kratší	shorter
dlhý – dlhší	longer

A few are very irregular:

malý – menší	smaller
veľký – väčší	bigger, greater
dobrý – lepší	good/better
zlý – horší	bad/worse
krásny/pekný – krajší	beautiful, pretty/more beautiful, prettier

Longer comparatives in -ejší

Many adjectives have longer comparatives ending **-ejší**, especially those

- with two consonants before **-ý** (**silný**)
- or with a long vowel before **-y** (**hlúpy**)
- many less basic (derived) adjectives

Learn these common examples, again grouped by meaning:

silný – **silnejší**	stronger
but **slabý** – **slabší**	weaker
rýchly – **rýchlejší**	quicker
but **pomalý** – **pomalší**	slower
múdry – **múdrejší**	wiser
hlúpy – **hlúpejší**	sillier
chudobný – **chudobnejší**	poorer
but **bohatý** – **bohatší**	richer
zložitý – **zložitejší**	more complicated
but **jednoduchý** – **jednoduchší**	simpler

Superlatives in naj-

To say 'oldest', 'youngest', etc. you simply add **naj-** to the **-ší** form. These **naj-** forms are called superlatives: **najstarší** 'oldest', **najmladší** 'youngest', **najlepší** 'best', **najhorší** 'worst', **najsilnejší** 'strongest'.

Pavol je starší ako ja, Peter is older than me,
 ale Peter je najstarší z nás. but Peter is the oldest of us.
Ivan je môj najlepší kamarát. Ivan's my best friend.

Soft adjectives in -í

So-called soft adjectives ending in **-í/-i** have forms much like standard adjectives, but with some 'soft' vowels in their endings.

Rule: **ý (y), á, é, ú** become 'soft' **í (i), ia, ie, iu**

Comparatives ending **-ší/-ejší** follow this rule: **starší (muž), staršia (žena), staršie (auto).**

Hľadám staršieho muža, staršiu ženu.
I'm looking for an older man/woman.

Bývam v staršom dome, v staršej budove.
I live in an older house/building.

Other common soft adjectives include **tretí** 'third', **cudzí** 'foreign' and **domáci** 'native/domestic', **svieži** 'fresh'.

Viera býva na treťom poschodí.
Viera lives on the third floor.

Káva je cudzie alebo domáce slovo?
Is coffee a foreign or a native word?

Všetci máme radi svieži vzduch.
We all like fresh air.

Note also the question adjective **čí?, čia?, čie?** 'whose?':

Čia je to kniha?   Whose book is that?

You will find a table with all the adjective endings in the 'Grammar summary'.

More/most quickly

To say adverbs of comparison, like 'more quickly', 'most quickly', etc., you just use the neuter forms of comparatives in **-šie, -ejšie**:

Pavol behá rýchlejšie ako ja.
Pavol runs more quickly/quicker than me.

Ale Peter behá najrýchlejšie.
But Peter runs most quickly/quickest.

Similarly:

Viera spieva dobre, lepšie ako ja.
Viera sings well, better than me.

Viera spieva zle, horšie ako ja.
Viera sings badly, worse than me.

More and less

Viac 'more', **najviac** 'most' are steps further on from **veľa** 'a lot':

Robí veľa, má veľa peňazí.
S/he works a lot, has lots of money.

Robí viac, má najviac peňazí.
S/he works more, has most money.

Similarly, **menej** 'less', **najmenej** 'least' follow on from **málo** 'little':

Robí málo, má málo peňazí.
S/he works little, has little money.

Robí menej, má najmenej peňazí.
S/he works less, has least money.

For 'more than' with numbers you can also say **vyše** 'over':

Robí tu vyše dvadsať ľudí.
More than twenty people work here.

Expressing preference

To say that you prefer or like *doing* something better/best, use the comparative/superlative forms **radšej/najradšej**, from **rád**:

Rád/rada pozerám televíziu. I like watching TV.

Radšej čítam a najradšej spím.
I like reading better and sleeping best.

Similarly, to say you prefer *a thing*, you use **mať radšej/najradšej**:

Mám radšej/najradšej bavlnu.
I prefer cotton. I like cotton better/best.

For immediate preference when given a choice, however, use **páčiť sa viac/najviac** 'to please more/most':

Tá červená košeľa sa mi viac/najviac páči.
I like the red shirt better/best.

Exercise 1

You are talking about clothes and you say in Slovak:

1 This blouse is cheaper.
2 These buttons are better.
3 This sweater is dearer than that blue one.
4 I like the white blouse best, it has the prettiest cut.
5 These shirts are warmer, of better quality material.
6 This shirt is (too) small for me, I need a bigger number/size.
7 This shirt has shorter sleeves.

Exercise 2

Replace the regular adjectives by superlatives and translate:

1 Eva je mladá.
2 Otec je starý.
3 Zuzana je moja dobrá kamarátka
4 Igor je silný, ale Peter je rýchly.

5 Môj kufor je ťažký a tvoja aktovka je ľahká.
6 Táto ulica je krátka a úzka.
7 Tvoje auto je nové.
8 Toto mesto je staré a krásne.

Exercise 3

Complete, using comparatives, and translate:

1 Ivan je – ako ja. (*more stupid*)
2 Mária je – ako Viera. (*older*)
3 Pán Rojko je – ako pán Novák. (*richer*)
4 Evička je – ako ja. (*smaller*)
5 Pavol je – ako ja. (*bigger*)

Dialogue 3 🔲

Peter wants advice about where to go in the High Tatras

PETER: Pani Bártová, mohli by ste mi láskavo poradiť? Chcel
by som ísť do Vysokých Tatier. Kam by som mal vlastne
ísť? Kde sú najlepšie možnosti ubytovania?
BÁRTOVÁ: No, nebola som tam osobne už dlho, ale najpopulár-
nejšími rekreačnými strediskami sú Starý Smokovec,

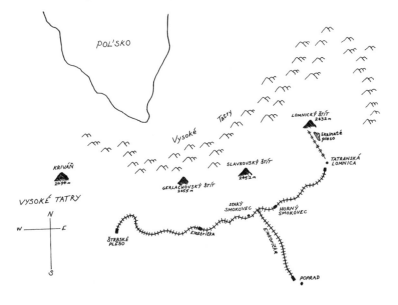

najväčšie stredisko, severne od Popradu, potom na
západe Štrbské Pleso a na východe Tatranská Lomnica.
Idete sám alebo s nejakými kamarátmi?

PETER: Idem s kolegami z kancelárie, ktorí v Tatrách tiež
neboli. Ako sa do Tatier najlepšie dostaneme?

BÁRTOVÁ: Aj vlakom aj autobusom sa dá ísť, do Popradu alebo
tiež do Tatranskej Lomnice. Do Popradu sa tiež dá ísť
lietadlom, z Prahy aj z Bratislavy.

Vocabulary

dá sa	it is possible	**rekreačný**	recreational
dostať sa	to get (to a	**severne od**	north from
	place)	**stredisko**	centre
láskavo	kindly	**Tatry**	the Tatras
lietadlo	plane	**do Tatier**	to the Tatras
mal by	ought to	**ubytovanie**	accommodation
pleso	mountain lake	**východ, na**	in the east
populárny	popular	**východe**	
poradiť *pf of*	to advise	**západ, na**	in the west
radiť		**západe**	

Dialogue 4 🔲

Mrs Bártová tells him about the tram-style Tatra light railway

PETER: A z Popradu ďalej?

BÁRTOVÁ: Odtiaľ chodí do Vysokých Tatier električka. Je síce dosť
pomalá, ale máte pekný výhľad na hory. A potom exis-
tujú rôzne lanovky a vleky pre lyžiarov a turistov,
napríklad z Tatranskej Lomnice na Skalnaté pleso a
Lomnický štít.

PETER: Ktoré kopce sú najvyššie?

BÁRTOVÁ: Medzi najvyššie patria Kriváň, Gerlachovský štít (ten je
najvyšší) a Lomnický štít. Priamo na horách nájdete
ubytovanie v rôznych horských hoteloch a turistických
chatách. Ubytovanie sa dá samozrejme objednávať
vopred v cestovných kanceláriách, v Poprade, v Hornom
Smokovci a tak ďalej. Želám vám peknú dovolenku!
Bohužiaľ, ja som už stará na takéto horské túry!

PETER: Ďakujem za praktickú radu! Chystám sa tam už budúci mesiac a prinesiem vám potom fotky. Len dúfam, že si nezlomím nohu!

Vocabulary

cestovná kancelária	travel office	**pomalý**	slow
chata	chalet	**poskytnúť**	to offer
chystať sa	to prepare to	**< poskytovať**	
dovolenka	holiday	**praktický**	practical
existovať	to exist	**rada**	advice
fotka	photo	**rôzny**	various
hora	mountain	**skala**	rock
horný	upper	**skalnatý**	rocky
horský hotel	mountain hotel	**štít**	peak, shield, gable
lanovka	cable-car	**túra**	hike
lyžiar, -ka	skier	**turista, -tka**	tourist
noha	leg	**turistický**	tourist *adj.*
objednať	to order, book	**vlek**	ski-lift
< objednávať		**vopred**	beforehand, in advance
odtiaľ	from there		
patriť medzi + acc.	to belong among	**vysoký, vyšší**	high, higher
		zlomiť si *pf*	to break

Directions

The four points of the compass are:

sever, juh, východ a západ
north, south, east and west

For 'in (the north)', etc. you say **na** ('on') in Slovak. For example, using **žiť/žijem** to live:

Žijem na severe, na juhu.
I live in the north, in the south.

Žijú na východe, na západe.
They live in the east, in the west.

Založený 1919, obnovený 1991 ■ 3/22
☎ 095 / 539 79 ■ Cena ③ Sk
č. 203 ● streda 1. septembra 1993

Note likewise how to say 'to' and 'from':

Cestujú na Západ. They travel to the West.
Letia zo severu na juh. They fly from the north to the south.

Adjectives are quite simple:

Severná/Južná Amerika North/South America
východná/západná Európa Eastern Europe, Western Europe

Východ 'east' means basically 'coming up/out', as in **východ slnka** 'sunrise' (*lit.* 'coming up of the sun'), while **západ** 'west' means 'falling, setting', as in **západ slnka** 'sunset'.

Note that **východ** is also 'exit', alongside **vchod** 'entrance', e.g. **núdzový východ** 'emergency exit'.

Plural case forms

The remaining standard plural case forms of nouns and adjectives are shown here, using the phrase **tie vysoké hory** 'those high mountains'.

genitive	**do tých vysokých hôr**	into . . .
dative	**k tým vysokým horám**	towards . . .
locative	**na tých vysokých horách**	on . . .
instrumental	**za tými vysokými horami**	beyond . . .

Most nouns have the dative ending **-ám**, locative **-ách** and instrumental **-ami**, as above, but masculine nouns end in **-om**, **-och** and **-mi**:

k tým študentom, o tých študentoch, pred tými študentmi
towards, about, in front of those students

Plural variants

If the masculine instrumental ending **-mi** would be awkward, you replace it by **-ami**. This also applies to masculines ending in **-a/-o**:

pred chlapcami, domami, kolegami
in front of the boys, houses, colleagues

After long vowels, **ý** becomes **y**, **á** becomes **a** (rhythmic law):

o tých krásnych žiačkach about those beautiful schoolgirls

After soft consonants **ý** becomes **í**, **á** becomes **ia**:

na širších uliciach   on the wider streets

More verbs of going and taking

Like **ísť** + **chodiť** 'to go', a few other verbs have parallel verbs for the habitual, repeated or general activity.

Two are verbs for speedy movement, 'run' and 'fly':

bežať/bežím + **behať**	to run
letieť/letím + **lietať**	to fly

Three others are basic verbs for 'carry/take':

niesť + **nosiť**	to carry
viezť + **voziť**	to convey (by vehicle)
viesť + **vodiť**	to lead

The single-action type verbs form the future tense with the prefix **po-**

Poletím.	I'll fly.
Ponesú.	They'll carry.

Compare usage of the two types of verb in the following examples:

Vždy chodí električkou.	S/he always goes by tram.
Dnes ide peši.	Today s/he's going on foot.
Nerád/nerada behá.	S/he doesn't like running.
Dnes beží do školy.	Today s/he's running to school.
Často lieta do Paríža.	S/he often flies to Paris.
Dnes letí do Ameriky.	Today s/he's flying to America.
Vždy nosí aktovku.	S/he always carries a briefcase.
Dnes nesie tašku.	Today s/he's carrying a suitcase.

Vozí ich často do lesa.
S/he often takes them to the forest.

Dnes ich veziem na kúpalisko.
Today I'm taking them to the bathing-place.

Zvyčajne ich vodí po meste.
S/he usually takes them about town.

Dnes ich vediem do múzea.
Today I'm taking them to the museum.

Nosiť also means 'to wear (habitually)':

Zvyčajne nosí okuliare.
S/he usually wears spectacles.

Ale dnes nemá okuliare.
But today s/he doesn't have spectacles (on).

More verbs with pri-, od-

Compounds of the verbs just discussed, with **pri-**, **od-** etc., simply form standard perfective–imperfective pairs, e.g.:

pribehnúť < pribiehať   to run up, arrive running
odletieť < odlietať   to fly off, depart flying

Pri- added to **niesť**, **viezť**, **viesť** produces three verbs meaning 'bring': **priniesť** < **prinášať** 'to bring by carrying', **priviezť** < **privážať** 'to bring by vehicle', and **priviesť** < **privádzať** 'to bring by leading'. With **od-** they all mean 'take (away)':

Priniesol jej kyticu.   He brought her a bouquet.
Odviezol ju domov.   He took her home.
Priviedol ju do izby.   He brought/led her into the room.

Exercise 4

Some names for towns or villages are plural. Often they end in **-ice** (feminine) or **-any** (masculine). Complete with the names suggested and translate:

1 Býva v _____ _____. (*Trenčianske Teplice*)
2 Jej brat študuje v _____. (*Košice*)
3 Jej matka býva v _____ _____. (*Nové Zámky m*)
4 Jeho otec býva v _____. (*Topoľčany*)
5 Jeho dcéra býva v _____. (*Piešťany*)
6 Ján Hollý býval v _____. (*Madunice*)

Exercise 5

Place names ending **-ice** and **-any** both have zero genitives. Complete and translate:

1 Išli sme do _____. (*Košice*)
2 Jej otec je z _____. (*Topoľčany*)
3 Ideme do _____. (*Piešťany*)
4 Idú do _____ _____. (*Trenčianske Teplice*)
5 Jeho sestra je z _____ _____. (*Nové Zámky*)

Exercise 6

Complete as suggested and translate:

1 Hovorili sme o tých _____ _____. (*American students*)
2 Ide s _____ do divadla. (*friends*)
3 Varí _____ obed. (*the sisters*)
4 Píše _____ krátky list. (*the brothers*)
5 Ubytovanie objednáva v _____ _____. (*travel agencies*)
6 Kupuje knihy o _____ _____ a _____. (*old towns, castles*)

Exercise 7

Translate into Slovak with the correct simple verbs of motion:

1 Today I'm flying to Bratislava.
2 I don't like flying.
3 He always wears lovely shirts.
4 Today you are carrying a suitcase.
5 Usually you carry a briefcase or a bag.
6 He often runs in the park.
7 Today he's running to work.

Reading 1

O dejinách Bratislavy a začiatkoch spisovnej slovenčiny. *About the history of Bratislava and the beginnings of standard literary Slovak*

Nad sútokom Dunaja a Moravy, neďaleko Bratislavy, stojí hrad Devín. Na vysokom brale bola rímska a neskoršie aj slovanská pevnosť. Devín sa v minulom storočí stal národným symbolom: pamätná tabuľa na zrúcaninách hradu pripomína slávny výlet Ľudovíta Štúra so slovenskými študentmi na Devín v roku 1836.

Staršie historické meno Bratislavy bol Prešporok. Vysoko nad mestom, hneď vedľa širokej modernej magistrály s mostom cez Dunaj, stojí Bratislavský hrad. Cisár Jozef II, syn Márie Terézie, tu založil seminár na vzdelávanie katolíckych kňazov. Na seminári študoval Anton Bernolák, ktorý v roku 1787 vydal prvý slávny návrh spisovnej slovenčiny.

Vocabulary

bralo	crag, rock	**slávny**	famous
cisár	emperor	**slovanský**	Slav(ic),
dejiny *f. pl.*	history		Slavonic
historický	historical	**spisovný**	standard literary
katolícky	Catholic	**storočie**	century
kňaz	priest	**sútok -u**	confluence
magistrála	major trunk	**symbol**	symbol
	road	**tabuľa**	plaque, tablet
nad + *ins.*	above	**vydať** < **vydávať**	to publish
národný	national	**výlet**	excursion, trip
návrh	proposal	**vysoko**	high up
neďaleko + *gen.*	not far from	**vzdelávanie**	the educating,
neskorší	later		training
pamätný	commemorative	**začiatok -tku**	beginning
pevnosť	fort	**založiť**	to found
pripomínať	to commemorate	< **zakladať**	
rímsky	Roman	**zrúcaniny** *f. pl.*	ruins
seminár	seminary		

Reading 2

O Bernolákovej a Štúrovej slovenčine. *About Bernolák's and Štúr's Slovak*

Bernolák umrel v Nových Zámkoch v roku 1813. Jeho pomník stojí na druhej strane magistrály, pred dómom svätého Martina, v ktorom sa často korunovali uhorskí králi. Za dómom nájdete aj pomník najslávnejšieho spisovateľa Bernolákovej slovenčiny, básnika Jána Hollého. Hollý bol asi tridsať rokov farárom v Maduniciach v údolí Váhu, medzi Trnavou a Piešťanmi.

Bernolákova slovenčina sa síce nestala dnešným spisovným jazykom, ale silne zapôsobila na viac-menej modernú podobu spisovnej reči, ktorú vytvoril Ľudovít Štúr spolu s inými spisovateľmi v štyridsiatych rokoch minulého storočia. Štúr študoval na evanjelickom lýceu na Konventnej ulici a prednášal mladým študentom o dejinách, literatúre a jazykoch slovanských národov. Na tomto lýceu študovali aj slávni slovenskí básnici Janko Kráľ a Andrej Sládkovič. V starých budovách lýcea sú dnes vedecká knižnica a Literárnovedný ústav Slovenskej akadémie vied.

Vocabulary

akadémia	academy	**spisovateľ, -ka**	writer
básnik	poet	**svätý**	Saint
dóm	cathedral	**údolie**	valley
evanjelický	Lutheran	**uhorský**	old Hungarian
farár	vicar, parish		(state)
	priest	**umrieť/umrie**	to die
jazyk	language, tongue	< **umierať**	
korunovať sa	to be crowned	**ústav**	institute
kráľ	king	**veda**	science
literárnovedný	of literary	**vedecký**	scientific,
	studies		scholarly
lýceum	lycée, college	**viac-menej**	more or less
národ	nation	**vytvoriť**	to create
podoba	form	< **vytvárať**	
pomník	memorial	**zapôsobiť** <	to have an
	(statue)	**pôsobiť**	influence
reč -i *f.*	language, speech		

15 Čo keby?

What if?

By the end of this lesson you should be able to:

- say 'would', 'if' and 'in order to', using the conditional
- use possessives
- talk about allowing and forbidding
- express hopes and fears
- use higher ordinal numbers
- say the date and year

Dialogue 1

What would you do if you suddenly became a millionaire?

HELENA: Čo by si robil, keby si zajtra vyhral hŕbu peňazí? Keby si sa stal odrazu milionárom? Prestal by si pracovať?

MILAN: Hej, hneď by som prestal pracovať. Predal by som svoj malý byt v Petržalke a kúpil by som si krásnu starú vilu s veľkou záhradou. A tiež zopár luxusných áut. A cestoval by som po svete. A ty?

HELENA: Zišli by sa mi tie peniaze, ale rozhodne by som neprestala chodiť do práce, lebo ma to miesto v knižnici veľmi baví. Asi by som sa strašne nudila, keby som nemala zamestnanie alebo nejakú stálu prácu. Ale peniaze nehrajú v mojom živote až takú veľkú rolu. Nie. Na tvojom mieste by som neodišla z roboty. Aj keby mi niekto dal milión dolárov.

Vocabulary

aj keby	even if	**peniaze**, *gen.*	money
až takú	quite such	**peňazí**	
baviť	to amuse	**po** + *loc.*	about, over
by	would	**predať**	to sell
dolár	dollar	**< predávať**	
hŕba	a heap, pile,	**rola**	role
	load	**stály**	constant, steady
keby	if	**svet**	world
luxusný	luxury	**svoj**	one's own
miesto	place, job	**vila**	villa
na tvojom	in your place	**vyhrať**	to win
mieste		**< vyhrávať**	
milión	million	**zamestnanie**	employment
milionár	millionaire	**zísť sa**	to come in
odrazu	suddenly		handy

Dialogue 2 🔊

The discussion continues, moving on to unemployment

MILAN: Poznáš môjho staršieho brata? Nemá žiadne zamest-
nanie a je sám so sebou celkom spokojný a šťastný!
HELENA: Pozri sa na mojich rodičov. Celý život pracovali vo
fabrike alebo v kancelárii a teraz, hoci nie sú vôbec starí,
sú nezamestnaní, sedia doma a nevedia, čo majú robiť.
Celý deň si len čítajú noviny, pozerajú televíziu, pono-
sujú sa na svoju situáciu a spomínajú si na staré časy.
MILAN: Tvoji rodičia nie sú vôbec typický príklad.
HELENA: Neviem, či máš celkom pravdu. Dnes je u nás na
Slovensku veľa nezamestnaných ľudí. Podľa môjho
názoru by všetci mali mať právo na prácu.
MILAN: Aj na oddych! Nie je to ale trochu staromódny názor?

Vocabulary

celkom	entirely	**mali**	should, ought
fabrika	factory		to
majú	they should	**názor**	view

podľa môjho názoru	in my view	**právo na** + *acc.*	a right to
nezamestnaný	unemployed	**príklad**	example
oddych	rest, leisure	**sám so sebou**	with himself
ponosovať sa na + *acc.*	to complain about	**staromódny**	old-fashioned
		šťastný	happy
		typický	typical

Language points

'Will' and 'would' when reporting speech

Often 'will' comes out as 'would' in Slovak. This is because when reporting someone's words you don't change the tense as in English. He said:

Prídem zajtra.　　　　I will come tomorrow.

And you report this as:

Povedal, že príde zajtra.
He said that he would come tomorrow.

'If' and 'whether'

'If' when it means 'whether' (reporting or discussing a question) is **či**:

Pýtal sa, či prídem.　　He asked me if/whether I would come.
The question was: **Prídete?** Will you come?

Neviem, či príde.　　I don't know if/whether he will come.
Príde? Will he come?

'If' and 'would'

One common word for 'if' is **keby**. It consists of **ke-** with **-by** attached, which on its own has the meaning 'would'.

Keby is used if the sentence contains 'would', referring to something which is regarded as not necessarily ever going to be true. 'Would' is then expressed by the fixed word **by**.

Both **keby** and **by** are followed by past tense forms (this combination is called the *conditional*). **By** is placed in second position:

Keby som mal čas, išiel by som do kina.
If I had time, I would go to the cinema.

Keby mal peniaze, kúpil by si dom.
If he had money, he would buy a house.

Čo by ste robili, keby ste nemali peniaze?
What would you do, if you didn't have money?

By may appear in a sentence on its own, as a question or answer:

Čo by ste robili?	What would you do?
Kam by ste šli?	Where would you go?
Šli by sme domov.	We would go home.

By can also express a wish or polite request:

Preložili by ste mi toto slovo?
Would you translate this word for me?

Of course, you can also use **mohol by** 'could, would be able' for expressing such a wish:

Mohli by ste prísť zajtra?   Could you come tomorrow?

'If' and 'will'

When 'would' does not feature, 'if' can be expressed by **ak**. **Ak** is often followed by the future tense in Slovak, unlike English:

Ak budeme mať čas, pôjdeme do kina.
If we have time, we'll go to the cinema.

Ak nepríde, pôjdeme domov.
If he doesn't come, we'll go home.

'My' and similar possessives

The case forms of **môj** 'my' differ a bit from regular adjectives:

Singular	
nom.	môj brat, moje auto, moja izba
acc.	môjho brata, moju izbu
gen.	od môjho brata – od mojej izby
dat.	k môjmu bratovi – k mojej izbe
loc.	o mojom bratovi – o mojej izbe
ins.	pred mojím bratom – pred mojou izbou

Plural

nom.	moji bratia – moje autá, izby
acc.	mojich bratov (*rest* = *nom.*)
gen.	od mojich bratov
dat.	k mojim bratom
loc.	o mojich bratoch
ins.	pred mojimi bratmi

Possessive **tvoj** has the same endings, but always has a short **o**. **Náš** and **váš** have the same endings, with long **á** where **môj** has **ô**:

Nepozná tvojho/nášho brata. He doesn't know your/our brother.
Hľadám vašu sestru. I'm looking for your sister.
Pozná našich rodičov? Does s/he know our parents?

Possessive svoj

The possessive **svoj** 'own' (related to **sa** 'self') only refers to possession by the subject of the phrase. Its forms are just like **tvoj**. It means 'my' if the subject is 'I', 'your' if it's 'you', and so on:

Stratil som svoj kľúč. I've lost my [own] key.
Stratila si svoju knihu? Have you lost your [own] book?
Viera stratila svoju knihu. Viera has lost her [own] book.

Exercise 1

Complete as suggested and translate:

1 Keby ... čas, ... po svete. (*I had /I'd travel*)
2 Keby ... peniaze, čo ...? (*you didn't have/would you do*)
3 ... toto slovo? (*would you translate*)
4 ... prísť zajtra? (*couldn't she*)
5 Neviem, ... (*if Viera will come*)

Exercise 2

Translate into Slovak, using the correct forms of possessives (say 'your' both ways!):

1 The cat is in my room.
2 The key is in your pocket (= **vrecko**).
3 My coat is in your car.

4 Your magazines are on my chair.
5 Do you know our American and English colleagues?
6 She was talking about your friends.
7 She was talking about her (= *her own*) friends.
8 He is talking about her friends.
9 I left my book on your table.

Dialogue 3 🔘🔘

Selling Grandad's house, amidst some rather complex family affairs

PETER: Chceš, aby som ti prečítal Vierin list? Dostal som ho včera. Píše o rodičoch Zuzaninho kamaráta Pavla, že idú predať dedov dom.

EDITA: Prečo ho chcú predať? Taký krásny starý dom! Spomínaš si naň, však? Boli sme tam niekoľko ráz.

PETER: Predávajú ho, aby sa mohli Pavlovi bratia presťahovať do Bratislavy a kúpiť si tam byty.

EDITA: A čo Pavlove sestry? Nepotrebujú tiež peniaze a byty?

PETER: Pravdaže, ale sú ešte mladé a aj tak im niečo najskôr ostane z predaja. A strýkov dom v Martine je tiež dosť veľký.

Vocabulary

-ov, -in	= 's	**Pavlovi, Pavlove**	Pavel's
a čo	and what about	**predaj**	sale
aby	that, to, in order to/that	**presťahovať sa** *pf*	to move house
aj tak	even so	**raz,** *gen. pl.* **ráz**	time, once,
dedo, dedov	grandfather('s)	**niekoľko ráz**	several times
idú predať	they're about to sell	**spomínať si na** + *acc.*	to remember
najskôr	most likely	**strýko, strýkov**	uncle('s)
ostať < ostávať	to remain, be left	**Vierin**	Viera's
		Zuzanin	Zuzana's

Dialogue 4 🔲

Whose things are whose? Janko's attitudes are a bit primitive

JANKO: Čia je to aktovka? Máš návštevu?
ZUZKA: To je Ivanova aktovka.
JANKO: A čie sú to topánky?
ZUZKA: To sú bratove nové topánky. Pekné, však?
JANKO: Hej, ale Petrove čierne topánky sú ešte krajšie. A čie je to auto pred domom?
ZUZKA: To je otcovo auto. Kúpil si ho dnes. Ako sa ti páči?
JANKO: Veľmi sa mi páči! Je ešte lepšie ako sestrino! Prečo mi otecko stále odmieta kúpiť nový bicykel?! Irenin bicykel je lepší ako môj a ona je dievča!
ZUZKA: Ale Irena je staršia ako ty – a lepšia športovkyňa.

Vocabulary

bicykel	bicycle	**otcov**	father's
čí, čia, čie	whose?	**otecko**	dad
ešte krajšie	even finer	**sestrino**	sister's
odmietnuť	to refuse		
< **odmietať**			

Dialogue 5 🔲

What's the date?

JANKO: Koľkého je dnes?
ZUZKA: Je dvadsiateho siedmeho júla. V auguste ideme do Paríža!
JANKO: Hej, prvého augusta! O necelý týždeň! Strašne sa na to teším! Vrátime sa až desiateho októbra.
ZUZKA: Kedy máš narodeniny?
JANKO: Šestnásteho októbra, budem mať pätnásť rokov!
ZUZKA: Taký starý človek! Ja mám narodeniny ôsmeho februára. Zakaždým sneží, nenávidím sneh a budem mať tridsaťpäť rokov.
JANKO: Kedy si sa narodila?
ZUZKA: V roku tisícdeväťstošesťdesiattri (1963). A ty?
JANKO: Zabudol som. Počkaj, teraz som si spomenul, v roku tisícdeväťstoosemdesiatdva (1982).

Vocabulary

august	August
až	only
dvadsiateho siedmeho júla	27 July
február	February
júl	July
koľkého je dnes?	what's today's date?
mať X rokov	to be X years old

Possessives from people's names

Personal nouns can form possessives that are like 's (e.g. 'Anna's') in English. Males have possessive forms ending in **-ov**, females in **-in**. They work as adjectives, with basic agreement as follows:

Petrov, Evin dom	Peter's, Eva's house
Petrova sestra, Evino auto	Peter's sister, Eva's car
Petrove sestry, Evini bratia	Peter's sisters, Eva's brothers

These forms are like **môj, tvoj**:

Videl som otcovu sestru, otcovho lekára.
I saw father's sister, doctor.

Chodí k Evinmu lekárovi.
He goes to Eva's doctor.

Other forms are like regular adjectives:

Hovorili o Zuzaninej knihe.
They talked about Zuzana's book.

Hovorili o Zuzaniných priateľoch.
They talked about Zuzana's friends.

Only a single proper noun can form a possessive. Otherwise you just use the genitive case, e.g. **kniha Zuzany Kováčovej** 'Zuzana Kováčová's book'.

Expressing purpose

Aby means something like 'that (I, you, etc.) would', expressing purpose. Like **keby**, it is followed by past tense forms. In English we often just say 'to', or 'in order to':

Potrebujem peniaze, aby som kúpil dom.
I need money to buy a house ('that I would buy a house').

But an infinitive can be used, as in English, after a verb of motion:

Prišiel som ťa navštíviť. I have come to visit you.

Telling someone to do something

Aby is also used after verbs of 'wanting' or 'telling':

Chcem, aby si prišiel.
I want you to come ('that you would come').

Chcú, aby som študoval medicínu.
They want me to study medicine.

Povedal mu, aby si kúpil dom. He told him to buy a house.
Radila nám, aby sme si ľahli. She advised us to lie down.
Požiadala ho, aby išiel s ňou. She asked him to go with her.

Allowing and forbidding

'To allow' is **dovoliť** *pf*, 'to forbid' **zakázať/zakážem** *pf*:

Lekár mu zakázal fajčiť. The doctor forbade him to smoke.

Učiteľ mu tiež nedovolil fajčiť.
The teacher also didn't allow him to smoke.

Dovoliť is used with **aby** in the phrase:

Dovoľte, aby som sa predstavil. Allow me to introduce myself.
Volám sa ... My name is ...
– Teším sa, že vás poznávam. – Pleased to meet you.

A related verb is **smieť/smiem** 'may, to be allowed':

Smiem (*or* Môžem) vám predstaviť svoju priateľku Vieru?
May (*or* can) I introduce to you my friend Viera?

Smiem prosiť? May I ask (for the next dance)?

189

This verb is commoner in the negative, meaning 'mustn't':

Tam nesmieš! You mustn't go there!
To sa nesmie! That is not allowed!
(*or*: **To je zakázané.** That is forbidden.)

Note also the sign **Zákaz vstupu!** 'Entry forbidden!'.

Hopes and fears

Báť sa/bojím sa 'to fear' and **mať strach** 'to be afraid' (*lit.* 'to have fear') may be followed by either **aby** or **že**. After **aby** the verb is negative!

Bojím sa, že spadnem. I'm afraid that I'll fall.
Bojím sa, aby som nespadol. I'm afraid that I might fall (hope I don't).

Aby on its own can express an exclamatory hope or wish:

Aby som nespadol! Hope I don't fall!

A weaker fear can be expressed by **obávať sa**:

Obávam sa, že príde neskoro. I'm afraid that he'll arrive late.

For an explicit hope you can simply use **dúfať** 'to hope':

Dúfam, že nespadnem. I hope that I won't fall.

Higher ordinal numbers

In order to give the date you need ordinal numbers up to 'thirty-first'. Higher ones turn up for various other purposes.

The '-teenths' all end in **-násty**:

trinásty	13th	**sedemnásty**	17th
štrnásty (!)	14th	**osemnásty**	18th
pätnásty	15th	**devätnásty**	19th
šestnásty	16th		

Then it's:

dvadsiaty	20th	**tridsiaty**	30th	**štyridsiaty**	40th

Followed by:

päťdesiaty	50th	**sedemdesiaty**	70th	**deväťdesiaty**	90th
šesťdesiaty	60th	**osemdesiaty**	80th		

Next:

stý	100th	**štvorstý**	400th
dvojstý	200th	**päťstý**	500th
trojstý	300th		

Tisíci 1,000th, **dvojtisíci** . . . plus **miliónty, miliardtý**, and **biliónty**!!
For 'twenty-first' you say **dvadsiaty prvý**, literally 'twentieth first', and so on, but for the initial parts of higher complex ordinals you use ordinary numbers: **tisíc deväťsto šesťdesiaty štvrtý** 1,964th.

Months, date and year

The names of the months are basically the same as ours (but note they are spelt without capital letters). Here they are, with the corresponding phrases for 'in . . .':

január, február, marec	**v januári, vo februári, v marci**
apríl, máj, jún	**v apríli, v máji, v júni**
júl, august, september	**v júli, v auguste (!), v septembri**
október, november, december	**v októbri, v novembri, v decembri**

To say 'from' and 'till/to' you use **od** and **do**. All have genitives ending **-a**:

od januára do apríla	from January till April
od marca do decembra	from March to December

The date is always in the genitive:

Koľkého je dnes?	What's today's date?
Je tridsiateho januára.	It's 30th January.
Prišiel prvého januára.	He arrived on 1st January.

To say the year you use the form 'one thousand nine hundred eighteen':

V roku 1918 (tisícdeväťstoosemnásť) sa skončila prvá svetová vojna.
The first world war ended in (the year) 1918.

Miesto a dátum narodenia.   Place and date of birth.

To say 'in the sixties', etc. you say **v šesťdesiatych rokoch** ('in the sixtieth years').

Exercise 3

Complete with the right form of **čí?** 'whose?', then answer as suggested:

1 _____ je to kniha? (*That's Irena's book.*)
2 _____ sú to topánky? (*Those are my brother's shoes.*)
3 _____ je to bicykel? (*That's my sister's bicycle.*)
4 _____ je to auto? (*That's Igor's car.*)
5 _____ sú to perá? (*Those are uncle's pens.*)

Exercise 4

Koľkého je dnes? What's the date? Reply as suggested:

1 It's 14 January.
2 It's 5 May.
3 It's 21 October.
4 It's 8 September.
5 It's 30 March.
6 It's 29 August.

Exercise 5

Complete as suggested, using **aby**:

1 Chcela, . . . (*me to go with her*)
2 Povedal mi, . . . (*to buy a new shirt*)
3 Radili nám, . . . (*to sell the house*)
4 Bojím sa, . . . (*I might lose my job*)
5 Chcem, . . . (*them to give me a bigger room*)
6 Potrebuje auto, . . . (*so that she can travel about Slovakia*)

Reading 1

Four Bratislava squares

Hlavné námestie je historickým srdcom Bratislavy. Nachádza sa tu Stará radnica, pôvodne gotická budova zo štrnásteho a pätnásteho storočia, ale viackrát prestavaná. Tu na námestí je tiež Maximiliánova fontána so sochou Rolanda z roku 1572 (tisícpäťstosedemdesiatdva).

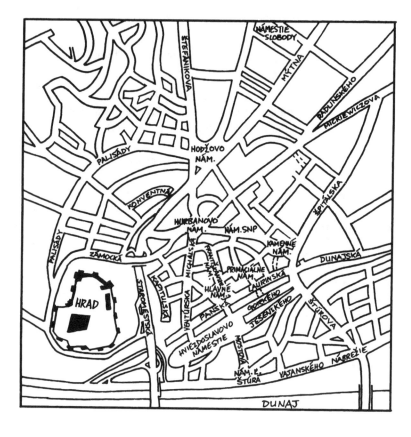

Hneď vedľa na Františkánskom námestí je Mirbachov palác so zbierkou starých obrazov a zopár krokov odtiaľ, na Primaciálnom námestí, sa nachádza Primaciálny palác z druhej polovice osemnásteho storočia. Mierovú zmluvu podpísali rakúsky cisár František a Napoleón v zrkadlovej sieni paláca v roku 1805 (tisícosemstopäť).

Smerom k Dunaju na Hviezdoslavovom námestí je Národné divadlo, postavené koncom minulého storočia. Pred divadlom stojí Ganymedova fontána a na námestí, na ktorom sa tiež nachádza hotel Carlton, je socha slávneho slovenského básnika Pavla Országha Hviezdoslava. Za rohom na Mostovej ulici je Reduta, hlavná koncertná sieň a sídlo Slovenskej filharmónie.

Vocabulary

fontána	fountain	prestavaný	rebuilt
gotický	Gothic	Primaciálny	Primate's
koncertná sieň	concert hall	radnica	town-hall
koniec	end	rakúsky	Austrian
koncom + gen.	at the end of	sídlo	seat,
mierová zmluva	peace treaty		headquarters
nachádzať sa	to be found/	sieň f.	hall
	situated	socha	statue
palác	palace	srdce	heart
podpísať	to sign	viackrát	several times
< podpisovať		zbierka	collection
polovica	half	zmluva	treaty
postavený	built	zrkadlová sieň	mirror hall
pôvodne	originally		

Reading 2

And two Bratislava streets

Na Michalskej ulici stojí stará Michalská veža a hneď vedľa nej v dome U červeného raka je pekná stará lekáreň, v ktorej je dnes múzeum. Na Michalskej je tiež budova Univerzitnej knižnice, v ktorej ešte v prvej polovici minulého storočia bolo sídlo uhorského parlamentu.

Dolu na Ventúrskej ulici číslo 13 (trinásť) mal deväťročný Liszt svoj prvý koncert a v paláci, ktorý sa dnes nazýva Mozartov dom, hral šesťročný chlapec Mozart v decembri roku 1762 (tisícsedemstošesťdesiatdva). Naproti je stará budova, niekoľkokrát prestavaná, v ktorej v roku 1465 (tisícštyristošesťdesiatpäť) kráľ Matej Korvín založil prvú bratislavskú vysokú školu, ktorá sa nazývala Academia Istropolitana. Jej činnosť trvala žiaľ krátko, len dvadsaťpäť rokov. Dnes je v budove Vysoká škola múzických umení.

Vocabulary

činnosť	activity	Matej Korvín	Matthias
deväťročný	9-year-old		Corvinus
lekáreň f.	pharmacy	nazývať sa	to be called

niekoľkokrát	several times	**šesťročný**	6-year-old
parlament	parliament	**veža**	tower
rak	crayfish		

16 Máte voľný stôl?

Do you have a table free?

By the end of this lesson you should be able to:

- say 'all', 'the same', 'there isn't', 'it's necessary', 'would have done'
- recognise verbal adjectives and frequentatives
- recognise diminutives and other noun and number forms
- write letters

This final lesson includes some more advanced material on verbs and numerals, which you need at least for recognition and for reading.

Dialogue 1 ▣

Ondrej finds his foreign guests the only eating place in town

ONDREJ: Dobrý večer. Sme radi, že máte otvorené! Hľadali sme strašne dlho, prší a nemohli sme nič nájsť!

ČAŠNÍČKA: Môžem vám povedať, že v tomto mestečku niet lepšieho hostinca, lebo sme vlastne jediný!

ONDREJ: Máte voľný stôl pre štyri osoby? Vidieť, že v prednej miestnosti sú všetky stoly obsadené.

ČAŠNÍČKA: Áno, pane, tieto stoly sú síce tiež všetky rezervované, ale tam pri okienku máme ešte jeden voľný stôl. Sadnite si. Nech sa páči. Budete večerať?

ONDREJ: Áno.

ČAŠNÍČKA: Hneď vám prinesiem jedálny lístok. Budete niečo piť? Pivečko, víno?

ONDREJ: Pre kolegyňu pohár bieleho vína, kolegom dvakrát pohárik slivovice a pre mňa pomarančový džús, lebo šoférujem. A štyri fľašky minerálky. Sme smädní!

Vocabulary

dvakrát	twice, two times (**-krát** 'times' commonly used for ordering in a restaurant, pub, etc.)	**obsadený**	occupied
		okienko	little window
		pane	sir!
		pivečko	(nice) beer
		pomarančový džús	orange juice
hostinec, -nca	pub, inn	**pre** + *acc.*	for
jedálny lístok	menu	**rezervovaný**	reserved
jediný	the only, sole	**smädný**	thirsty
mať otvorené	to be open	**šoférovať**	to drive
mestečko	little town	**vidieť**	it's visible
minerálka	mineral water	**všetci, všetky**	all
niet + *gen.*	there isn't		

Dialogue 2

Ondrej orders food, including fish and a typical meatless dish

ČAŠNÍČKA: Nech sa páči, dáme biele vínečko, pánom dvakrát slivovica, jeden džús a štyri minerálky. Už ste si vybrali? Prajete si nejaké predjedlo? Šunku, hlávkový šalát s oštiepkom?

ONDREJ: Nie, ďakujeme, dáme si všetci polievku.

ČAŠNÍČKA: Zeleninovú polievku, rybaciu alebo hovädzí vývar?

ONDREJ: Trikrát zeleninovú, raz rybaciu. Potom raz pečeného pstruha na masle s varenými zemiakmi – nie, s hranolkami – dvakrát kapra v paprikovej omáčke s ryžou – a raz vyprážaný syr s tatarskou omáčkou, nie, bryndzové halušky. Kolegyňa je z Anglicka, želá si nejaké typické bezmäsité jedlo.

ČAŠNÍČKA: To bude všetko?

ONDREJ: Dvakrát uhorkový šalát a raz paradajkový. A prineste nám, prosím, ešte pečivo. Možno neskôr si ešte niečo objednáme – nejaký zákusok, pohárik alebo také niečo.

Vocabulary

bezmäsitý	meatless	**dáma**	lady
bryndzové halušky *f. pl.*	cheese gnocchi	**hlávkový šalát**	lettuce salad
		hovädzí vývar	beef consommé

hranolky *m. pl.*	chips	**raz**	once
jedlo	food, dish	**rybacia polievka**	fish soup
kapor – kapra	carp	**tatarská omáčka**	Tartar sauce
na masle	cooked in butter	**trikrát**	three times
papriková omáčka	paprika sauce	**uhorka**, *adj.* **uhorkový**	cucumber
paradajkový *adj.*	tomato	**varený**	boiled
pečený	roast	**vínečko**	(nice) wine
pečivo	bread/rolls	**vyprážaný**	fried
predjedlo	starter	**zákusok, -ska**	dessert, cake
pstruh	trout		

Language points

All

In general the word for 'all' is most frequent in the plural. Basic *male animate* forms are **všetci** and accusative **všetkých**:

Všetci chlapci tam boli. All the boys were there.
Pozvali všetkých chlapcov. They invited all the boys.

Other genders use **všetky**:

Všetky ženy tam boli. All the women were there.
Pozvali všetky ženy. They invited all the women.

Singular neuter **všetko** 'all, everything' is very common. Singular **všetok** *m.* and **všetka** *f.* (*acc.* **všetku**) turn up less often, with words for uncountable 'stuff':

Zjedol všetko.
He ate up everything.

Zjedol všetok šalát/všetku zeleninu.
He ate up all the salad/all the vegetables.

Other forms are like ordinary adjectives:

Hovorila o všetkom.
She spoke about everything.

Hovorila so všetkými o všetkých problémoch.
She spoke with everyone about all the problems.

'-ed' adjectives

English adjectives ending in '-ed' can be formed from verbs, e.g. 'closed' from 'to close', as in 'a closed door'. (Some are irregular, e.g. 'open' from 'to open', as in 'an open door'.)

The equivalent Slovak adjectives usually end in **-ný**, e.g. **zatvorený** 'closed', **otvorený** 'open':

> **Zatvorené/otvorené okno.**   A closed/open window.
> **Okno je zatvorené/otvorené.** The window is closed/open.

They are usually predictable from verb infinitives:

-at': *-aný*.	**sklamat'**: *sklamaný* disappointed
-it'/-iet': *-ený*.	**prekvapit'**: *prekvapený* surprised, **vidiet'**: *videný* seen
-ovat': *-ovaný*	**organizovat'**: *organizovaný* organized

Some end in **-tý**:

> **-nút'**: *-nutý*   **zabudnút'**: *zabudnutý* forgotten

These adjectives may be formed either from perfective or imperfective verbs, depending on the precise meaning.

Passives

Phrases with forms of **byt'** 'to be' plus **-ný/tý** verb adjectives can amount to what we call the *passive* in English. Here the subject is not the *doer*, but the thing or person (passively) *affected*:

> **List bol napísaný včera.**   The letter was written yesterday.

But if the doer is stated ('The letter was written by Viera') you normally just say grammatically 'Viera wrote the letter', but reverse the word order. The meaning is clear from the case endings:

> **List** (*object*) **napísala Viera** (*subject*)**.**
> The letter was written by Viera.

> **Túto knihu mi dal Peter.**
> This book was given to me by Peter.

Another way of making a kind of passive is to use a verb with **sa**:

Ako sa to píše?
How is that written? (*lit.* 'How does that write itself?')

Kde sa predávajú lístky?
Where are tickets sold? (*lit.* 'Where do tickets sell themselves?')

Rather similarly:

Obchod sa zatvára o šiestej.
The shop closes, is closed at six.

Polievka sa začína variť.
The soup is starting to boil (*lit.* 'be boiled').

'-ing' nouns

English can form '-ing' nouns from verbs, e.g. 'reading'. Their direct Slovak equivalents end in **-nie/-tie**.

Their forms match closely the '-ed' adjectives ending in **-ný/-tý** looked at above. They can be either imperfective or perfective, according to meaning. Sometimes you translate them with other English nouns:

-at': *-anie*	**čítanie/prečítanie** reading
-it'/-iet': *-enie*	**otvorenie** opening
	videnie seeing, vision
-ovat': *-ovanie*	**upratovanie** tidying-up

Some end in **-tie**:

-nút': *-nutie*	**stretnutie** a meeting, **rozhodnutie** a decision

Dictionaries only list some of these nouns separately. Usually it is easy to work out their meaning by looking up the verb.

Diminutives

Slovak has many special nouns called *diminutives* which basically express 'smallness', also 'niceness'. Their genders match the simple nouns. They are clearly marked by their final consonant **k**. 'Double' diminutives add **č** as well.

Masculine nouns end in **-ík**, **-ok**, **-ko** (people), or **-ček**: **pohár** – **pohárik** 'small glass', **pes** – **psík**, **psíček** 'little dog(gie)', **vták** – **vtáčik** 'little bird(ie)', **kus** – **kúsok**, **kúštik**, **kúštiček** 'little (tiny) piece', **dom** – **domček** 'little house'; **Ján** – **Janko**, **Janíčko** or **Janíček** '(little) Johnny', **otec** – **otecko**, **ocko** 'Dad'.

Feminine nouns end in **-ka** or **-(i)čka**: **kniha** – **knižka** 'little book', **ulica** – **ulička** 'little street', **ruka** – **ručička** 'little hand', **mama** – **mamička** 'Mummy'.

Neuters end in **-ko** or **-(e)čko**: **okno** – **okienko** 'little window', **mesto** – **mestečko** 'little town', **slovo** – **slovíčko** 'little word', **víno** – **vínko**, **vínečko** (**n** pronounced /n/ not /ň/) 'nice wine', **pivo** – **pivečko** 'nice beer'.

Some adjectives and other words also form diminutives:

malý – **maličký**	(nice) little, tiny
trochu – **trošku**, **trošíčku**	(just) a little bit

Often diminutives are used in special senses:

list – **lístok**	little leaf *or* ticket
jedálny lístok	menu
ruka – **ručička**	little hand *or* clock hand
roh – **rožok**, **rožtek**	little horn/corner *or* pointed roll
strom – **stromček**	little tree
vianočny stromček	Christmas tree

Girls, children and the young of animals

The case forms of neuter noun **dievča** 'girl' are rather odd, with **-ať**- and **-at**- added before the endings, e.g. **od dievčaťa** 'from a girl', **dievčati** 'to/for a girl', **s dievčaťom** 'with a girl', and plural **dievčatá** 'girls', or (familiarly) **dievčence**. You'll find a full table in the Grammar summary.

Neuter words for the young of animals also belong to this type, e.g. **šteňa** 'puppy', **mača** 'kitten', and **šteňatá** 'puppies', **mačatá** 'kittens'. One of the commonest words of this type is **dieťa** *n.* 'child', but its plural is **deti** 'children'.

Exercise 1

Make '-ed' adjectives from these verbs and translate them into English:

prekvapiť, kúpiť, napísať, prečítať, milovať, stratiť, variť, oholiť, zabudnúť, pozvať, baliť, zatvoriť, korunovať, zmeniť, objednať

Exercise 2

Identify and translate the simple words these diminutives come from:

okienko, domček, lístok, ručička, kúštik, slovíčko, ulička, knižka, psíček, trošíčku, rožok, pivečko

Exercise 3

Revise the relevant notes and translate into Slovak:

1 All the girls are in the library.
2 All the boys are in the bus.
3 How is that written?
4 Where are tickets to (into) the theatre sold?
5 The library closes at four.
6 We searched in all the rooms.

Dialogue 3 📼

Ondrej finds a restaurant again for his friends

ONDREJ: Toto je tá istá reštaurácia, o ktorej som vám práve včera rozprával. Je skutočne vynikajúca. Keby som bol vedel, že dnes majú otvorené, nebol by som hľadal inú možnosť. V pondelok totiž mávali kedysi zatvorené, ale teraz sa v oknách svieti a vidno, že niektoré stoly sú už obsadené. Prekvapujúci úspech! Tentoraz niet dôvodu sa obávať, že všetky stoly budú obsadené. Bol som tu už niekoľkokrát, a zakaždým mali voľné miesta. Už ide čašníčka. Dobrý večer, máte, prosím, voľný stôl pre štyri osoby?

ČAŠNÍČKA: Áno, pane, máme ešte jeden stôl voľný. Poďte so mnou. My sa poznáme, však? Vídavám vás tu dosť často.

ONDREJ: Áno, bol som tu už niekoľko ráz. Zavše sem chodievam s kolegami zo zahraničia a zakaždým sa im táto reštaurácia veľmi páči. Pred dvoma týždňami som tu bol so štyrmi kamarátmi zo Spojených štátov.

ČAŠNÍČKA: Pamätám sa na nich – tri dievčatá, však? A jeden starší pán. Ale, prepáčte, treba povedať, že by bolo naozaj lepšie, keby ste nám vopred zavolali a objednali si stôl, lebo teraz sem chodieva dosť veľa ľudí. Aj v pondelok tu býva často plno.

ONDREJ: Niet sa čomu čudovať, keď máte takého vynikajúceho kuchára!

ČAŠNÍČKA: No ďakujem! Som rada, že sa vám naša reštaurácia páči.

ONDREJ: Počuť, že sa tu stretávajú aj politici a slávni umelci, pravda?

ČAŠNÍČKA: Áno, sedávajú tu dlho, niekedy potom robievame do druhej alebo tretej ráno.

Vocabulary

bývať *freq.*	to be	**prekvapujúci**	surprising
dievčatá	girls	**robievať** *freq.*	to work
dôvod	reason	**sedávať** *freq.*	to sit
dvoma *ins.*	of two	**Spojené štáty**	United States
chodievať *freq.*	to go	**stretávať sa** *freq.*	to meet
istý	certain	**svieti**	it's shining,
ten istý	the same		lights are on
kedysi	once (upon a	**štyrmi** *ins.*	of four
	time)	**tentoraz**	this time
kuchár, -ka	cook	**treba**	it's necessary
mávať *freq.*	to have	**umelec, -lca**	artist
niektorý	some	**úspech**	success
obávať sa	to be afraid,	**vídavať** *freq.*	to see
	worry	**vidno**	it's visible, you
pamätať sa na	to remember		can see
+ *acc.*		**zahraničie**	abroad
plno	full	**zatvorený**	closed
počuť	it's audible,	**zavše**	from time to
	I hear		time
pravda?	true?		

keby som bol vedel	if I'd known
nebol by som hľadal	I wouldn't have looked for

| mávali zatvorené | used to be closed |
| niet sa čomu čudovať | it's not surprising |

Language points

The same

To say 'the same', meaning 'one and the same', you can use **ten istý**:

Stále robí tie isté chyby.
He keeps making the same mistakes.

Bol to ten istý človek.
It was the same person.

To je tá istá pieseň, ktorú hrali včera.
That is the same song (which) they played yesterday.

Taký istý means 'the same kind of':

On je prchký a ty si taký istý.
He is short-tempered and you are the same.

Rovnaký is another general term for 'the same':

Bolí ma to stále na rovnakom mieste.
It still hurts me in the same place.

Mám rovnaké šaty ako ty.
I have the same dress as you.

'-ing' adjectives

English '-ing' adjectives (e.g. 'a surprising success') have Slovak equivalents ending in **-úci** or **-iaci**. You form them by adding **-ci** to the 'they' present form of a verb, e.g. **bežiaci** 'running' from **bežia** 'they run', **idúci** 'going' from **idú** 'they go'. So:

bežiaci pás	a running belt
idúci vlak	a moving train
prekvapujúci úspech	a surprising success
vedúca úloha	a leading role

Some can act as nouns, e.g. **vedúci** 'a manager', **vedúca** 'a manageress', **cestujúci** 'a traveller', **cestujúca** 'a female traveller'.

Similarly:

Žena sediaca pri okne je moja sestra.
The woman sitting by the window is my sister.

Chlapec píšúci list je môj syn.
The boy writing a letter is my son.

In writing you also find short fixed forms **-úc** or **-iac**, meaning 'while doing':

Sediac v záhrade, pili čaj.
(While) sitting in the garden, they drank tea.

Pijúc čaj, počúvali rádio.
(While) drinking tea, they listened to the radio.

If perfective they mean 'after (doing)':

Vypijúc čaj, odišiel domov.
(After) drinking the tea he went off home.

The rhythmic law applies only to this short form, e.g. **píšuc** (but **píšúci**).

Frequentatives

A good number of verbs have the quite common *frequentative* forms **-ávať** and **-ievať** which refer to usual repetition:

jesť – jedávať   **Kde jedávaš?**   Where do you (usually) eat?
robiť – robievať   **Robieva chyby.**   He tends to make mistakes.

Even **chodiť** 'to go regularly' has a form **chodievať** meaning 'to go from time to time'. In the past tense these verbs mean 'used to do':

Chodieval do kostola.   He used to go to church.

'There isn't'

'There isn't' can be expressed by **niet** (= **nie je**), followed by nouns in the genitive:

Niet vody.   There's no water. (*lit.* There isn't [of] water.)
Niet nikoho doma.   There's no-one at home.

Niet väčšej rýchlosti, ako má svetlo.
There's no greater speed than light.

For past or future you substitute **nebolo** and **nebude**:

Nebolo vody. There wasn't any water.
Nebude nikoho doma. There won't be anyone at home.

Niet often turns up in set phrases:

Niet pravidla bez výnimky.
There's no rule without exception.

Komu niet rady, tomu niet pomoci.
For whom there's no advice, for him there's no help.

Niet sa čomu čudovať.
There isn't what (i.e. anything) to be surprised at.

'It's necessary', etc.

Certain idiomatic phrases omit an expected **je** 'is' in the present. For example, **treba** on its own means 'it is necessary'. For past and future you add **bolo** or **bude**:

Treba si dávať pozor.
It's necessary (i.e. you need) to watch out, take care.

Bude treba si dávať pozor.
It will be necessary to take care.

Má všetko, čo treba.
S/he has everything that's necessary.

Treba povedať, že ...
It's necessary to say that ...

The same applies to **vidieť** or **vidno** 'it's visible/evident' and **počuť** 'it's audible/one hears':

Vidieť (vidno), že máte problémy.
It's evident you've got problems.

Odtiaľ zle počuť.
From there it's poorly audible, you hear badly.

Počuť, že máte problémy.
One hears you've got problems.

'Would have done', 'had done'

To talk about what might have been in the past (but wasn't), you can add **bol** to the ordinary conditional, forming a *past conditional*:

Keby bol mal peniaze, bol by si kúpil auto.
If he had had (*lit.* 'would have had') money, he would have bought a car.

For 'would have been' you say **bol by býval**:

Keby bol býval mladší, bol by chytil vlak.
If he had been younger, he would have caught the train.

Keby bolo bývalo pekne, boli by sme sa išli kúpať.
If it had been nice, we would have gone to bathe.

Sometimes you can even say 'had done' by adding **bol** to the past, though the simple past is enough:

Obliekol si košeľu, ktorú si (bol) kúpil včera.
He put on the shirt which he had bought yesterday.

Vocative

When addressing someone, you normally use the subject form:

Viera, Peter, poďte sem!   Viera, Peter, come here!

Otecko, chcem ti niečo ukázať!
Dad, I want to show you something!

However, a few male nouns have a form called the *vocative*, which can be used for this. They end in **-e** or **-u**, e.g. **pán – pane!** 'sir!' **boh – bože!** 'God!' **človek – človeče!** 'man!' **chlapec – chlapče!** 'lad!' **priateľ – priateľu!** 'pal!'.

Čo si želáte, pane?	What would you like, sir?
Človeče, čo to robíš?	What are you doing, man?
Pane bože!	Lord God!
Ja som sa zmenil, priateľu!	I've changed, pal!

Case forms of numbers

For number phrases which are not the subject or object of the verb (or in the accusative after a preposition) you put the number into the same case as the noun.

For this you have to know the other case forms of numbers. Forms of **päť** give the model for higher numbers below **sto**:

gen.	**do dvoch, troch, štyroch, piatich rokov**	up to 2, 3, 4, 5 years
dat.	**k dvom, trom, štyrom, piatim rokom**	to 2, 3, 4, 5 years
loc.	**po dvoch, troch, štyroch, piatich rokoch**	after 2, 3, 4, 5 years
ins.	**pred dvoma, troma/tromi, štyrmi, piatimi rokmi**	2, 3, 4, 5 years ago

Obidva (**obi-** plus **dva**) or **oba** means 'both'. Other forms are **obidve/obe, obidvaja/obaja, obidvoch/oboch**, etc.

Piatich, šiestich, siedmich, ôsmich and up have the same long vowels as their ordinals (**piaty, šiesty, siedmy, ôsmy**).

Optional male subject forms in **-i** have the same, e.g. **Prišli ôsmi kamaráti.** 'Eight friends came'. (Or: **Prišlo osem kamarátov.**)

However, numbers 'five' and up are often left unaltered, e.g. **pred dvadsať (dvadsiatimi) rokmi** 'five years ago', and always: **pred dvadsaťjeden rokmi** 'twenty-one years ago', **pred sto/päťsto rokmi** 'a hundred/five hundred years ago'.

Niekoľko and **mnoho** have adjective forms for this purpose:

pred niekoľkými dňami	several days ago
pred mnohými rokmi	many years ago

Numbered items

Numbered items have a series of nouns ending in **-ka**:

jednotka	1	**sedmička**	7	**dvadsiatka**	20
dvojka	2	**osmička**	8	**tridsiatka**	30
trojka	3	**deviatka**	9	**štyridsiatka**	40
štvorka	4	**desiatka**	10	**päťdesiatka**	50
päťka/pätorka	5	**jedenástka**	11		
šestka	6	**dvanástka**	12		

These often refer to trams, buses, or rooms in hotels:

Chodím osmičkou alebo dvadsaťtrojkou.
I take the 8 or 23.

Sadol do stoosemnástky.   He boarded a 118.

Býva na štvorke.   S/he's staying in room 4.

Jedenástka is also a football 'eleven', **dvanástka** '12° beer' (according to the traditional local measure of original gravity, around 5 per cent alcohol).

Coins and banknotes

'Coin' is **minca, Sk** = **Slovenské koruny:**

dvojkorunák	2 Sk	**desaťkorunák**	10 Sk
päťkorunák	5 Sk	**dvadsaťkorunák**	20 Sk

'Banknote' is **bankovka** (**banka** is 'a bank'). Numbered-item nouns are used colloquially instead of the fuller names ending **-áčka:**

dvadsaťkorunáčka, dvacka	20 Sk
päťdesiatkorunáčka, päťdesiatka	50 Sk
stokorunáčka, stovka	100 Sk
päťstokorunáčka, päťstovka	500 Sk
tisíckorunáčka, tisícka, tisícovka	1000 Sk
päťtisíckorunáčka, päťtisícka	5000 Sk

Mohli by ste mi rozmeniť tisícku?
Could you change me a thousand-crown note?

Sets of items

Yet more number words denote 'x sets/pairs' of things. Only the lower ones occur frequently. They are often found with plural nouns for single items, e.g. **nohavice** 'trousers', **dvere** 'door(s)':

jedny	1	**šestoro**	6
dvoje	2	**sedmoro**	7
troje	3	**osmoro**	8
štvoro	4	**devätoro**	9
pätoro	5	**desatoro**	10

Jedny noviny	one newspaper
troje topánky/topánok	three pairs of shoes
dvoje nohavice/nohavíc	two pairs of trousers
štvoro nožníc	four pairs of scissors.

Jedni also means 'some', in contrast to 'others':

Jedni súhlasili, iní/druhí nie. Some agreed, others didn't.

X-times, fractions and sums

To say 'x-times' you just add **-krát** to the number or use the noun **raz**, *gen. pl.* **ráz: jedenkrát, jeden raz** 'once, one time', **dvakrát, dva razy** 'twice, three times' . . . **päťkrát, päť ráz** 'five times', **niekoľkokrát, niekoľko ráz** 'several times'.

The commonest lower fractions are: **polovica/polovina** 'half', **tretina** 'a third', **štvrtina** 'a quarter', **dve tretiny** 'two thirds', **tri štvrtiny** 'three quarters'. Then (all **-ina**): **pätina, šestina, sedmina, osmina, devätina, desatina** . . . **stotina** 'hundredth' . . . **tisícina** 'thousandth'.

Shorter **pol** and **štvrť** are used for simple measures: **pol roka** 'half a year', **štvrť litra** 'a quarter of a litre', **tri štvrte kilometra** 'three-quarters of a kilometre', **pred pol rokom** 'half a year ago'. Percentages use the noun **percento: jedno percento** '1 per cent', **dve percentá** '2 per cent', **päť percent** '5 per cent'.

Decimals are read out saying **celá** 'whole number', rather than the continental 'comma' (**čiarka**) and *not* 'point' (**bodka** = 'full stop'). Adding 'tenths' etc. is optional:

1,5 = **Jedna celá päť (desatín)**	'One whole five (tenths)'
3,1 = **Tri celé jedna (desatina)**	'Three wholes one (tenth)'
9,2 = **Deväť celých dve (desatiny)**	'Nine wholes two (tenths)'
0,05 =**Nula celá päť stotín**	'Zero whole five hundredths'
or: **Nula celá nula päť**	'Zero whole zero five'

Lastly, some arithmetical phrases:

Tri plus desať je (rovná sa) trinásť.
Three plus ten is (equals) thirteen.

Dvanásť mínus sedem je päť.
Twelve minus seven is five.

Sedem krát štyri je dvadsaťosem.
Seven times four is twenty-eight.

Osemnásť delené troma je šesť.
Eighteen divided by three is six.

Writing letters

There are various levels for 'Dear' in a Slovak letter. **Vážený** 'Respected' is formal, while **Milý** is suitable for friends and relations. **Drahý** 'Dear' shows loving respect, perhaps for your beloved or close family. An exclamation mark habitually follows:

Vážený pán Kováč! Dear Mr Kováč, **Vážená pani Kováčová!** Dear Mrs Kováčová, **Vážená slečna Šabíková!** Dear Miss Šabíková, ...
Milá Eva! Dear Eva, **Milý Peter!** Dear Peter, **Ahoj, Eva!** Hi, Eva, ...

Place and date can be given as:

V Bratislave 10. apríla 1996   Bratislava 10.4.1996

'You' and 'your' are capitalized:

Ďakujem za Váš list.
Thank you for your letter.

Ďakujem Vám srdečne za milý list.
Thank you sincerely for your nice letter.

Odpovedám na Váš list zo dňa/z 18. júna t. r. (toho roku).
I am replying to your letter of 18th June this year.

Ďakujem Ti za pohľadnicu.
Thank you for your postcard.

Ospravedlňujem sa, že som Ti nenapísal(a), ako som sľúbil(a), ale ...
I apologize for not writing to you as I promised, but ...

Prepáč, že som Ti nenapísal(a) skôr, ale ...
Sorry I didn't write to you sooner but ...

Nehnevaj sa, že som Ti tak dlho nepísal(a).
Don't be angry that I didn't write to you for so long.

You often end with phrases such as:

Ďakujem Vám vopred.	Thank you in advance.
Očakávam Vašu skorú odpoveď.	I await your prompt reply.
Teším sa na Tvoj/Váš list.	I look forward to your letter.
S pozdravom ...	Yours sincerely/truly ..., Regards ...
So srdečným pozdravom ...	With sincere regards ...
Srdečné pozdravy ...	Sincere regards ...
Srdečne Vás (Ťa) pozdravuje ...	Warm greetings from ...
Váš/Vaša or Tvoj/Tvoja ...	Yours ... (formal/familiar)

Bozkáva . . .   Kisses from . . . (quite common)
Ahoj! . . .   Bye! . . . (casual)

Veselé Vianoce a šťastlivý Nový rok Vám/Ti želá . . .
Wishing you a Merry Christmas and a Happy New Year . . .

Exercise 4

Form '-ing' adjectives from these verbs and translate into English:

cestovať, organizovať, študovať, čítať, volať, spievať, robiť, chodiť, bežať, sedieť, ležať, piť, spať, viesť, niesť

Exercise 5

Identify the simple verbs these frequentatives come from:

robievať, sedávať, vídavať, bývať, jedávať, mávať, bývať

Exercise 6

Revise the notes on numbers, insert correct forms, and translate into English:

1 Pred _____ rokmi. (4)
2 Po _____ rokoch. (2)
3 Čítam _____ novín. (3)
4 Mám len _____ nohavice. (1)
5 Chodím do roboty _____. (*by/on the no. 17*)
6 Bývam na _____. (*room no. 8*)

Reading 1

Marta writes a short letter to her friend Pavol

V Košiciach dňa 23. augusta 1996
Milý Pavol!

Posielam Ti srdečné pozdravy z našej exkurzie po východnom Slovensku. Je tu krásne! Boli to veľmi pekné letné prázdniny. V horách sme boli viackrát, chodili sme po lesoch, spávali pod šírym nebom, kúpali sme sa v jazierkach, a tak ďalej. Počasie je tu ešte vynikajúce, je tridsať stupňov! Všetci sme pekne opálení. Nechce sa nám vôbec odísť, ale zajtra sa bohužiaľ musíme vrátiť domov.

'Niet takej pesničky, čo by konca nemala.' Treba sa pripraviť na skúšky a nový školský rok. Teším sa ale na Vianoce, lebo v decembri pôjdeme s oteckom do Paríža a zostaneme tam do jari! Prepáč, že Ťa obťažujem, ale mám k Tebe veľkú prosbu. Mohol by si mi požičať Tvoj veľký anglicko-slovenský slovník? Môj maličký vreckový slovník nestačí na prekladanie odbornej literatúry. Mám strašné ťažkosti s niektorými otázkami a tiež s povinným čítaním na budúci semester. Ozvi sa! Zavolaj mi čo najskôr! Vieš predsa, aká som niekedy netrpezlivá! Teraz ale bežím na poštu kúpiť si obálky a známky! Oteckovi posielam aj balík. Ďakujem vopred!
Ahoj!

Marta

Vocabulary

anglicko-slovenský	English–Slovak	**po** + *loc.*	through, over
balík	parcel	**počasie**	the weather
čo najskôr	as soon as possible	**poslať/pošlem** < **posielať**	to send
do + *gen.*	until, till	**povinné čítanie**	compulsory/set reading
exkurzia	excursion		
jar -i *f.*	spring	**pozdrav**	greeting
jazero, jazierko	lake, little lake	**požičať si** < **požičiavať si**	to borrow
kúpať sa	to bathe		
letný *adj.*	summer	**požičať** < **požičiavať**	to lend
maličký	little, tiny little		
na + *acc.*	for (time ahead)	**prekladanie**	translation, translating
nebo -a, *loc.* **-i**	the sky	**prosba**	request
netrpezlivý	impatient	**semester -tra**, *loc.* **-i**	semester
obálka	envelope		
odborný *adj.*	specialist, technical	**šíry**	wide open
		školský rok	school year
opálený	sunburnt	**slovník**	dictionary
otázka	question	**spávať** *freq.*	to sleep
ozvať/ozvem sa < **ozývať sa**	to respond, get in touch	**srdečný**	cordial
		stupeň -pňa	degree
pesnička	(little/nice) song	**ťažkosť**	difficulty
		Vianoce *f. pl.*	Christmas

| vrecko, *adj.* | pocket | **východné** | eastern |
| vreckový | | **Slovensko** | Slovakia |

nechce sa nám we don't feel like
niet takej pesničky, there's no song without an end,
čo by konca nemala all good things come to an end
pod šírym nebom in the open air
mám k tebe prosbu I have a request for you.

Grammar summary

This section contains reference tables for revision and further study with some additional information on nouns, adjectives, verbs and prepositions.

Nouns and adjectives

The following revises the standard case forms of the most basic *noun* types accompanied by *adjectives* (soft type in brackets).

Masculine/neuter

nom. ten *pekný* (cudzí) *chlap, stôl* (*dom*); to *pekné* (cudzie) *mesto*

acc. toho *pekného* (cudzieho) *chlapa; inanimate male and neuter* = nom.

gen. od toho *pekného* (cudzieho) *chlapa, stola* (*domu*)
dat. k tomu *peknému* (cudziemu) *chlapovi, stolu*
loc. o tom *peknom* (cudzom) *chlapovi, stole*
ins. s tým *pekným* (cudzím) *chlapom, stolom*

Feminine

nom. tá *pekná* (cudzia) *žena*

acc. tú *peknú* (cudziu) *ženu*

gen. od tej *peknej* (cudzej) *ženy*
dat. k tej *peknej* (cudzej) *žene*
loc. o tej *peknej* (cudzej) *žene*
ins. s tou *peknou* (cudzou) *ženou.*

Plural

nom.   tí *pekní* (cudzí) *chlapi*
       tie *pekné* (cudzie) *stoly* ; *mestá*; *ženy*

acc.   tých *pekných* (cudzích) *chlapov*; *rest* = nom.

gen.   od tých *pekných* (cudzích) *chlapov, stolov* ; *miest, žien*

dat.   k tým *pekným* (cudzím) *chlapom, stolom*; *mestám, ženám*

loc.   o tých *pekných* (cudzích) *chlapoch, stoloch*; *mestách, ženách*

ins.   s tými *peknými* (cudzími) *chlapmi, stolmi*; *mestami, ženami*

Remember also to follow the rhythmic law after long vowels: *krásny, krásneho* etc., if 'soft' then *domáci, domáceho, domáca, domácu* etc.

Nouns in more detail

This section incorporates a number of other noun types into a more advanced summary for each gender.

(a) Masculine types

Singular

	Inanimate	*Human*
nom.	stôl	chlap, dedo/kolega
acc.	= *nom.*	= *gen.*
gen.	od stola/domu	od chlapa, deda/kolegu
dat.	k stolu	k chlapovi
loc.	o stole/roku/gauči	o chlapovi
ins.	so stolom	s chlapom

Plural

	Inanimate	*Human*
nom.	stoly/gauče	chlapi/dedovia, kolegovia
acc.	= *nom.*	= *gen.*
gen.	od stolov	od chlapov
dat.	k stolom	k chlapom
loc.	o stoloch	o chlapoch
ins.	so stolmi/domami	s chlapmi/dedami, kolegami

Animal nouns follow male human types in the singular but normally follow inanimate types in the plural.

Native surnames in **-o** have *acc./gen.* **-u: Botto – Bottu**. A few male human nouns have *dat./loc.* **-u: pán** 'Mr', **človek** 'man', **duch** 'spirit', **Boh** 'God', **čert** 'devil'.

Various male human nouns have *pl.* **-ovia: otcovia, synovia**. Others have *pl.* **-ia**, including types ending **-an** and **-teľ: Američania, priatelia** and **bratia**. Some masculines have *ins. pl.* **-ami** for ease of pronunciation: **domami, chlapcami**.

(b) Neuter types

Singular

nom.	mesto	pole, dievča	námestie
acc.	= *nom.*		
gen.	od mesta	od poľa, dievčaťa	od námestia
dat.	k mestu	k poľu, dievčaťu	k námestiu
loc.	o meste/jablku	o poli, dievčati	o námestí
ins.	s mestom	s poľom, dievčaťom	s námestím

Plural

nom.	mestá	polia/dievčatá	námestia
acc.	= *nom.*		
gen.	od miest	od polí/dievčat	od námestí
dat.	k mestám	k poliam/dievčatám	k námestiam
loc.	o mestách	o poliach/dievčatách	o námestiach
ins.	s mestami	s poľami/dievčatami	s námestiami

Types **múzeum** and **rádio** also have *loc.* **-u** (**v múzeu, v rádiu**).

(c) Feminine types

Singular

nom.	žena	ulica/posteľ	reštaurácia
acc.	ženu	ulicu/posteľ	reštauráciu
gen.	od ženy	od ulice, postele	od reštaurácie
dat.	k žene	k ulici	k reštaurácii
loc.	o žene	o ulici	o reštaurácii
ins.	so ženou	s ulicou	s reštauráciou

Plural

nom.	ženy	ulice, postele	reštaurácie
acc.	= *nom.*		
gen.	od žien	od ulíc/postelí	od reštaurácií
dat.	k ženám	k uliciam	k reštauráciám
loc.	o ženách	o uliciach	o reštauráciách
ins.	so ženami	s ulicami	s reštauráciami

Type **radosť** has *gen. sg* and *nom./acc. pl.* **-i** instead of **-e**. As well as nouns in **-osť** this type also includes miscellaneous nouns such as **noc -i** 'night', **vec -i** 'thing', **krv -i** 'blood'. Nouns ending in a consonant + **-ňa** have *gen. pl.* **-í** (**spálňa** – **spální**).

Verb types

Most verbs have forms which are predictable from their infinitives. Here are the main types, with present tense forms and the past form in **-l**.

(a) á-types

Volať 'to call' is a typical **-ať** verb:

volám	*voláme*	
voláš	*voláte*	
volá	*volajú*	*volal*

Bývať 'to live' shortens **á** to **a** after a long vowel (rhythmic law):

bývam	bývame	
bývaš	bývate	
býva	bývajú	býval

Vracať *impf* 'to return' has a soft consonant before **-ať**, after a short vowel. Others are **požičať** *pf* 'to lend' and **večerať** 'to have supper':

vraciam	vraciame	
vraciaš	vraciate	
vracia	vracajú	vracal

Mať 'to have' is a regular **-ať** verb:

mám	máme	
máš	máte	
má	majú	mal

(b) í-types

Robiť 'to do, work', make is a typical **-iť** verb:

robím	*robíme*	
robíš	*robíte*	
robí	*robia*	*robil*

Vrátiť *pf* 'to return' shortens **í** to **i** after a long vowel (rhythmic law):

vrátim	vrátime	
vrátiš	vrátite	
vráti	vrátia	vrátil

Vidieť 'to see' is one of various basic verbs ending in **-ieť**:

vidím	vidíme	
vidíš	vidíte	
vidí	vidia	videl

(c) e-types

Kupovať 'to buy' is a typical verb ending in **-ovať**:

kupujem	*kupujeme*	
kupuješ	*kupujete*	
kupuje	*kupujú*	*kupoval*

Zabudnúť *pf* 'to forget' is a typical verb ending in **-núť**:

zabudnem	*zabudneme*	
zabudneš	*zabudnete*	
zabudne	*zabudnú*	*zabudol, zabudla*

Vládnuť 'to rule', **vládnem** ... **vládnu** shortens **ú** to **u** (rhythmic law).

Ísť 'to go' also belongs here. Its past tense form is irregular:

idem	ideme	
ideš	idete	
ide	idú	(i)šiel, (i)šla

Môcť 'to be able, can' is another **e**-type (**-ú** to **-u**: rhythmic law):

môžem	môžeme	
môžeš	môžete	
môže	môžu	mohol, mohla

(d) ie-**types**

Minúť *pf* 'to spend, miss' is a typical **ie**-type verb with **-núť** after a vowel. Another verb like this is **spomenúť si, spomeniem si** *pf* 'to remember':

miniem	*minieme*	
minieš	*miniete*	
minie	*minú*	*minul*

Nearly all verbs ending in **-cť, -sť, -zť** are **ie**-types, e.g. **niesť** 'to carry':

nesiem	nesieme	
nesieš	nesiete	
nesie	nesú	niesol, niesla

Stučnieť *pf* 'to get fat' shows an **ie**-type with infinitive **-nieť**:

stučniem	stučnieme	
stučnieš	stučniete	
stučnie	stučnejú (!)	stučnel

A common individual verb of this type is **rozumieť** 'to understand':

rozumiem	rozumieme	
rozumieš	rozumiete	
rozumie	rozumejú (!)	rozumel

Miscellaneous verbs

Learn the following verbs individually. Most are used elsewhere in the course, but some other basic verbs have been added to this list.

(a) Miscellaneous á-**types**

-ať	**čakať > počkať, počkám**	to wait
	dať, dám < dávať	to give
	hrať, hrám (sa)	to play
	mať, mám	to have
	poznať, poznám	to know
	zdať sa, zdám sa	to seem

(b) Miscellaneous í-types

-ieť	**bolieť, bolí**	to hurt
	letieť, letím	to fly
	musieť, musím	to have to, must
	myslieť, myslím	to think
	sedieť, sedím	to sit
	vravieť, vravím	to say
	trpieť, trpím	to suffer
	vidieť, vidím	to see
-ať	**bežať, bežím**	to run
	držať, držím	to hold.
	ležať, ležím	to lie
	kričať, kričím	to shout
	spať, spím	to sleep
-áť	**báť sa, bojím sa, bál sa**	to fear
	stáť, stojím, stál	to stand

(c) Miscellaneous e-types

-núť	**dotknúť sa, dotknem sa, dotkol sa < dotýkať sa**	to touch
	hnúť, hne, hnul < hýbať, hýbem, hýbal (sa)	to move
	vyhnúť sa < vyhýbať sa +*dat.*	to avoid
	zapnúť, zapnem, zapol < zapínať	to fasten, switch on
	rozopnúť < rozpínať	to unfasten
	vypnúť < vypínať	to switch off
-ať	**česať, češem > učesať**	to comb
	chápať, chápem > pochopiť	to grasp, understand
	písať, píšem > napísať	to write
	plakať, plačem > zaplakať	to cry, weep
	poslať, pošlem < posielať	to send
	pozvať, pozvem < pozývať	to invite
	prijať, prijmem < prijímať	to receive
	ukázať, ukážem < ukazovať	to show
	zakázať < zakazovať	to forbid
	začať, začnem< začínať	to begin
	stať sa, stanem sa < stávať sa	to happen, become

	dostať < dostávať	to get
	(z)ostať < (z)ostávať	to stay
	prestať < prestávať	to stop, cease
	vstať < vstávať	to get up, stand up
-iať	diať sa, deje sa	to happen, be going on
	liať, lejem	to pour
	naliať < nalievať	to pour out
	priať, prajem	to wish
	siať, sejem	to sow
	smiať sa, smejem sa > zasmiať sa	to laugh
	vziať, vezmem, vzal (!) *pf*	to take
-ieť	chcieť, chcem	to want
	chvieť sa, chvejem sa	to tremble
-iť	biť, bijem	to hit
	piť, pijem > napiť sa, vypiť	to drink
	šiť, šijem	to sew
	žiť, žijem	to live
-uť	počuť, počujem	to hear
	obuť, obujem < obúvať (sa)	to put on (shoes)
	zobuť < zobúvať (sa)	to take off (shoes)
-yť	kryť, kryjem	to cover
	umyť, umyjem < umývať	to wash
-cť	môcť, môžem, mohol/mohla	to be able, can
	pomôcť < pomáhať	to help
-sť	ísť, idem, (i)šiel/(i)šla	to go, come

(d) Miscellaneous ie-types

-ať	brať, beriem > zobrať	to take
	pf also vziať, vezmem, vzal (!)	
	hnať, ženiem (!), hnal	to drive
-ieť	pozrieť, pozriem (sa) < pozerať (sa)	to look
	smieť, smiem	to be allowed to
	nesmieť	not to be allowed to, mustn't
	mlieť, meliem	to grind
	zomlieť < zomieľať	to grind
	umrieť, umriem < umierať	to die

	zavrieť, zavriem < zavierať	to close
	rozumieť, rozumiem ... rozumejú	
	> po-	to understand
-cť:	**obliecť, oblečiem, obliekol**	to put on
	< obliekať (sa)	(clothes)
	vyzliecť < vyzliekať (sa)	to take off
		(clothes)
	piecť, pečiem, piekol > u-	to bake
	tiecť, tečie, tiekol	to flow
	utiecť < utekať	to run away
	vliecť, vlečiem, vliekol	to drag
-sť	**klásť, kladiem, kládol > položiť**	to put, lay
	niesť, nesiem, niesol	to carry
	pliesť, pletiem, plietol	to confuse, knit
	rásť, rastiem, rástol	to grow
	triasť, trasiem, triasol	to shake
	viesť, vediem, viedol	to lead
-zť	**liezť, leziem, liezol**	to climb, crawl
	viezť, veziem, viezol	to convey

(e) Irregular verbs

byť	**som, si, je**	I am, you are,
to be		s/he/it is
	sme, ste, sú	we are, you are,
		they are
	nie som	I am not
	niet +*gen.*	there isn't
	bol	was, were
	budem, budeš, bude	I, you, s/he/it
		shall/will be
	budeme, budete, budú	we, you, they
		shall/will be
jesť	**jem, ješ, je**	eat(s)
to eat	**jeme, jete, jedia**	
	jedol	ate
	zjesť, zjem, zjedol *pf*	eat up
	najesť sa *pf*	eat your fill

vedieť	**viem, vieš, vie**	know(s)
to know	**vieme, viete, vedia**	
	vedel	knew
	povedať, poviem *pf*	to tell
	odpovedať, odpoviem *pf*	to reply

(*impf* of **odpovedať** is **odpovedať, odpovedám**!!)

Prepositions in more detail

(a) Basic prepositions

Here are some meanings of basic prepositions. Note how several taking *locative* or *instrumental* switch to *accusative* for particular meanings.

Accusative

cez	across, through	**Prešiel cez ulicu.**
		He crossed the street.
		Prešiel cez tunel.
		He went through the tunnel
pre	for (sake, benefit of)	**To je pre mňa.**
		This is for me.
	for, because of	**Nevidím pre tmu.**
		I can't see for the dark.

Genitive

bez	without	**Pijem kávu bez cukru.**
		I drink coffee without sugar.
do	into, to	**Idem do mesta.**
		I'm going into/to town.
	until, till	**Zostanem tu do januára.**
		I'll stay here till January.
od	away from, from	**Odišla od okna.**
		She went away from the window.
	from (person)	**Dostal list od Petra.**
		He got a letter from Peter.

u	at (house, place of)	**Bývam u tety.** I live at my aunt's.
z, zo	out of	**Vyšiel z izby.** He went out of the room.
	off, down from	**Kniha spadla zo stola.** The book fell off the table.

Dative

k, ku	towards, to	**Ideš ku kostolu.** You go towards/to the church.
	to (as far as)	**Ako sa dostanem k Dunaju?** How do I get to the Danube?
	to (house, place of)	**Idem k tete.** I'm going to my aunt's.
proti	against, opposite	**Ste proti mne.** You are against me.

Locative

na	on	**Kniha leží na stole.** The book is lying on the table.
	(+ *acc.*) onto	**Položil knihu na stôl.** He put the book on(to) the table.
	for (purpose)	**Čakám na električku.** I'm waiting for the tram.
	for (intended time)	**Som tu len na týždeň.** I'm here only for a week.
o	about (topic)	**Hovoria o politike.** They're talking about politics.
	at (hour)	**Prídem o druhej.** I'll come at two.
	(+ *acc.*) in (after time)	**Prídem o chvíľu.** I'll come in a moment.
	on, against	**Opieral sa o stôl.** He was leaning on the table.

	by (difference)	**Si o rok staršia ako ja.**
		You're ('by') a year older than me.
po	after	**Po obede čítal noviny.**
		After lunch he read the paper.
	along	**Bežal po ulici.**
		He ran along the street.
	about, around	**Behala po záhrade.**
		She ran about the garden.
	(+ *acc.*)	
	as far as, up to	**Sneh mu bol až po kolená.**
		The snow was right up to his knees.
	for (to fetch)	**Idem po mlieko.**
		I'm going for/to get some milk.
	for, during	**Pršalo (po) celý deň.**
		It rained all day.
pri	near, by	**Sedím pri okne.**
		I'm sitting by the window.
v, *vo*	in	**Sedím v aute.**
		I'm sitting in the car.
	in (month, etc.)	**V januári sneží.**
		In January it snows.
	(+ *acc.*)	
	on (day)	**V pondelok.**
		On Monday.
	in (some verbs)	**Neveríš v Boha?**
		You don't believe in God?

Instrumental

medzi	between	**Medzi oknom a stolom.**
		Between the window and the table.
	among(st)	**Medzi kamarátmi.**
		Amongst friends.
nad	above, over	**Stál nad mestom.**
		He stood over the town.
pod	below, under	**Stál pod hradom.**
		He stood below the castle.
pred	in front of	**Stál pred domom.**

		He stood in front of the house.
	before	**Pred vojnou bol doma.**
		Before the war he was at home.
	ago	**Bol tu pred rokom.**
		He was here a year ago.

s, so with **Idem tam s Petrom.**
I'm going there with Peter.

za behind, beyond **Stojí za stromom.**
S/he is standing behind a tree.

(+ *acc.*)
for (exchange) **Kúpil to za päť korún.**
He bought it for five crowns.

in (time taken) **Urobím to za hodinu.**
I'll get it done in an hour.

(+ *gen.*)
during **Za vojny bol v Amerike.**
During the war he was in America.

Note also that **medzi**, **nad**, **pod**, **pred** and **za** are followed by the *accusative* when you mean 'motion towards':

Spadol pod stôl. He fell under the table.
Spadol medzi stoličky. He fell between the chairs.

Po- 'along' added to **medzi**, **nad**, **pod**, **pred** and **za** + *accusative* means 'motion in the location':

Vták letel ponad dom.
The bird flew over ('along over') the house.

(b) Other prepositions

These less basic, but still common prepositions take the *genitive*:

blízko	near	**neďaleko**	not far from
ďaleko od	far from	**okolo**	around, about
mimo	outside	**okrem**	apart from
namiesto	instead of		
na rozdiel od	unlike, as distinct from		
počas	during		
podľa	according to, along		
popri	along by, alongside		

pomocou	with the help of
uprostred	in the middle of
vedľa	next to

A few others take the *dative*:

kvôli	for the sake of
napriek	despite
naproti	opposite
vďaka	thanks to
voči	towards, with respect to

Key to exercises

The answers given are not of course always the only possible ones. Word order may also vary (remember, last words carry more emphasis).

Lesson 1

1

1 Dobrý deň. (Ja) som Jozef. 2 Teší ma. 3 (Vy) ste Slovák/Slovenka? 4 Nie. (Ja) som Angličan/Angličanka. 5 Viera čaká vonku.

2

1 Ste Američanka? Are you (an) American (woman)? 2 Je Viera Slovenka? Is Viera (a) Slovak (woman)? 3 Máte kufor? Do you have a suitcase? 4 Ste/Si vonku? Are you outside? 5 (Vy) ste Jana? Are you Jana?

3

1 Náš hrad je pekný. 2 Dunaj nie je modrý. 3 Mám nové auto. 4 Voda je čistá. 5 Staré mesto je krásne/pekné.

4

špinavý, veľký, vľavo, nie, krásny/pekný, starý

5

1 Viera is Slovak. Viera nie je Slovenka. 2 They're waiting outside. Nečakajú vonku. 3 I live here. Nebývam tu. 4 I'm English. Nie som Angličan.

6

1 Dobre. Mám sa dobre. 2 Nie. Nie som Slovák/Slovenka. 3 Volám sa (John/Jane Brown). 4 Áno. Bratislava je pekné mesto. 5 Nie. Dunaj nie je čistý. 6 Volá sa (Štefan Horák). 7 Áno, je starý/Nie, nie je starý, je mladý.

7

Ako sa máte? Máte auto? Je tu Štefan? Do videnia.

Lesson 2

1

1 Hrá sa. 2 Fajčí a čaká na obed. 3 Je doma. 4 Varí obed. 5 Učí sa. 6 Sedí doma, číta, počúva rádio, alebo spí.

2

1 Fajčíš/Fajčíte? 2 Kde je Igor? 3 Spíš/Spíte? 4 Počúvaš/Počúvate rádio? 5 Ako sa voláte?

3

1 Môj kufor, moje auto, moja sestra 2 tvoja rieka, tvoj obed, tvoje rádio 3 naše mesto, naša rieka, náš hrad 4 vaša matka, váš učiteľ, váš taxík

4

1 Nie, nemám rád/rada vodu. 2 Nie, nehrám futbal. 3 Nie, nemám rád/rada šport. 4 Nie, neplávam. 5 Nie, nie som lenivý/lenivá. 6 Nie, nie som chorý/chorá. 7 Nie, nemusím fajčiť.

5

1 Áno, musím sa učiť. 2 Áno, viem po anglicky. 3 Áno, rozumiem po nemecky. 4 Áno, Evička vie variť. 5 Áno, hovorím dobre po nemecky. 6 Áno, viem hrať tenis. 7 Áno, musíme hrať nejaký šport.

6

dve sestry, dva obedy, dve autá, dva listy, dva taxíky, dve matky

Lesson 3

1

1 Vidím rieku. I see the river. 2 Varím obed/večeru. I'm cooking lunch/supper. 3 Nemáme vodu. We don't have (any) water. 4 Nemajú učiteľa. They don't have a teacher. 5 Nepoznajú Igora. They don't know Igor. 6 Vidíte brata? Do you see (my) brother?

2

1 Mám brata. 2 Nemám sestru. 3 Eva nemá otca. 4 Nemajú matku. 5 Poznáš/poznáte Evu? 6 Poznáš/poznáte Jozefa? 7 Pozná Eva Pavla?

3

1 Do you run? Áno, behám./Nie, nebehám. 2 Do you swim? Áno, plávam./Nie, neplávam. 3 Do you like water? Áno, mám vodu rád/rada./Nie, nemám vodu rád/rada. 4 Are you a sportsman/ sportswoman? Áno, som športovec/športovkyňa./Nie, nie som športovec/športovkyňa. 5 Do you go for walks? Áno, chodím na prechádzky./Nie, nechodím na prechádzky. 6 Do you play football? Áno, hrám futbal./Nie, nehrám futbal. 7 Are you lazy? Áno, som lenivý/lenivá./Nie, nie som lenivý/lenivá. 8 Do you know Bratislava well? Áno, poznám Bratislavu dobre./Nie, nepoznám dobre Bratislavu.

4

1 To je dobrá voda. That is good water. 2 Ivan má dobrého učiteľa. Ivan has a good teacher. 3 Eva nemá správnu adresu. Eva doesn't

have the correct address. 4 Poznáte pána Vilikovského? Do you
know Mr Vilikovský. 5 Máte peknú výslovnosť. You have nice
pronunciation. 6 Viera má anglického otca. Viera has an English
father. 7 Ondrej má slovenskú matku/matku Slovenku. Ondrej has
a Slovak mother. 8 Koho hľadáš? Who(m) are you looking for?
9 Janko hľadá niekoho. Janko is looking for someone.

5

1 Áno. 2 Nie. 3 Nie. 4 Nie. 5 Nie.

Lesson 4

1

1 Nie. 2 Nie. 3 Nie. 4 Áno. 5 Nie.

2

1 Nie. Jana varí obed./Obed varí Jana. 2 Áno. 3 Nie. Jana ide do
samoobsluhy./Do samoobsluhy ide Jana. 4 Nie. Peter študuje v
Bratislave ekonómiu. 5 Nie. Jana študuje v Prahe medicínu.

3

pracujem/robím, fajčíš, hľadajú, dávame, hrajú, plávate, varíme,
spia, idem, upratujú, študujeme

4

1 do Prešova, v Prešove 2 do Trnavy, v Trnave 3 do mesta, v meste
4 do samoobsluhy, v samoobsluhe 5 do Nitry, v Nitre 6 v Martine,
do Martina 7 v Komárne, do Komárna

5

1 Prosím si zmrzlinu. 2 Prosím si pepsikolu. 3 Prosím si pohár
mlieka. 4 Prosím si šálku kávy. 5 Prosím si kus chleba. 6 Prosím
si pohár vody.

6

1 do hotela 2 do záhrady 3 do parku 4 v Oxforde 5 nemá zmrzlinu 6 kávu 7 píše list 8 si kupuje knihu

Lesson 5

1

1 Máte syr, čaj, kávu? 2 Nemáte pivo, víno, vajíčko, rybu? 3 Prosím si omeletu, biele víno.

2

1 Nie. Janko ide do mesta. 2 Nie. Janko ide k bratovi. 3 Nie. Viera chce ísť do kina. 4 Nie. Film je o politike a o prezidentovi. 5 Nie. Peter nechce mäso. Chce vajíčko alebo syr. 6 Nie. Chce červené víno./Peter červené víno chce.

3

1 Varím matke obed. I cook mother lunch. 2 Pomáham Pavlovi. I help Pavol. 3 Ideme k Jozefovi na večeru. We're going to Jozef's for supper. 4 Hovoríme o politike. We're talking about politics. 5 Jana hovorí o Jurajovi. Jana is talking about Juraj.

4

1 Nechcem čaj, chcem kávu. 2 Evička nechce rybu. 3 Chceme ísť do kina. 4 Čo si prajete/želáte/dáte na pitie? 5 Káva je na stole. 6 Otec hovorí o Igorovi. 7 Niekedy matke pomáhame. 8 Ideme ku Kataríne. 9 Pamätáš/Pamätáte si jej meno?

5

1 Je v parku. 2 Pracuje v múzeu. 3 Hovoria o politike, o literatúre, o umení. 4 Pani Rybárová je doma, nemôže pracovať, lebo je chorá, ale hrá veľmi pekne na klavíri. 5 Nie, ale hrá na gitare a rada spieva.

6

1 Zora hrá na gitare. Zora plays the guitar. 2 Bývam v hoteli. I'm living in a hotel. 3 Eva sedí na gauči. Eva is sitting on the settee. 4 Múzeum je na námestí. The museum is on the square. 5 Pavol dáva šálku na koberec. Pavol puts the cup on the carpet. 6 Šálka je na koberci. The cup is on the carpet. 7 Ak chceš, môžeš plávať. You can swim if you want. 8 Viem, že Viera vie písať. I know that Viera can write. 9 Nemôžeme ísť na koncert. We can't go to the concert. 10 Chceme ísť do kina. We want to go to the cinema.

Lesson 6

1

1 Do you go to work by car? – Nie, chodím autobusom. 2 Where is your flat? – Náš byt je na námestí za kostolom. 3 Where is the church? – Kostol je pred školou. 4 And where is the school? – Škola je medzi kinom a riekou. 5 How do you go to Prague? – Chodíme do Prahy vlakom. 6 Are you travelling alone? – Nie, cestujem s otcom a matkou. 7 How do you like it here? – Veľmi sa mi tu páči. 8 What would you like? – Čaj s mliekom, prosím, a s cukrom. 9 Yes please? – Prosím si spiatočný lístok s miestenkou do Prešova.

2

1 Chalupa je medzi školou a námestím. 2 Dedina je ďaleko od Prešova, lebo nie je ďaleko od Bratislavy. 3 Pije kávu bez cukru a s mliekom. 4 Peter cestuje s bratom a so sestrou. 5 Včera boli v Žiline a dnes idú do Prešova.

3

1 Hľadal som sestru. I was looking for my sister. 2 V lete si neštudoval(a). In the summer you didn't study. 3 Čo ste robili na jar? What did you do in spring? 4 Pavol išiel do kina. Pavol went to the cinema. 5 Otec bol v krčme. Father was in the bar/tavern. 6 Pozeral som televíziu. I was watching TV. 7 V zime hrali šach. In winter they played chess. 8 Študoval som medicínu. I studied medicine. 9 Matka nemala byt. Mother didn't have a flat. 10 Na jeseň sme cestovali. In the autumn we travelled.

4

1 I drank coffee. Pijem kávu. 2 Eva waited for the train. Eva čaká na vlak. 3 Pavol wasn't at home. Pavol nie je doma. 4 Sister was tired. Sestra je unavená. 5 The school was on the square. Škola je na námestí. 6 Juraj was studying. Juraj sa učí. 7 They went to bed/to sleep. Idú spať. 8 Father didn't have a sister. Otec nemá sestru.

5

Náš dom je/bol na námestí medzi školou a riekou. Môj otec tam chodí/chodil autom, ale sestra chodí/chodila niekedy aj vlakom. Our house is/was on the square between the school and the river. My father goes/went there by car, but my sister goes/went sometimes also by train.

6

1 Prší. Je mi zima. 2 Je pekne. Slunko svieti. 3 Je zima. Sneží. 4 Je oblačno/zatiahnuto, ale horúco. 5 Je veterno, ale je mi teplo. 6 Je hmlisto a mrzne.

Lesson 7

1

1 bravčový rezeň a zemiakový šalát 2 párok v rožku s horčicou 3 rybu a chlieb s maslom 4 zeleninovú polievku, rybu a chlieb so syrom 5 kurča s ryžou a zmrzlinu 6 fazuľku s vajíčkom a rožok s džemom

2

1 ... v menze ... ako v reštaurácii 2 ... do kaviarne ... kávu ... pohárik vína ... 3 na ulici ... s horčicou

3

1 Jedia/jedli v hoteli alebo v reštaurácii. 2 Obedujeme/obedovali sme v kaviarni. 3 Potom večeriame/sme večerali doma. 4 Na raňajky jem/som jedol chlieb so syrom alebo s džemom. 5 Pijem/pil

som kávu a čaj s cukrom a s mliekom. 6 Reštaurácia je/bola dobrá, hoci je/bola aj pomerne drahá.

4

Jozef je vonku. Včera pršalo. Sedel doma, čítal si noviny a počúval rádio. Dnes chcel ísť von. Teraz je v meste. Išiel do Carltonu. Má v kaviarni schôdzku s kamarátkou. Je to Angličanka. Volá sa Andrea. Jozef ju učí slovenčinu.

5

1 Sedela v knižnici. She was sitting in the library. 2 Je hore v spálni. She's upstairs in the bedroom. 3 Janko je v posteli. Janko's in bed. 4 Otec bol v kuchyni. Father was in the kitchen. 5 Pozeral televíziu. He was watching TV. 6 Janko si oblieka sveter. Janko puts on his sweater. 7 Jozef si umýva ruky. Jozef washes his hands. 8 Eva si vyzlieka kabát. Eva takes off her coat. 9 Viera si zobúva topánky. Viera takes off her shoes. 10 Igor si obúva topánky. Igor puts on his shoes.

Lesson 8

1

uvariť, vypiť, zaplatiť, zjesť, urobiť, napísať

2

kupovať/kúpiť, dávať/dať, pozývať/pozvať, čítať/prečítať, ďakovať/poďakovať

3

1 Igor čítal román. Igor was reading a novel. 2 Zuzka prečítala list. Zuzka has read the letter. 3 Mišo zjedol strašne veľa. Mišo has eaten an awful lot. 4 Eva vypila fľašu vína. Eva has drunk a bottle of wine. 5 Mišo a Eva pili celý deň. Mišo and Eva were drinking all day. 6 Brat uvaril naozaj chutnú večeru. My brother has cooked a really tasty supper. 7 Sestra urobila jednu veľkú chybu. My sister has made one big mistake. 8 Otec mu napíše pekný list. Father will write him a nice letter. 9 Zajtra mu

poďakujem za tú knihu. Tomorrow I'll thank him for that book. 10 Mohol/Mohla by som hovoriť s pani Vilikovskou? Could I speak to Mrs Vilikovská? 11 Chcel(a) by som hovoriť s pani Bednárovou. I would like to speak to Mrs Bednárová.

4

– Haló? Pani Bednárová? – Yes, speaking. Who's calling? – Peter/Viera. Mohol/Mohla by som hovoriť s pánom Bednárom? – Unfortunately he's not at home. He's in Vienna. – Aha, rozumiem. Kedy sa vráti, pani Bednárová? – He'll return on Monday. Should I give him a message? – Ehm . . . nie. Nie je to veľmi dôležité. Chcel(a) by som sa s ním stretnúť. Zavolám mu pozajtra, v pondelok večer. Nebude vám to prekážať? – No, that's all right. I'll tell him you called. – Ďakujem vám pekne. Prepáčte, že som vás obťažoval. – It doesn't matter/You're welcome. Goodbye. – Do videnia.

5

1 Viera otvorila okno. 2 Eva zatvorila okno. 3 Pavol si obliekol nohavice. 4 Eva si obliekla sveter. 5 Pavol si vyzliekol košeľu. 6 Včera dostal pekný list. 7 Vstal zavčasu a zjedol rožok s maslom. 8 Prišli včera a odišli dnes. 9 Nebudú doma celý deň.

Lesson 9

1

1 Anna stratila cestovný pas a peňaženku. 2 Sadla si do kúta vľavo pri okne. 3 Prišiel tam mladý chlapec v bielom tričku. 4 Policajná stanica je v modernej budove hneď vedľa starej pošty. 5 Anna má matku Angličanku a otca Slováka.

2

1 Elena má čiernu tašku. Elena has a black bag. 2 Juraj má biele tričko. Juraj has a white T-shirt. 3 Vľavo sedí pani v červenej sukni. On the left sits a lady in a red skirt. 4 Vpravo stojí pán v hnedom svetri. On the right stands a man in a brown sweater. 5 Anna čaká v tom modrom aute. Anna is waiting in that blue car. 6 Jozef býva v tom krásnom žltom dome. Jozef lives in that beautiful yellow house.

3

1 Doľava na hlavnej ulici 2 Naproti veľkému obchodnému domu.
3 V starej budove vedľa pošty. 4 Hneď za rohom pred starým
kostolom. 5 V zadnej miestnosti v kúte vľavo. 6 V tej malej ulici
naproti policajnej stanici 7 Prejdete ulicu, potom idete doprava.
8 Stanicu? Nie je to ďaleko, idete doľava, potom (prejdete) cez
most

4

O kom hovorila Viera? Hovorila o Pavlovi. S kým hovorila?
Hovorila s učiteľom. Nevie o Pavlovi nič. Nikto nevie o učiteľovi
nič. Býva niekde v Petržalke, ale nikdy o ničom nehovorí. Viera
hovorí veľmi rýchlo, niekedy hovorí veľmi dlho.
– Ideš niekam, Viera?
– Nie, dnes nejdem nikam.

5

1 Prepáčte, ja som vás v prvej chvíli nespoznal(a). 2 To sme sa
dlho nevideli! 3 Ani ste sa veľmi nezmenili. 4 Trocha som
stučnel(a). 5 To nie je pravda! Vyzeráte dobre. 6 Poznám váš
článok o Českej republike. 7 Teraz ma veľmi zaujíma politická
situácia v strednej Európe, najmä na Slovensku.

Lesson 10

1

1 Počkajte chvíľu! 2 Poďte ďalej a sadnite si! 3 Vezmite si knihu!
4 Nebojte sa! 5 Nebuďte tak nervózny/nervózna! 6 Nechoďte!
7 Nehnevajte sa! 8 Zapíšte si adresu! 9 Zajtra mi zavolajte!
10 Sľúbte, že mi zavoláte!

2

1 Prepáč, nevyrušujem? Môžem ísť ďalej? 2 Počkaj chvíľu!
3 Vypi to! 4 Už by si mal(a) ísť domov. 5 Pozri sa, Viera, prečo
mi vykáš? 6 Daj si so mnou ešte pohárik! 7 Ležal(a) si na posteli.
8 Ľahol/Ľahla si si na posteľ. 9 Prepáč!

3

čítaj/te! read! pi/te! drink! miluj/te! love! daj/te! give! nedávaj/te! don't give! napíš/te! write! povedz/te! tell! zjedz/te! eat! prestaň/te! stop! vyber/te! choose! ľahni/te si! lie down!

4

1 Slováci, Česi, Maďari, Angličania, učitelia, bratia, otcovia, synovia – Slovaks, Czechs, Hungarians, English, teachers, brothers, fathers, sons. 2 Slovenky, Češky, Maďarky, Angličanky, učiteľky, matky, sestry, dcéry – *all female*: Slovaks, Czechs, Hungarians, English, teachers, mothers, sisters, daughters. 3 stoly, nože, vidličky, lyžice, taniere – tables, knives, forks, spoons, plates. 4 pekné kravaty, veľké poháre, krásne mestá, biele saká, čierne klobúky – nice ties, big glasses, beautiful towns, white jackets, black hats.

5

1 Kupujete anglické, české alebo maďarské autobusy? 2 Vybral nejaké pekné pohľadnice. 3 Tieto staré domy majú krásne záhrady. 4 Máte rád/rada moderné budovy? 5 Mám rád/rada staré hrady/ zámky, kostoly, múzeá a koncerty. 6 Adriana má rada kaviarne, vinárne a drahé reštaurácie. 7 Potrebujem tri známky na listy do Anglicka. 8 Jeho kamaráti/priatelia čítajú americké romány. 9 Majú radi talianske filmy a nemecké autá.

6

1 Janko má dve autá. Janko has two cars. 2 Títo traja americkí študenti nie sú hlúpi. These three American students are not stupid. 3 Mám štyroch bratov a jedného syna. I have four brothers and one son. 4 Karol má dvoch učiteľov slovenčiny. Karol has two male teachers of Slovak. 5 Jozef má dve učiteľky slovenčiny. Jozef has two female teachers of Slovak. 6 To sú veľmi staré a ošklivé/škaredé džínsy. These are very old and ugly jeans. 7 Karol pracoval tri roky v Bratislave. Karol worked three years in Bratislava. 8 Títo dvaja bratia boli dobrí priatelia. These two brothers were good friends. 9 Tieto dve sestry sú veľmi dobré priateľky. These two sisters are very good friends.

Lesson 11

1

1 Štyri kilá zemiakov. 2 Štvrť kila masla. 3 Tri litre mlieka. 4 Kilo pomarančov 5 Dvadsať deka syra. 6 Pätnásť deka bryndze. 7 Pol kila marhúľ. 8 Kilo jahôd. 9 Desať deka šunky. 10 Dve kilá jabĺk.

2

1 Šesť banánov, osem pomarančov a sedem broskýň. 2 Dvanásť fľiaš (fľašiek) piva a päť fľias bieleho vína. 3 Päť Slovákov a šestnásť Angličanov. 4 Desať týždňov a jedenásť mesiacov. 5 Päť slov a štyri slová.

3

1 tri koruny, štyri koruny, dve koruny. 2 päť korún, štrnásť, šestnásť, dvadsaťštyri, štyridsať, šesťdesiat, tridsaťpäť, osemdesiat-jeden, deväťdesiatdeväť, devätnásť korún. 3 päťsto korún, tristo, dvestopäťdesiatsedem, deväťstoosemdesiatdva, tritisíc, dvetisíc stoštyridsaťšesť.

4

1 Šesť vajíčok 2 Päť litrov mlieka. 3 Dvadsať deka kávy. 4 Dve kilá paradajok 5 Šesť žemieľ. 6 Päť rožkov.

5

1 Zostali tam desať nocí. They stayed there ten nights. 2 Zostaneme tam osem dní. We'll stay there eight days. 3 Má osem polí. He has eight fields. 4 V Bratislave je veľa kaviarní. In Bratislava there are lots of cafés. 5 Náš dom má dve kúpeľne. Our house has two bathrooms. 6 Majú šesť detí. They have six children. 7 Poznám len zopár ľudí. I know only a couple of people. 8 Mám dosť málo kamarátov. I have rather few friends. 9 Mám veľa času. I have lots of time.

6

1 Máme veľa žiakov, niekoľko Američanov slovenského pôvodu a zopár Angličanov, spolu osemnásť ľudí. 2 Pán Švantner má skupinu začiatočníkov, desať Talianov, osem Maďarov a sedem Francúzov. 3 Väčšinou sú to ženy: štyri Talianky, šesť Maďariek a šesť Francúzok – veľa začiatočníkov ale málo pokročilých. 4 Koľko je hodín? – Je presne sedem hodín, už mali začať. 5 Čo máš/máte v tej aktovke? – Asi štyri knihy, desať zošitov a kilo zemiakov.

Lesson 12

1

1 Sú štyri hodiny. 2 Sú tri hodiny. 3 Je jedenásť hodín. 4 Je deväť hodín. 5 Je polnoc.

2

1 When did he come? – Prišiel o jednej. 2 At what time did he leave? – Odišiel o druhej. 3 When did they arrive? – Prišli o ôsmej. 4 When did they leave? – Odišli o polnoci. 5 When were they here? – Boli tu od tretej do deviatej. 6 When did she arrive? – Prišla okolo štvrtej.

3

1 Hľadajú ma/ťa. They are looking for me/you. 2 Táto kniha je pre mňa/teba. This book is for me/you. 3 Hovorili často o mne/o tebe. They often spoke about me/about you. 4 Stoja za mnou/tebou. They are standing behind me/you. 5 Idú ku mne/k tebe. They are coming towards me/you. 6 Kto mi/ti to povedal? Who told me/you that? 7 Chcela ma/ťa poprosiť o jednu vec. She wanted to ask me/you for one (particular) thing. 8 Nechcel ísť so mnou/s tebou. He didn't want to go with me/you.

4

1 Nevideli nás. They didn't see us. 2 Nepomáhali vám? Didn't they help you? 3 Koľko je vás? How many are there of you? 4 Chlapec môže hrať s nami. The boy can play with us. 5 Moment, hneď vám

to poviem. Just a moment, I'll tell you right away. 6 Tento list je pre nás. This letter is for us.

5

1 Je štvrť na šesť. 2 Je trištvrte na päť. 3 Je pol šiestej. 4 Odišli o pol desiatej. 5 Prišli o pol tretej. 6 Vlak odchádza o štvrť na dvanásť. 7 O pol druhej sme zastavili pred hotelom.

6

1 Máte/Nemáte voľné izby? 2 Je nás šesť. 3 Sme dvaja. 4 Potrebujeme tri dvojlôžkové izby, so sprchou. 5 Potrebujeme jednu dvojlôžkovú izbu, s kúpeľnou. 6 Sú raňajky zahrnuté v cene? 7 Dobre, berieme to.

Lesson 13

1

1 Vidím ju. I see her. 2 Pomáham jej. I help her. 3 Idem s ňou. I'm going with her. 4 Hovorili sme o nej. We were speaking about her. 5 Hľadám ju. I'm looking for her.

2

1 Nemám ho rada. I don't like him. 2 Telefonujem mu. I'm phoning him. 3 Išla s ním na koncert. She went with him to a concert. 4 Nerád hovoril o ňom. He didn't like talking about him. 5 Stretli sme ho pred divadlom. We met him in front of the theatre.

3

1 Zvyčajne chodí vlakom. 2 Včera išla autobusom. 3 Často chodí do kina. 4 Dnes ide do divadla. 5 V pondelok išiel na koncert. 6 Pôjdete so mnou na diskotéku?

4

1 Vidíte ich? Do you see them? 2 Hovorili sme práve o nich. We were just talking about them. 3 Zatelefonovala im. She telephoned them. 4 Išli k nim na večeru. They went to their place for

supper. 5 Dostali sme od nich pekný list. We got a nice letter from them.

5

1 Vošli do domu. 2 Vlak už odišiel. 3 Rozišli sa pred divadlom. 4 Janko vošiel do knižnice. 5 Viera obišla okolo divadla a prešla cez most. 6 Našli sme peknú vináreň. 7 Chlapec podišiel k oknu/k obloku.

Lesson 14

1

1 Táto blúzka je lacnejšia. 2 Tieto gombíky sú lepšie. 3 Tento sveter je drahší ako ten modrý. 4 Biela blúzka sa mi najviac páči, má najkrajší strih. 5 Tieto košele sú teplejšie, z kvalitnejšej látky. 6 Táto košela je mi malá, potrebujem väčšie číslo. 7 Táto košeľa má kratšie rukávy.

2

1 Eva je najmladšia. Eva is the youngest. 2 Otec je najstarší. Father is the oldest. 3 Zuzana je moja najlepšia kamarátka. Zuzana is my best friend. 4 Igor je najsilnejší, ale Peter je najrýchlejší. Igor is the strongest, but Peter is the fastest. 5 Môj kufor je najťažší a tvoja aktovka je najľahšia. My suitcase is the heaviest and your briefcase is the lightest. 6 Táto ulica je najkratšia a najužšia. This street is the shortest and narrowest. 7 Tvoje auto je najnovšie. Your car is the newest. 8 Toto mesto je najstaršie a najkrajšie. This town is the oldest and most beautiful.

3

1 Ivan je hlúpejší ako ja. Ivan is more stupid than me. 2 Mária je staršia ako Viera. Mária is older than Viera. 3 Pán Rojko je bohatší ako pán Novák. Mr Rojko is richer than Mr Novák. 4 Evička je menšia ako ja. Evička is smaller than me. 5 Pavol je väčší ako ja. Pavol is bigger than me.

4

1 Býva v Trenčianskych Tepliciach. S/he lives in Trenčianske Teplice. 2 Jej brat študuje v Košiciach. Her brother studies in Košice. 3 Jej matka býva v Nových Zámkoch. Her mother lives in Nové Zámky. 4 Jeho otec býva v Topoľčanoch. His father lives in Topoľčany. 5 Jeho dcéra býva v Piešťanoch. His daughter lives in Piešťany. 6 Ján Hollý býval v Maduniciach. Ján Hollý lived in Madunice.

5

1 Išli sme do Košíc. We went to Košice. 2 Jej otec je z Topoľčian. Her father is from Topoľčany. 3 Ideme do Piešťan. We are going to Piešťany. 4 Idú do Trenčianskych Teplíc. They are going to Trenčianske Teplice. 5 Jeho sestra je z Nových Zámkov. His sister is from Nové Zámky.

6

1 Hovorili sme o tých amerických študentoch. We were talking about those American students. 2 Ide s kamarátmi/priateľmi do divadla. S/he is going with friends to the theatre. 3 Varí sestrám obed. S/he is cooking her/his sisters lunch. 4 Píše bratom krátky list. S/he is writing her/his brothers a short letter. 5 Ubytovanie objednáva v cestovných kanceláriách. S/he books accommodation in travel agencies. 6 Kupuje knihy o starých mestách a hradoch/zámkoch. S/he buys books about old towns and castles.

7

1 Dnes letím do Bratislavy. 2 Nerád lietam. 3 Vždy nosí krásne košele. 4 Dnes nesieš/nesiete kufor. 5 Zvyčajne nosíš/nosíte aktovku alebo tašku. 6 Často behá v parku. 7 Dnes beží do práce/roboty.

Lesson 15

1

1 Keby som mal čas, cestoval by som po svete. If I had money I'd travel about/around the world. 2 Keby si nemal/ste nemali peniaze,

čo by si robil(a)/by ste robili? If you didn't have (any) money, what would you do? 3 Preložili by ste/Preložil(a) by si mi toto slovo? Would you translate this word for me? 4 Nemohla by prísť zajtra? Couldn't she come tomorrow? 5 Neviem, či Viera príde. I don't know if Viera will come.

2

1 Mačka je v mojej izbe. 2 Kľúč je v tvojom/vo vašom vrecku. 3 Môj kabát je v tvojom/vo vašom aute. 4 Tvoje/vaše časopisy sú na mojej stoličke. 5 Poznáš/Poznáte našich amerických a anglických kolegov? 6 Hovorila o tvojich/vašich priateľoch/kamarátoch. 7 Hovorila o svojich priateľoch/kamarátoch. 8 Hovorí o jej priateľoch/kamarátoch. 9 Nechal(a) som svoju knihu na tvojom/vašom stole.

3

1 Čia je to kniha? To je Irenina kniha. 2 Čie sú to topánky? To sú bratove topánky. 3 Čí je to bicykel? To je sestrin bicykel. 4 Čie je to auto? To je Igorovo auto. 5 Čie sú to perá? To sú strýkove perá.

4

1 Je štrnásteho januára. 2 Je piateho mája. 3 Je dvadsiateho prvého októbra. 4 Je ôsmeho septembra. 5 Je tridsiateho marca. 6 Je dvadsiateho deviateho augusta.

5

1 Chcela, aby som išiel/išla s ňou. 2 Povedal mi, aby som si kúpil(a) novú košeľu. 3 Radili nám, aby sme predali dom. 4 Bojím sa, aby som nestratil(a) zamestnanie. 5 Chcem, aby mi dali väčšiu izbu. 6 Potrebuje auto, aby mohla cestovať po Slovensku.

Lesson 16

1

prekvapený 'surprised', kúpený 'bought', napísaný 'written', prečítaný 'read', milovaný 'loved', stratený 'lost', varený 'boiled/cooked', oholený 'shaved', zabudnutý 'forgotten', pozvaný 'invited', balený 'wrapped', zatvorený 'closed', korunovaný 'crowned', zmenený 'changed', objednaný 'booked/ordered'.

2

okno 'window', dom 'house', list 'letter/leaf', ruka 'hand', kus 'piece', slovo 'word', ulica 'street', kniha 'book', pes 'dog', trochu 'a bit', roh 'horn/corner', pivo 'beer'.

3

1 Všetky dievčatá sú v knižnici. 2 Všetci chlapci sú v autobuse. 3 Ako sa to píše? 4 Kde sa predávajú lístky do divadla? 5 Knižnica sa zatvára o štvrtej. 6 Hľadali sme vo všetkých izbách.

4

cestujúci travelling, organizujúci organizing, študujúci studying, čítajúci reading, volajúci calling, spievajúci singing, robiaci doing/making, chodiaci walking/going, bežiaci running, sediaci sitting, ležiaci lying, pijúci drinking, spiaci sleeping, vedúci leading/manager, nesúci carrying

5

robiť, sedieť, vidieť, byť, jesť, mať, spať

6

1 Pred štyrmi rokmi. Four years ago. 2 Po dvoch rokoch. After two years. 3 Čítam troje novín. I read three newspapers. 4 Mám len jedny nohavice. I have only one pair of trousers. 5 Chodím do roboty sedemnástkou. I go to work on the number seventeen (tram/bus). 6 Bývam na osmičke. I'm living/staying in room eight.

Slovak–English glossary

This glossary covers the dialogues, texts and most of the language points. Noun genders are only given if unpredictable. Some genitives in **-a/-u** or *f.* **-i** are added for the same reason, or plural **-e** to indicate a soft noun. Perfective verbs are shown by > or < .

a	and	**Anglicko**	England
aby to	in order to/that	**anglicko–**	English–Slovak
adresa	address	**slovenský**	
aha	ah!	**anglický, -y**	English
ahoj	hi, hello; bye	**Angličan, -ka**	Englishman,
aj	also (= in		-woman
	addition)	**angličtina**	English language
ak	if	**ani**	even
akadémia	academy	**ani ... ani**	neither... nor
ako	as, like (as if),	**apríl -a**	April
	than	**asi**	probably, about
ako?	how?	**aspoň**	at least
ako dlho?	how long?	**august -a**	August
aktovka	briefcase	**auto**	car
akurát, je mi	it's an exact fit	**autobus -u/-a**	bus
aký? *adj.*	what? what kind	**autobusová**	bus station
	of? what ...	**stanica**	
	like?	**autor, autorka**	author
ale	but, however	**až**	to the point of,
alebo	or		only
alkoholik	an alcoholic	**áno**	yes
americký	American	**babka**	granny
Američan, -ka	an American	**balík -a**	parcel
Amerika	America	**baliť > za-**	to wrap

banán -a/-u	banana	**bol, boli**	was, were *see*
banka	bank		**byť**
bankár	banker	**bolieť**	to hurt
bankovka	banknote	**bonboniéra**	box of
bar -u	bar		chocolates
básnik	poet	**bozkať > po-**	to kiss
báť sa/bojím sa	to fear	**bože!**	God!, *see* **boh**
batožina	luggage	**bralo**	crag, rock
baviť	to amuse	**brat,** *pl.* **bratia**	brother
bavlna	cotton	**brať/beriem >**	to take
bažant	pheasant	**zobrať, vziať**	
behať	to run, *see*	**Bratislava,** *adj.*	Bratislava
	bežať	**-vský**	
belasý	(light) blue	**bravčové (mäso)**	pork
Beskydy –	the Beskids	**bravčový** *adj.*	pork
Beskýd *f. pl.*		**breh -u**	shore, bank
bez + *gen.*	without	**Británia, Veľká**	Great Britain
bezmäsitý	meatless	**britský**	British
bežať + **behať**	to run	**broskyňa**	peach
béžový	beige	**bryndza -e**	soft sheep's milk
bicykel -kla,	bicycle		cheese
pl. **-e**		**bryndzové**	cheese gnocchi
Biele Karpaty	the White	**halušky** *f. pl.*	
– Bielych	Carpathians	**budem**	I will be, *see*
Karpát *f. pl.*			**byť**
bielizeň -zne *f.*	underwear,	**budík -a**	alarm-clock
	bedlinen	**budova**	building
biely	white	**budúci**	next, coming,
bilión -a	billion		future
biliónty	billionth	**buď ... alebo**	either ... or
blázon -zna	madman	**buď!**	be!
blízko	near, nearby	**bufet -u**	snack-bar, buffet
blondínka	a blonde	**bunda**	anorak, wind-
blúzka	blouse		cheater
bodka	dot, full stop	**búrka**	thunderstorm
boh – boha, *dat./*	God	**by**	would
loc. **-u/-ovi**		**byt -u**	flat, apartment
pl. **bohovia**		**byť**	to be
bohatší	richer	**bývať**	to live
bohatý	rich	**bývať** *freq.*	to be
bohužiaľ	unfortunately,	**celkom**	quite, entirely
	regrettably	**celok -lku**	whole (piece)

celý	the whole	**čiarka**	comma
cena	price	**čiernobiely**	black-and-white
ceruzka	pencil	**čierny**	black
cesta	road, journey	**čím**	*see* **čo**
cestovať	to travel	**činnosť**	activity
cestovný *adj.*	travel	**číslo**	number, size
-á kancelária	travel office	**čistý**	clean, pure
-ý pas	passport	**čítať > pre-**	to read
-ý poriadok	timetable	**čitáreň -rne** *f.*	reading room
cestujúci	passenger	**čižma**	boot
cez + *acc.*	across, through,	**článok -nku**	article
	during	**človeče!**	man!
cezeň	through it	**človek** *pl.* **ľudia**	person
cigareta	cigarette	**čo? – čoho?**	what?
cisár	emperor	**čo najskôr**	as soon as
cítiť	to feel		possible
citrón -a	lemon	**čoho**	*see* **čo**
cudzí	foreign	**čokoláda**	chocolate
cukor -kru	sugar	**čom, čomu**	*see* **čo**
čaj -u	tea	**čoskoro**	soon
čajník -a	teapot	**čudný**	strange, odd
čakať > počkať	to wait	**čudovať sa**	to be amazed
čas -u	time	**dá sa**	it is possible
časopis -u	magazine	**dačo – dačoho**	something
často	often	**dajaký**	some kind of
čašník, čašníčka	waiter, waitress	**dakde**	somewhere
čau	hi, bye	**dakedy**	sometimes
Čech, *pl.* **Česi;**	a Czech	**ďakovať > po-**	to thank
f. **Češka**		**ďakujem**	thank you
červený	red	**dakto – dakoho**	someone
česať/češem > u-	to comb	**dáky**	some or other
Česká republika	the Czech	**ďalej**	further
	Republic	**ďaleko**	far, far away
Česko-	Czechoslovakia	**ďalší**	another, a
Slovensko/			further
Československo		**dáma,** *adj.*	lady, ladies'
český, -y	Czech	**dámsky**	
Češka	a female Czech	**darček -a**	present, gift
čeština	Czech language	**dať < dávať**	to give, put
či	whether, if	**dátum -mu**	date
čí, čia, čie	whose?	**dávať**	to give, put, *see*
čiapka	cap		**dať**

dážď – dažďa	rain	**dnu**	inside, in
dáždnik -a	umbrella	**do** + *gen.*	into/to, until, till
dcéra	daughter	**do videnia**	goodbye
december -bra	December	**dobre**	well, good, fine
deci	decilitre	**dobrú chuť!**	good appetite!
dedina	village	**dobrú noc!**	good night!
dedo, dedko	grandfather	**dobrý**	good
dejiny -ín *f. pl.*	history	**dobrý deň!**	hello! (*lit.* good
delené + *ins.*	divided by		day!)
deka	decagram	**dokonca (aj)**	even
	(10 grams)	**doľava**	to the left
deň – dňa, vo	day	**dolár -a**	dollar
dne, *pl.* **dni**		**dolu/dole**	down,
– dní			downstairs
desať	ten	**dom -u**	house
desiaty	tenth	**dóm -u**	cathedral
deti -tí, -ťom,	children	**doma**	at home
-ťoch, -ťmi		**domček -a**	little house
pl. of **dieťa**		**domov**	(to) home
deväť	nine	**doň, doňho**	into him, it
deväťdesiat, -ty	ninety, -ieth	**doobeda**	in the morning
devätnásť, -sty	nineteen(th)		(*lit.* before
deväťročný	9-year-old		lunch)
deviaty	ninth	**doprava**	to the right
dieťa -aťa,	child	**dosť**	enough, rather,
pl. **deti**			quite
dievča -aťa,	girl	**dostať**	to get
pl. **dievčatá**		< **dostávať**	
diplomat	diplomat	**dostať sa**	to get (to a
diplom -u, *adj.*	diploma		place)
-ový		**došiel**	*see* **dôjsť**
diskotéka	disco	**dovolenka**	holiday
divadelný *adj.*	theatre	**dovoliť**	to allow
divadlo	theatre	< **dovoľovať**	
dlážka	floor	**dovoliť si** *pf*	to afford
dlho	for a long time	**dôjsť/dôjdem,**	to reach
dlhší	longer	**došiel** *pf*	
dlhý	long	**dôležitý**	important
dĺžeň -žňa	acute sign	**dôvod -u**	reason
dnes	today	**drahý/-ší**	dear/er
dnešný	today's	**drez -u**	sink
dni -í *pl. of* **deň**	days	**drobné** *pl.*	change

drogéria	chemist's	**exkurzia**	excursion
druhý	other, second	**fabrika**	factory
dub -a	oak	**fajčiť**	to smoke
dúfať	to hope	**fajn**	fine
Dunaj -a	river Danube	**fakulta**	faculty
dva, *f./n.* **dve**	two	**na fakulte**	at the faculty
dvadsať,	twenty, -ieth	**fantastický**	fantastic
dvadsiaty		**farár**	vicar, parish
dvaja	two (male)		priest
dvakrát	twice	**farba**	colour
dvanásť, -sty	twelve, twelfth	**farebný** *adj.*	colour
dvere – dverí/	door	**Fatra, Malá**	the Low Fatra
dvier,		**Fatra, Veľká**	the High Fatra
dver(a)mi *f. pl.*		**fazuľka**	beans
dvesto, dvojstý	two hundred, -th	**február -a**	February
dvoch	two, *see* **dva,**	**fiala**	violet
	dvaja	**fialový**	purple, violet
dvojlôžková izba	double room	**fíha**	goodness!
dvojstý	two-hundredth	**filharmónia**	Philharmonic
dvom, dvoma	two, *see* **dva,**	**film -u**	film
	dvaja	**fľaša, -ka**	bottle
džem -u	am	**fontána**	fountain
džínsy – džíns/	jeans	**fotka**	photo
džínsov *f./m. pl.*		**fotograf, -ka**	photographer
džús -u	juice	**fotografia**	photograph
ehm	uhm	**Francúz, -ka**	Frenchman/
ekonómia	economics		woman
elegantný/-nejší	(more) elegant	**Francúzsko**	France
električka	tram	**francúzsky**	French
ementál -u, *adj.*	Emmental	**francúzština**	French
-sky		**fúkať**	to blow
ešte	still, even (-er)	**futbal -u**	football
ešte jeden	'still one',	**garáž -e** *f.*	garage
	another	**gauč -a**	settee, couch
ešte ne-/nie	not yet	**gitara**	guitar
ešte niečo	something else	**gól -u**	goal
ešte raz	again, once	**golier -a,** *pl.* **-e**	collar
	more	**gombík -a**	button
ešte stále	still	**gotický**	Gothic
Európa	Europe	**hádam**	probably, I guess
evanjelický	Lutheran	**hádať sa**	to quarrel
existovať	to exist	**hádzať/hádžem**	*see* **hodiť**

hala	hall
halier -a, *pl.* -e	heller (100 = koruna)
haló	hello (on phone)
hej	yes (colloquial)
herec -rca	actor, actress
herečka	
historický	historical
hlad -u, hladný	hunger, hungry
hľadať	to look for
hlava	head
hlávkový šalát	lettuce salad
hlavný	main
hĺbka	depth
hlboký	deep
hlbší	deeper
hlúpy	stupid
hmla	mist, fog
hmlisto	misty
hneď	at once, immediately
hnedý	brown
hnevať sa	to be angry
ho	him/it, *see* on
hoci	although
hodina -y	hour, classes
hodinky -niek *f. pl.*	watch
hodiť < hádzať/ hádžem	to throw
hodiť sa	to be suitable
hodváb -u, *adj.* hodvábny	silk
hokej -a	ice-hockey
holiaci strojček	shaver
holiť (sa) > o-	to shave
hora	mountain
horčica	mustard
hore	up, upstairs
Hornád -u	river Hornád
horný	upper
horský hotel	mountain hotel
horší	worse
horúci, -o	hot
hosť, *pl.* hostia	guest
hostinec -nca	pub, inn
hotel -a, *loc.* -i, *pl.* -y	hotel
hovädzí *adj.*	beef
hovädzie (mäso)	beef
hovoriť	to speak
hrad -u	castle
hranolky -ov *m. pl.*	chips
hrať (sa)	to play
hŕba	heap, pile, load
Hron -a	river Hron
hrubý/-ší	thick/er
hruď -de *f.*	chest
hudba	music
hustý	thick
hviezda	star
hydina	poultry
chalupa	cottage
chata	chalet
chce sa mi	I feel like
chcel by	would like
chcieť/chcem	to want
chladnička	fridge
chladno, -ý	cool, cold
chlap	man, guy, bloke
chlapče!	lad! boy!
chlapec -pca	boy, lad
chlieb – chleba	bread
choď(te)!	go!
chodievať *freq.*	to go
chodiť	to walk, go, *see* ísť
chorý	ill, sick
chrbát – chrbta	back
chudobný	poor
chudý	thin
chuť -ti *f.*	appetite
chutný	tasty

chvíľa -le	while	**jedenásť, -sty**	eleven(th)
chyba	mistake	**jediný**	the only, sole
chystať sa	to prepare to go	**jedlo** *gen. pl.*	food, dish
chytiť *pf.*	to catch	**jedál**	
iba	only	**jednoduchý**	simple
idea *dat./loc.* **idei**	idea	**jednolôžková**	single room
idem	I go *see* **ísť**	**izba**	
ide o + *acc.*	it concerns	**jednosmerný**	one-way ticket
igelitová taška	plastic bag	**lístok**	
ich	their; them, *see*	**jedol**	ate *see* **jesť**
	oni	**jeho**	his *possessive*;
im	to/for them, *see*		him, *see* **on**
	oni	**jej**	her *possessive*;
inteligentný	intelligent		her, *see* **ona**
internát -u	hall of residence	**jemu**	to/for him, *see* **on**
interview *n.*	interview	**jeseň -ne** *f.*	autumn
iný	other	**jesenný** *adj.*	autumn
inžinier, -ka	engineer	**jesť/jem, jedol**	to eat
Ipeľ – Ipľa	river Ipeľ	**> zjesť**	
ísť/idem +	to go	**ju**	her/it
chodiť		**juh -u**, **južný**	south, southern
isteže	certainly	**júl -a**	July
istý	certain, **ten istý**	**jún -a**	June
	the same	**k, ku** + *dat.*	to ('s house),
išiel, išla	went, *see* **ísť**		towards
izba	room	**kabát -a**	coat
ja	I	**kabínka**	cabin, cubicle
jablko	apple	**kam**	where to?
jahoda	strawberry	**kamarát, -ka**	friend
január -a	January	**Kanada**	Canada
jar -i *f.*	spring	**Kanaďan, -ka**	a Canadian
jarný *adj.*	spring	**kanadský**	Canadian
jasný	clear	**kancelária**	office
jazero, jazierko	lake, little lake	**kapor -pra**	carp
jazyk -a	language, tongue	**kapusta**	cabbage
je	is, *see* **byť**;	**karfiol -u**	cauliflower
	eats, *see* **jesť**	**Karpaty –**	the Carpathians
jedáleň -lne *f.*	dining-room	**Karpát** *f. pl.*	
jedálny lístok	menu	**karta**	card
jedávať	to eat habitually	**katolícky**	Catholic
jeden, jedna,	one	**káva**	coffee
jedno		**kaviareň -rne** *f.*	café

každý	each, every
kde	where
keby	if
keď	when
kedy	when?
kedysi	once (upon a time)
kilo	kilogram
kilometer -tra, pl. **-tre**	kilometre
kino	cinema
klavír -a, loc. **-i,** pl. **-y**	piano
klobása	sausage
klobúk -a	hat
kľúč -a	key
kňaz	priest
kniha	book
kníhkupectvo	bookshop
knižka	(little) book
knižnica	library, bookcase
koberec -rca	carpet
kockovaný	checked
koho	who(m)? see **kto**
kohútik -a	tap, faucet
kolega, kolegyňa	colleague
koleno	knee
koľkého je dnes?	what's the date?
koľkej? o	at what time?
koľko?	how much/many?
koľko je hodín?	what time is it?
kom	who, see **kto**
komu	to/for whom, see **kto**
koňak -u	cognac, brandy
koncert -u	concert
koncertná sieň	concert hall
koncom + gen.	at the end of
konečná stanica/ zastávka	terminus
konferencia	conference
koniec -nca	end
kopec -pca	hill
koruna	crown
korunovať sa	to be crowned
kosť -ti f.	bone
kostol -a	church
košeľa -le	shirt
Košice -íc f. pl.	Košice
košík -a	basket
kožený adj.	leather
krájať > po-	to slice
krajec -jca	slice
krajinka	landscape (picture)
krajší	more beautiful, prettier
kráľ	king
krásne, je	it's lovely
krásny, krajší	beautiful, more beautiful
krát, -krát	times
krátiť	to shorten
krátko	for a short time
krátky	short
kratší	shorter
kravata	tie
krčma	pub, tavern
krém -u	cream
kreslo	armchair
kričať	to shout
Kriváň -a	Kriváň
kríž -a	cross
krk -u	neck
bolí ma v krku	I have a sore throat
krok -a/-u	step, pace
krv -i f.	blood
kto? – koho?	who?
ktorý	who, which
ktorý?	which?
kufor -fra, pl. **-fre**	suitcase

ku = k	towards
kuchár, kuchárka	cook
kuchyňa -ne	kitchen
kuchynský kút	kitchenette
kultúra	culture
kúpalisko	bathing-place
kúpať sa/	to bathe
kúpem sa	
kúpeľňa -ne	bathroom
kúpiť	to buy
< kupovať (si)	
kupovať to buy	see kúpiť
kurča -aťa,	chicken
pl. -atá n.	
kúrenie	heating
kus -a	piece
o kus	a bit (-er)
kúsok -ska	piece
kút -a	corner
kvalitný/-ejší	good/better-quality
kvetina	flower
kým	while
kým	see kto
kytica	bouquet
lacný/-ejší	cheap/er
ľahký	light, easy
ľahnúť si/	to lie down
ľahne si pf	
ľahší	lighter, easier
lampa	lamp
lanovka	cable-car
láska	love
láskavo	kindly
láskavý	kind
látka	material, fabric
lebo	because
lekár, lekárka	doctor
lekáreň -rne f.	pharmacy
len	only
lenivý	lazy
lepší, lepšie	better

les -a	forest
letecky	(by) airmail
letenka	air ticket
letisko	airport
letný adj.	summer
letieť/letím	to fly
+ lietať	
leto	summer
ležať/ležím	to lie
liek -u	medicine
lietadlo	plane
lietať	to fly, see letieť
list -u/-a	letter, leaf
lístok -tka	ticket
jedálny lístok	menu
liter -tra, pl. -tre	litre
literatúra	literature
literárnovedný	of literary studies
Londýn -a	London
ľud -u	the people
ľudia -dí, -ďom,	people, pl. of
-ďoch, -ďmi	človek
m. pl.	
ľudový adj.	folk
ľutovať	to be sorry
luxusný	luxury
lýceum -cea n.	lycée, college
lyžiar, -ka	skier
lyžica	spoon
ma	me, see ja
mača -aťa, pl.	kitten
-atá	
mačka	cat
Maďar,	a Hungarian
Maďarka	
maďarčina	Hungarian
Maďarsko	Hungary
maďarský, -y	Hungarian
magistrála	trunk road
máj -a	May
make-up	make-up

mal	had, should have, *see* **mať**
mal by	ought to, *see* **mať**
Malá Fatra	the Low Fatra
Malé Karpaty	the Little
– **Malých Karpát** *f. pl.*	Carpathians
maliarstvo	painting
maličkosť	a trifle
maličký	tiny little
málo	little, few
malý/menší	small/er
mama, mami, mamka	mum
manžel	husband, *pl.* -ia couple
manželka	wife
marec -rca	March
marhuľa -le	apricot
maslo	butter
mať	to have; should/ be supposed to
mať rád/rada	to like, love
mať radšej	to prefer
mať sa	to be (feeling)
Matej Korvín	Matthias Corvinus
matka	mother
mávať *freq.*	to have
mávať	to wave
mäkčeň -a	soft sign
mäkký/mäkší	soft/er
mäsiar, -ka	butcher
mäsiarstvo	butcher's
mäso	meat
medicína	medicine
medzi + *ins.*	between, among
medzitým	meanwhile
menej	less
meniť > **z-**	to change
meno	name
menší	smaller
menza	refectory
mesiac -a	month, moon
mestečko	little town
mesto	town
meškanie	delay
mať meškanie	to be late
meškať	to be delayed/ late
mi	to/for me, *see* **on**
mier -u, *adj.*	peace
mierový	
miestenka	seat reservation
miestnosť	room
miesto	place, space, job
miliarda	thousand million
miliardtý	thousand-millionth
milionár, -ka	millionaire
milión -a	million
miliónty	millionth
milovať	to love
milý	dear
mimoriadne	extraordinarily
minca	coin
minerálka	mineral water
minimálne	minimally, at least
minulý	last, past
mínus	minus
minúť/minie, minul < **míňať**	to spend, pass, miss
minuta	minute
mladý/ší	young/er
mliečny bar	milk bar
mlieko	milk
mňa, mne	me, *see* **ja**
mnoho	many, much
mnou	me, *see* **ja**
moderný	modern
modrý	blue

mohol	was able, *see* **môcť**	**nachádzať sa**	to be found/ situated
mohol by	could, *see* **môcť**	**naj-**	most, -est
		najmä	especially
moja, moje	my, *see* **môj**	**najskôr**	most likely
mokka	mocca	**nájsť/nájdem, našiel**	to find
mokro	damp		
moment	(just) a moment	< **nachádzať**	
Morava	Moravia	**najviac**	most
na **Morave**	in Moravia	**nakoniec**	finally, in the end
Morava	river Morava	**nákup -u**	shopping, purchase
most -a	bridge		
mozog -zgu	brain	**nakúpiť**	to shop
možno	maybe	< **nakupovať**	
možnosť	possibility	**nákupná taška**	shopping bag
môcť/môžem, mohol	to be able, can	**naliať/nalejem**	to pour out
		< **nalievať**	
môj, moja, moje	my	**nám**	us, *see* **my**
mráz – mrazu	frost	**námestie**	square
mrkva	carrot(s)	**nami**	us, *see* **my**
mrznúť	to freeze	**namiesto** + *gen.*	instead of
mu	to him, *see* **on**	**naň**	onto, for him/it
múdry	wise	**naňho**	onto, for him
múka	flour	**naobedovať sa** *pf*	have dinner
musieť	to have to, must		
múzeum -zea *n.*	museum	**naopak**	on the contrary
múzický *adj.*	performing	**naozaj**	really
muž	man, husband	**nápad -u**	idea
my – nás	we, us	**napínavý**	exciting
mydlo	soap	**napísať/napíšem**	to write
myslieť/myslím (si)	to think	< **písať**	
		napiť/napijem sa *pf*	to have a drink
myš -i *f.*	mouse		
na + *loc.*	on	**napokon**	finally
na + *acc.*	onto, for; for (time ahead)	**napríklad**	for example
		naproti + *dat.*	opposite
na masle	cooked in butter	**naraňajkovať sa** *pf*	to have breakfast
nad + *ins.*	above		
náhliť sa	to hurry	**národ -a**	nation
nahnevaný	angry, cross	**narodenie**	birth
náhodou	by chance, maybe	**narodeniny -ín** *f. pl.*	birthday
nachádzať	to find, *see* **nájsť**		

narodiť sa *pf*	to be born	**Nemec, Nemka**	a German
národný	national	**Nemecko**	Germany
nás	us, *see* **my**	**nemecký, -y**	German
nasadnúť *pf*	to board, get on	**nemocnica**	hospital
naspäť	back	**nemohol**	couldn't, *see*
nástupište	station platform	**môcť**	
náš, naša, naše	our	**nemožný**	impossible
naučiť sa *pf*	to learn, *see*	**nemu**	him/it *see* **on**
	učiť sa	**nenávidieť**	to hate
naučiť *pf*	to teach, *see*	**neporiadok -dku**	disorder
	učiť	**nerád**	doesn't like
navečerať sa *pf*	to have supper	**nervózny**	nervous, tense
návrh -u	proposal	**nesiem**	I carry, *see* **niesť**
návšteva	a visit	**neskoro**	late
navštíviť <	to visit	**neskorší**	later
navštevovať		**neskôr**	later
názor -u, podľa	in my view	**nesmieť/**	not to be
môjho -u		**nesmiem**	allowed,
nazvať/nazvem	to be called		mustn't
sa < **nazývať**		**nešiel, nešla**	didn't go, *see* **ísť**
sa		**netrpezlivý**	impatient
ne-	not	**nezamestnaný**	unemployed
ne *acc.*	them, *see* **ony**	**než**	than
nebo -a, *loc.* **-i**	sky	**nič – ničoho**	nothing
nebude	he won't be	**nič sa nestalo**	don't mention it
neďaleko + *gen.*	not far from	**nie**	no, not
nedalo sa	it wasn't	**niečo – niečoho**	something
	possible	**niekam**	(to) somewhere
nedávno	recently	**niekde**	somewhere
nedeľa -le	Sunday	**niekedy**	sometimes
neho	him/it, *see* **on**	**niekoho**	someone, *see*
nech	let ...		**niekto**
nech sa páči	please, help	**niekoľko**	several
	yourself	**niekoľko ráz**	several times
nechať	to leave, let	**niekoľkokrát**	several times
< **nechávať**		**niekto – niekoho**	somebody
nechce sa mi	I don't feel like	**niektorý**	some
nej	her/it, *see* **ona**	**niesť/nesiem,**	to carry
nejaký	some, any	**niesol** + **nosiť**	
nejsť/nejdem	not to go, *see* **ísť**	**niet**	there isn't
nemčina	German	**nich**	them, *see* **oni**
	language	**nikam**	to nowhere

nikde	nowhere
nikdy	never
nikto – nikoho, nikomu	nobody
ním	him/it, *see* **on**
nim, nimi	them, *see* **oni**
nízky	low
nižší	lower
no	well, um, (mild) but
noc -i *f.*	night
dobrú noc!	good night!
nočný *adj.*	night
nočný stolík	bedside table
noha	leg
nohavice -íc *f. pl.*	trousers
pančuchové	tights
nohavičky -čiek *f. pl.*	knickers
ňom	him/it, *see* **on**
normálny	normal
nos -a	nose
nosiť	to carry, wear, *see* **niesť**
ňou	her/it, *see* **ona**
november -bra	November
novinár, -ka	journalist
noviny -ín *f. pl.*	newspaper
novší	newer
nový	new
nožnice -íc *f. pl.*	scissors
nôž – noža	knife
ňu	her/it, *see* **ona**
nudiť sa	to be bored
núdzový východ	emergency exit
o + loc.	about (theme), at (o'clock)
o + acc.	in (a period of time)
oba, obe, obaja	both, *see* **obidva**
obálka	envelope
obávať sa	to fear

obed -a	lunch (midday meal)
obedovať > naobedovať sa	to have lunch
obchádzať	to go round, *see* **obísť**
obchod -u	shop, trade
obchodný dom	department store
obidva	both
obidvaja	both (male)
obísť/obídem, obišiel < obchádzať	to go round
objednaný	reserved, ordered
objednať < objednávať	to order, book
oblačno	cloudy
oblečenie	clothes
oblek -u	suit
obliecť/oblečiem, obliekol < obliekať	to put on (clothes)
obliekať	to put on, *see* **obliecť**
obloha	sky
oblok -a	window
obľúbený	favourite
obrátiť sa *pf*	to turn (self)
obraz -u	picture
obsadený	occupied
obťažovať	to bother, disturb
obuť/obujem < obúvať	to put on (shoes)
obuv -i *f.*	footwear
obúvať	to put on (shoes), *see* **obuť**
obyčajne	usually
obyčajný	ordinary
obývačka	living room

ocko	dad	okolo + *gen.*	around
očakávať	to expect, await	október -bra	October
oči -í *pl.* of oko	eyes	okuliare -ov *pl.*	spectacles
od, odo + *gen.*	from, away from	olej -a	oil
odborný	specialist, technical	omáčka	sauce, gravy
		omeleta	omelette
oddych -u	rest, leisure	on, ona	he, she
odevy -ov *m. pl.*	clothes	oni	they
odchádzať	to go away, *see* odísť	ono	it
		ony	they (non-male)
odchod -u	departure	opakovať > z-	to repeat
odísť/odídem, odišiel < odchádzať	to go away	opálený	sunburnt
		opäť	again
		opitý	drunk
odkaz -u	message	opýtať sa *pf*	to ask
odkázať *pf*	to give a message	*of* pýtať sa	
		oranžový *adj.*	orange
odkiaľ	where from?	organizovať	to organise
odletieť < odlietať	to fly off	osem	eight
		osemdesiat, -ty	eighty, -ieth
odmietnuť < odmietať	to refuse	osemnásť, -sty	eighteen(th)
		osoba	person
odpoveď -de *f.*	a reply	osobne	personally
odpovedať/ odpoviem *pf*	to reply	osprchovať sa *pf*	to have a shower
odpovedať/ odpovedám	to reply	ostať < ostávať	to remain, be left
		ošklivý, -o	ugly, nasty
odrazu	suddenly	oštiepok -pka	a sheep's milk cheese
odtiaľ	from there		
odtiaľto	from here	otázka	question
odviezť/ odveziem, odviezol < odvážať	to drive/take away	otec – otca, *pl.* otcovia	father
		otecko	dad
ohlásiť < ohlasovať	to report	otvárať	to open, *see* otvoriť
oholiť (sa), *pf* *of* holiť	to shave	otvoriť < otvárať	to open
okamžite	immediately	oveľa	much (+ -er)
okienko	little window	ovocie	fruit
okno	window	Oxford -u	Oxford
oko, *pl.* oči -í	eye	ozvať/ozvem sa < ozývať sa	to respond, get in touch

ôsmy	eighth	pavúk	spider
páčiť sa	to please	päť	five
palác -a	palace	päťdesiat, -ty	fifty, -ieth
pamätať si	to remember	pätnásť, -sty	fifteen(th)
> za- + *acc.*		päťsto, päťstý	five hundred, -th
pamätať sa na	to remember	peceň -cňa	loaf
+ *acc.*		pečený	roast
pamätný	commemorative	pečivo	bread/rolls
pán	Mr, man	pekár, -ka	baker
pančucháče	tights	pekáreň -rne *f.*	bakery
-ov *m. pl.*		pekne	nicely
= pančuchové		je pekne	it's nice
nohavice		pekný	nice, pretty,
pančuchy	stockings		lovely
-úch *f. pl.*		peňaženka	purse
pane	sir!	peniaze –	money
pane bože!	Lord God!	peňazí *m. pl.*	
pani	Mrs	pepsikola	Pepsi Cola
pani, *acc.* paniu,	lady	pera, *gen. pl.*	lip
gen./dat./loc.		perí/pier	
panej,		percento, *gen.*	per cent
ins. paňou,		*pl.* percent	
pl. panie -í		pero	pen
pánsky	men's	pes – psa	dog
papier -a, *pl.* -e	paper	pesnička	(little/nice) song
paprika, *adj.*	paprika, pepper	peši, pešo	on foot
-ový		pevnosť	fort
pár	a couple	piatok -tka/-u	Friday
paradajka, *adj.*	tomato	piaty	fifth
-ový		pieseň -sne *f.*	song
Paríž -a	Paris	Piešťany -án *m.*	Piešťany
park -u	park	*pl.*	
parkovať > za-	to park	písanie	writing
parkovisko	car-park, parking	písať/píšem > na-	to write
	lot	piť/pijem > vy-	to drink
parlament -u	parliament	pitie, na	for a drink
párok -rka	frankfurter	pivečko	(nice) beer
pas -u	passport	pivo	beer
pás -a/-u	belt, waist	platiť > za-	to pay
páskovaný	striped	plávať	to swim
pasta, zubná	toothpaste	plece, *pl.*	shoulder
patriť	to belong	plecia – pliec	

pleso	mountain lake	pokladnica	till, cash desk,
plienka	nappy, diaper		box office,
plno	full		safe
plný	full	pokrájať <	to slice
pľuhavo, je	it's nasty	krájať	
	(weather)	pokročilý	advanced
plus	plus	pol	half
po + *loc.*	after, along,	pole	field
	about, over	Poliak, Poľka	a Pole
po + *acc.*	for, to fetch	policajná stanica	police-station
po (slovensky)	in (Slovak)	polievka	soup
počasie	the weather	politický	political
počkať *pf*	to wait, *see*	politik, politička	politician
	čakať	politika	politics
počuť/počujem	to hear	polícia, na -ii	police, at the
počuť	it's audible,		police
	I hear	polnoc -i *f.*	midnight
počúvať	to listen to	polovica	half
pod + *ins.*	under, beneath	Poľsko	Poland
poď'(te)!	come!	poľský, -y	Polish
poď'(te) ďalej!	come in!	poľština	Polish language
poďakovať <		poludnie	midday
ďakovať	to thank	polyesterový	polyester
podať	to be served	pomáhať	to help, *see*
< podávať sa			pomôcť
podchod -u	subway	pomalší	slower
podísť/podídem,	to go up to	pomalý	slow
podišiel *pf*		pomaly	slowly
podkolienky	knee-length	pomaranč -a	an orange
-nok *f. pl.*	stockings, socks	pomarančový	orange
podľa + *gen.*	according to	*adj.*	
podlaha	floor	pomerne	fairly, relatively
podnikateľ, -ka	businessman,	pomník -a	memorial
	entrepreneur		(statue)
podoba	form	pomoc -i *f.*	help
podpísať	to sign	pomôcť/	to help
< podpisovať		pomôžem,	
podstata	basis	pomohol	
v podstate	basically	< pomáhať	
pohár -a *pl.* -e	glass	ponáhľať sa	to hurry
pohárik -a	(small) glass	pondelok -lka,	Monday
pohľadnica	postcard	v pondelok	on Monday

ponosovať sa na complain about
ponožky -žiek socks
f. pl.
poobede in the afternoon, after lunch
Poprad -u Poprad
poprosiť o ask for
+ acc. <
prosiť
populárny popular
poradiť < to advise
radiť
poriadok -dku order
cestovný timetable
poriadok
porozprávať to have a talk
sa *pf*
posaď(te) sa *pf* take a seat
poschodie floor, storey
poskytnúť to offer
< poskytovať
poslať/pošlem to send
< posielať
posledný last
postavený built
postaviť vodu to put on water
pf
posteľ -le *f.* bed
pošta post office
na pošte at the post office
potom then
potraviny -ín food, grocer's
f. pl.
potrebovať/ to need
potrebujem
povedať/ to say, tell
poviem *pf*
povedzme let's say
povedz(te)! tell! say!
poviem *see* **povedať**
povinné čítanie compulsory/set reading

pozajtra the day after tomorrow
pozdrav -u greeting
pozdraviť to greet
< pozdravovať
pozerať to watch, look at
poznať to know (e.g. person, place)
poznať to get to know
< poznávať
pozor -u care, attention
pozor! watch out! attention!
dávať si pozor to take care
pozrieť/pozriem, to look at
pozri(te)! (si)
pf + acc.
(sa) na + *acc.* to take a look
pf at, look at
pozvať/pozvem to invite
< pozývať
pozývať *see* **pozvať**
požiadať < to request
žiadať
požičať/ to lend
požičiam
< požičiavať
požičať/ to borrow
požičiam si
< požičiavať si
pôjdem I will go, *see* **ísť**
pôsobiť > za- to influence
na + *acc.*
pôvod -u origin
pôvodne originally
práca -e work
pracovať/ to work
pracujem
práčka washing machine
prádlo underwear, bed-linen, *'correct'* = **bielizeň**

Praha	Prague	**prechádzať sa**	to walk
praktický	practical	**prechádzka**	a walk
pravda, pravda?	truth, true?	**prejsť/prejdem,**	to cross, go
mať pravdu	to be right	**prešiel**	across/through
pravdaže	of course	< **prechádzať**	
práve	just, just now	**prekážať**	to obstruct/be a
pravidlo	rule		nuisance
právo na + *acc.*	a right to	**preklad -u**	a translation
pravý	true	**prekladanie**	translating, *see*
prázdniny -ín	holidays		**prekladať**
f. pl.		**prekladať**	to translate, *see*
prázdny	empty		**preložiť**
pre + *acc.*	for (benefit of)	**prekvapiť**	to surprise
preč	away	< **prekvapovať**	
prečítať <	to read	**prekvapujúci**	surprising
čítať		**preložiť**	to translate
prečo	why?	< **prekladať**	
pred + *ins.*	in front of,	**preňho**	for him
	before, ago	**prepáč(te)!**	sorry! excuse
predaj -a	sale		me!
predajňa -ne	shop	**preplnený**	over-full,
predať	to sell		crowded
< **predávať**		**presne**	exactly
predavač, -ka	sales assistant	**presťahovať**	to move house
predávať *impf*	to sell	**sa** *pf*	
of **predať**		**prestať/prestane**	to stop (doing)
predjedlo	starter	< **prestávať**	
prednášať	to lecture	**prestavaný**	rebuilt
prednáška	a lecture	**prestúpiť** <	to change
predný	front	**prestupovať**	(trains, buses
predpoveď	forecast		etc.)
-de *f.*		**Prešov -a**	Prešov
počasia	weather forecast	**Prešporok -rka**	Pressburg
predsa len	anyway, after all	**preto**	therefore, so,
predsieň -ne *f.*	hallway		that's why
predstaviť	to introduce	**pretože**	because
< **predstavovať**		**prezident, -ka**	president
predvčerom	day before	**prchký**	short-tempered
	yesterday	**pri** + *loc.*	beside, near
prechádzať	to go across/	**priamo**	straight, directly
	through *see*	**priať si/**	to wish
	prejsť	**prajem si**	

priateľ, -ka	friend
priateľsky	in a friendly way
priateľu!	pal!
pribehnúť	to run up
< pribiehať	
príbuzný, -á	a relative
príde	*see* **prísť**
prichádzať	to come, arrive
impf of **prísť**	
príchod -u	arrival
príklad -u	example
príliš	too
Primaciálny	Primate's
priniesť/	to bring
prinesiem	
< prinášať	
pripomínať	to commemorate
pripraviť <	to prepare
pripravovať	
prirodzene	naturally
prísny	strict, severe
prísť/prídem,	to come, arrive
prišiel <	
prichádzať	
pristať/pristane	to suit, fit
pf	
prišiel	*see* **prísť**
priveľa	too much
priviesť	to bring
< privádzať	(leading)
priviezť	to bring (by
< privážať	vehicle)
problém -u	problem
profesor	professor, teacher
prosba	request
prosím (ťa, vás)	please
prosím?	can I help?
	pardon?
prosím si	please may I
	have
prosiť > po- o	to ask for
+ acc.	

proste	simply
proti + dat.	against
prsia – pŕs n.pl.	chest
prsník -a	breast
	(woman's)
prst -a	finger, toe
pršať/prší	to rain
prvý	first
psi/psy	dogs, *see* **pes**
pstruh	trout
pulóver -vra,	pullover
pl. **-vre**	
pult -u	counter, bar
pyžama	pyjamas
pýtať sa > o-/z-	to ask
+ gen.	someone
na + acc.	about
rád, rada	glad, + *verb*: like
	-ing
mať rád	to like
rado sa stalo	glad to oblige
rada	advice
rádio	radio
radiť > po-	to advise
radnica	town-hall
radosť	joy
radšej	better,
	preferably
mať radšej	to prefer
rak	crayfish
Rakúsko	Austria
rakúsky	Austrian
Rakúšan, -ka	an Austrian
rameno	*correct* upper
	arm; *incorrect*
	shoulder
	= **plece**
raňajkovať >	to breakfast
naraňajkovať sa	
raňajky -jok	breakfast
f. pl.	
ráno	morning

raz *gen. pl.* **ráz**	time, once,
niekoľko ráz	several times
recepčný/-á	receptionist
reč -i *f.*	speech, language
rekreačný	recreational
republika	republic
reštaurácia	restaurant
rezeň -zňa	schnitzel
rezervovaný	reserved
riad -u	the dishes
rieka	river
rímsky	Roman
robievať *freq.*	to do, make, work
robiť	to do, make, work
robota	work
rock -u, *adj.* **-ový**	rock music
ročné obdobie	season
ročník -a	year (of studies)
rodičia -ov	parents
starí	grandparents
rodina	family
roh -u, za -om	corner, round the corner
rok -a/-u	year
rola	role
román -u	novel
rovnaký	the same
rovný	straight, exact
rozhodne	definitely
rozhodnutie	decision
rozhodnúť < **rozhodovať (sa)**	to decide
rozísť sa, rozišli sa *pf*	they parted
rozmeniť < **rozmieňať**	to give change for
rozprávať (sa)	to talk, chat
rozumieť/-iem ... -ejú	to understand

rozviesť/ rozviedol sa *pf*	to get divorced
rožok -žka *or* **rožtek -a**	crescent-shape/ pointed roll
rôzny	various
ruka	hand
rukavica	glove
rukáv -a	sleeve
Rus, Ruska	a Russian
Rusko	Russia
ruský, -y	Russian
ruština	Russian
rúž -u	lipstick
ruža	rose
ružový	pink
ryba, *adj.* **rybací**	fish
rýchlo	quickly
ryža	rice
s, so + *ins.*	with
sa – seba	self
sadnúť/sadol, sadni(te)! **si** *pf*	to sit down, get on (bus)
sako	jacket
saláma	salami
samoobsluha	self-service, supermarket
samozrejme	of course
sandál -a, *pl.* **-e**	sandal
sám, sama	alone, self
seba, sebe, sebou	self, *see* **sa**
sedávať *freq.*	to sit
sedem	seven
sedemdesiat, -ty	seventy, -ieth
sedemnásť, -sty	seventeen(th)
sedieť	to sit
sekunda	a second
sem	here (motion towards)
semester -tra, *pl.* **-e**	semester

seminár -a, *pl.* **-e** seminar, seminary
september -bra September
servus 'servant', hi/hello, bye
sestra sister
sever -u, severný north, northern
severne od north from
+ gen.
sezóna season
schody -ov stairs, steps
m. pl.
dolu schodmi down the stairs
schôdzka meeting
schudnúť/ to get thin
schudol *pf*
si to/for self
si you are, *see* **byť**
síce ... ale albeit ... however
sídlisko housing estate
sídlo seat, headquarters
siedmy seventh
sieň -ne *f.* hall
silný strong
situácia situation
sivý grey
skala, *adj.* rock, rocky
skalnatý
sklamaný disappointed
skoro, skorý early
skôr rather, more (like); sooner
skriňa -ne closet, cupboard
skupina group
skutočne actually, really
skúška exam
skvelý splendid, excellent
slabý, slabší weak, weaker

sladiť > o- to sweeten
slávny famous
slečna Miss
slipy -ov *m. pl.* briefs
slivovica plum brandy
slnečno sunny
slnko the sun
sloboda freedom
slovanský Slav, Slavonic
Slovák, *pl.* **-ci** a Slovak
slovenčina Slovak language
Slovenka Slovak woman
Slovensko Slovakia
na Slovensku in Slovakia
slovenský, -y Slovak
slovník -a dictionary
slovo word
služba service, duty
sľúbiť to promise
< sľubovať
smäd -u, thirst, thirsty
smädný
sme we are, *see* **byť**
smerom na in the direction
+ acc. of
smiešny funny
smieť/smiem to be allowed, may
Smokovec -vca Starý Smokovec
smutne sad(ly)
smutný sad
snažiť sa to try
sneh -u snow
snežiť to snow
so = s with
sobota Saturday
socha statue
soľ – soli *f.* salt
som I am, *see* **byť**
spadnúť *pf* to fall down
spať/spím to sleep
spálňa -ne bedroom

spávať *freq.*	to sleep
spevák, spevačka	singer
spi(te)!	sleep! *see* spať
spiatočný lístok	return ticket
spievať > za-	to sing
spisovateľ, -ka	writer
spisovný	standard literary
spodky -ov m. pl.	underpants
spodná bielizeň	underwear
Spojené štáty m. pl.	United States
spokojný	contented
spoločný	common, shared
spolu	together, altogether
spolužiak/-žiačka	fellow-student
spomenúť/ spomeniem < spomínať si	to remember
sporák -a	cooker
spoznať < spoznávať	to recognise
správa	report, news
správny	correct, right
sprcha	shower
spýtať sa < pýtať sa	to ask
srdce	heart
srdečný	cordial
stačiť	to be enough
stále	still, constantly, keep
stály	constant, steady
stanica	station
policajná	police station
železničná	railway station
stará mama	granny
stará matka	grandmother
staromódny	old-fashioned
starý/-ší	old/er
starý otec	grandfather

stať sa/stane sa < stávať sa	to happen, become
stáť/stojím	to stand, to cost
ste	you are, *see* byť
stena	wall
sto, stý	hundred, -th
stolička	chair
stolík -a	little table
storočie	century
stôl – stola	table
strácať	*see* stratiť
strana	side
strašne	terribly
strašný	terrible, awful
stratiť < strácať	to lose
strážiť	to guard
stred -u	the middle, centre
streda	Wednesday
stredisko	centre
stredná škola	secondary school
stredný	central, middle
strecha	roof
stretať sa	to meet, *see* stretnúť sa
stretávať sa *freq.*	to meet
stretnúť/stretol sa < stretať sa	to meet
stretnutie	meeting
strih -u	cut
stroj -a	machine
strojček -a	appliance
holiaci strojček	shaver
strom -u	tree
stromček -a	(little) tree
strop -u	ceiling
strýko, strýc	uncle
stučnieť *pf*	to grow fat
stupeň -pňa	degree
stý	hundredth
stýkať sa	to be in touch
sú	they are, *see* byť

súhlasiť	to agree	**šoférovať**	to drive
sucho	dry	**špinavý**	dirty
sukňa -ne	skirt	**šport -u**	sport
sused, suseda	neighbour	**športovať**	to play sport
súčasný	contemporary	**športovec -vca**	sportsman
súrne	urgently	**športovkyňa**	sportswoman
sútok -u	confluence	**šťastie**	luck, happiness
svätý	Saint	**mať šťastie**	to be lucky
svedčí vám	it suits you	**šťastný**	happy
svet -a	world	**šteňa -aťa**, *pl.*	puppy
sveter -tra, *pl.*	sweater	**-atá**	
-tre		**štít -u/-a**	peak, shield,
svetlo	light		gable
svetlý/-ejší	light/er-coloured	**štrnásť, -sty**	fourteen(th)
svietiť	to shine	**štrngnúť** *pf*	to clink glasses
svieži	fresh	**študent, -ka**	student
svoj	one's own	**študovať/**	to study
symbol -u	symbol	**študujem**	
syn, *pl.* **synovia**	son	**štvorstý**	four-hundredth
syr -a	cheese	**štvrť**	quarter
šach -u/šachy *pl.*	chess	**štvrťhodina**	quarter of an
šalát -u	salad		hour
šál -u	scarf	**štvrtok -tka**	Thursday
šálka	cup	**štvrtý**	fourth
šampón -u	shampoo	**štyri – štyroch**	four
šaty – šiat *f. pl.*	clothes, woman's	**štyridsať,**	forty, -ieth
	dress	**štyridsiaty**	
šedivý	grey	**štyristo, štvorstý**	four hundred,
šesť	six		-th
šesťdesiat, -ty	sixty, -ieth	**šunka**	ham
šestnásť, -sty	sixteen(th)	**ta**	to there, *see* **tam**
šesťročný	6-year-old	**ťa**	you, *see* **ty**
šiel	went, *see* **ísť**	**tá**	that, *see* **ten**
šiesty	sixth	**tabak -u**	tobacco
široký/širší	wide/r	**tabuľa -le**	plaque, tablet
šíry	wide open	**ťahať**	to pull, tug
škaredý	ugly	**tak**	so, about
škoda	a pity	**tak ďalej**	so on
škola	school	**tak veľa**	so many
školský rok	school year	**takmer**	almost
Škótsko	Scotland	**takto**	this way, like
šla, šli	went, *see* **ísť**		this

taký	so + *adj.*, such, this kind of	**telo**	body
taký istý	the same (kind of)	**temer**	almost
		ten, tá, to	that
takýto	this kind of, such	**tenis -u**	tennis
		tenký/tenší	thin/ner
takže	so that, so ...	**tento, táto, toto**	this
talent -u	talent	**tentoraz**	this time
Talian, Talianka	an Italian	**Teplice -íc** *f. pl.*	Trenčianske Teplice
taliančina	Italian language	**teplo**	warm(th)
Taliansko	Italy	**teplý/-ejší**	warm/er
taliansky, -y	Italian	**teraz**	now
tam	there	**teší ma**	pleased to meet you
tamten, tamtá, tamto	that	**tešiť > po-**	to please
tanier -a	plate	**tešiť sa na + *acc.***	to look forward to
taška	bag		
tatárska omáčka	Tartar sauce	**téma**	theme
táto	this, *see* **tento**	**teta**	aunt
tatranský *adj.*	Tatra	**ti**	to/for you, *see* **ty**
Tatry -tier *f. pl.*	the Tatras	**tí, tie**	those, *see* **ten**
ťava	camel	**tielko**	(under)vest
taxík -a	taxi	**tiež**	also (= likewise)
ťažkosť	difficulty	**tiež ne-**	also not, not ... either
ťažký	heavy, difficult		
ťažší	heavier, more difficult	**ticho!**	quiet!
		tichý	quiet
teba, tebe, tebou	you, *see* **ty**	**tisíc, -i**	thousand, -th
		tma	darkness, dark
teda	then (= in that case)	**tmavý/-ší**	dark/er
		to	that, *see* **ten**
tej(to)	*see* **ten(to)**	**to, že**	the fact that
teľa -aťa, *pl.* **-atá**	calf	**toho/tohto, tomu(to), tom(to)**	*see* **ten(to)**
teľací *adj.*	veal		
teľacie (mäso)	veal	**toľko!**	so much/many!
telefonovať > za-	to telephone	**topánky -nok** *f. pl.*	shoes
telefón -u	telephone	**Topoľčany -ian** *m. pl.*	Topoľčany
pri -e	speaking		
telefónne číslo	phone number	**totiž**	that's to say, you see
televízia	television		
televízor -a	TV set		

tou	that, *see* **ten**
traja	three (male)
tráva	grass
treba	it's necessary
Trenčín -a	Trenčín
trenírky -rok *f. pl.*	boxer shorts
tretí	third
trh -u	market
na trhu	at the market
tri	three
tričko	T-shirt
tridsať, tridsiaty	thirty, -ieth
trieda	class
trikrát	three times
trinásť, -sty	thirteen(th)
tristo, trojstý	three hundred, -th
trištvrte na	a quarter to
troch	*see* **tri**
trochu/trocha	a little
trojstý	three-hundredth
trom, troma/i	*see* **tri**
trošku/troška	a little
trpieť	to suffer
trvanlivý	durable
trvať	to last
tu	here
tú(to)	*see* **ten(to)**
tučný	fat
tuhý	hard
tuná	over here
tunel -a, *loc.* -i, *pl.* -y	tunnel
turista, -ka	tourist
turistický *adj.*	tourist
tušiť	to guess, sense
túra	hike
tvár -e/-i *f.*	face
tvoj	your
ty – ťa/teba	you *sg*

tých(to) tým(to), tými(to)	*see* **ten(to)**
tykať si	to say 'ty'
typický	typical
týždeň -dňa	week
u + *gen.*	at ('s house)
ubytovanie	accommodation
učebnica	textbook
učesať *pf*	to comb, *see* **česať**
učiť > na-	to teach
učiť sa	to study
učiť sa > na-	to learn
učiteľ, -ka	teacher
údeniny -ín *f. pl.*	smoked meats
údolie	valley
uhorka, *adj.* uhorkový	cucumber
Uhorsko	(old) Hungary
uhorský *adj.*	(old) Hungarian
ucho, *pl.* uši – uší	ear
ujde to	it's OK, not bad
ujsť/ujde, ušiel ušiel mi ...	to get away, I missed ...
ujo, ujko	maternal uncle
ukázať/ukážem < ukazovať	to show
ulica	street
ulička	little street
úloha	task, role
umelec -lca, umelkyňa	artist
umenie	art
umrieť/umrie < umierať	to die
umyť/umyjem < umývať (sa)	to wash
umývadlo	washbasin, sink
umývať	to wash, *see* **umyť**

unavený	tired	váš, vaša, vaše	your
univerzita	university	vážený	respected, dear
na univerzite	at university	vážne	seriously
univerzitný *adj.*	university	vážny	serious
úplne	entirely, completely	väčší	bigger
		väčšinou	mostly
upratať/upracem	to tidy	väčšmi	more
< upratovať		včera	yesterday
upratovanie	tidying-up	včerajší	yesterday's
upratovať	to tidy, *see*	vďaka	thanks
	upratať	vec -i *f.*	thing
upraviť	to put in order	večer -a	evening
< upravovať		večera -e	dinner, supper
určite	definitely	večerať/	to have supper
urobiť *pf of*	to do, make	večeriam >	
robiť		navečerať sa	
úschovňa	left-luggage office	veda	science
úspech -u	success	vedecký	scientific, scholarly
ústa – úst *n. pl.*	mouth		
ústav -u	institute	vedia	they know, *see*
ústredné kúrenie	central heating		**vedieť**
		vediem	I lead, *see* **viesť**
uši -í *pl. of* ucho	ears	vedieť/viem ...	to know, to
utorok -rka	Tuesday	vedia	know how
uvariť < variť	to cook	vedľa + *gen.*	next to
uvidieť *pf*	to see/catch sight of	vedúci, -a	manager(ess)
		veď	after all
úzky	narrow	vegetarián, -ka	a vegetarian
už	now, already	veľa	a lot
užší	narrower	Veľká Británia	Great Britain
v, vo + *loc.*	in	Veľká Fatra	the High Fatra
v, vo + *acc.*	on (day of week), into	veľký, väčší	big, bigger
		veľmi	very
Váh -u	river Váh	veľvyslanectvo	embassy
vajíčko	egg	veselý	happy, merry
vám	to/for you, *see* **vy**	veterno	windy
		vetra	*see* **vietor**
vami	(by) you, *see* **vy**	veziem	I convey, *see* **viezť**
varený	boiled		
variť > u-	to cook	vezmem	I'll take *see* **vziať**
vás	you, of you, *see* **vy**	vezmi(te) si!	take!, *see* **vziať**

veža, *gen. pl.* **veží** — tower

vchádzať — to enter, *see* **vojsť**

vchod -u — entrance

viac, viacej — more

viac-menej — more or less

viackrát — several times

Vianoce -noc *f. pl.* — Christmas

vianočný *adj.* — Christmas

vídavať *freq.* — to see

vidiek -a — the country

vidieť/vidím — to see

vidieť — it's visible, you can see

vidlička — fork

vidno — it's visible, you can see

Viedeň -dne *f.* — Vienna

viedol — led, *see* **viesť**

viem — I know, *see* **vedieť**

viesť/vediem, viedol + **vodiť** — to lead

viesť auto — to drive a car

vieš — you know, *see* **vedieť**

vietor – vetra — wind

viezol — drove, took, *see* **viezť**

viezť/veziem, viezol + **voziť** — to convey, take

víkend -u — weekend

vila — villa

vináreň -rne *f.* — winebar

vínečko — (nice) wine

víno — wine

visieť — to hang

vítam! — welcome!

vítať > pri-/u- — to welcome

vizitka — business card

vlak -u — train

vlani — last year

vlastne — actually, in fact

vlastný — own

vlasy -ov *m. pl.* — hair

vľavo — on the left

vlek -u — ski-lift

vlnený — woollen

vnučka — granddaughter

vnuk — grandson

vo = v — in

voda — water

vodiť — to lead, *see* **viesť**

vojna — war

vojsť/vojdem, vošiel < **vchádzať** — to enter

vokáň -a — circumflex

volať > za- — to call, phone

volať sa — to be called

volejbal -u — volleyball

voľný — free, vacant

von — out (motion out)

vonku — outside

vopred — in advance

voziť — to convey, *see* **viezť**

vôbec — at all

vôbec ne- — not at all

vpravo — on the right

vracať (sa) — to return, *see* **vrátiť**

vraj — apparently, they say

vrátane + *gen.* — including

vrátiť < vracať/ vraciam — to return, give back

vrátiť sa < vracať sa — to return, go/come back

vrátnik — porter

vravieť — to say

vŕba	willow	**vypiť/vypijem**	to drink, *pf of*
vrecko, *adj.*	pocket		**piť**
vreckový		**vypiť si** *pf*	to have a drink
vstať/vstanem	to get up	**vyprážaný**	fried
< **vstávať**		**vyrušovať**	to disturb
vstávať	to get up, *see*	**vyskúšať si** *pf*	to try on/out
	vstať	**výslovnosť**	pronunciation
vstup -u	entry	**vysoká škola**	= university
však	however; isn't	**vysoko**	high up
	it? agree?	**Vysoké Tatry**	the High Tatras
všetci, všetky,	all	– **Vysokých**	
sg **všetok**		**Tatier** *f. pl.*	
všetko	everything	**vysoký/vyšší**	high/er
vták	bird	**vystúpiť**	to perform, to
vtedy	then, at that	< **vystupovať**	step out
	time	**vyše**	more than
vy – vás	you *pl./sg*	**vyšší**	higher, *see*
	formal		**vysoký**
výber -u	selection	**výťah -u**	lift, elevator
vyberať	to choose, *see*	**vytvoriť**	to create
	vybrať	< **vytvárať**	
vyberte si!	choose!, *see*	**vývar -u**	consommé
	vybrať	**vyzerať**	to look
výborný	excellent		(appearance)
vybrať/vyberie	to choose	**vyzliecť/vyzliekol**	to take off
< **vyberať**		< **vyzliekať**	(clothes)
vydať < **vydávať**	to publish	**vyzliekať**	to take off, *see*
výhľad na	view of		**vyzliecť**
+ *acc.*		**vzdelávanie**	educating,
vyhrať	to win		training
< **vyhrávať**		**vzduch -u**	air
východ -u, na -e	exit; east, in the	**vziať/vezmem,**	to take
	east	**vzal** < **brať**	
východný	eastern	**vždy, vždycky**	always
vyjsť/vyjdem,	to go out	**WC** /vétsé/	WC, see also
vyšiel			**záchod**
< **vychádzať**		**z, zo** + *gen.*	out of, from
vykať si	to say 'vy'	**za** + *ins.*	behind, beyond
výlet -u	excursion, trip	**za** + *acc.*	for (e.g.
vynikajúci	marvellous		payment)
výnimka	exception	**zabaliť** <	to wrap
vypadnúť *pf*	to fall out	**baliť**	

zabudnúť	to forget	**zapôsobiť** <	to influence
< **zabúdať**		**pôsobiť**	
zabudnutý	forgotten	**zasa, zase**	again
začať/začnem	to begin	**zaspať/zaspí** *pf*	to fall asleep
< **začínať**		**zastaviť** <	to stop
začiatočník,	beginner	**zastavovať (sa)**	
-níčka		**zastávka**	bus/tram stop
začiatok -tku	beginning	**zatiahnuto**	overcast
začínať	to begin, *see*	**zatiaľ**	so far,
	začať		meanwhile
zadný	back	**zatiaľ čo**	while
zadok -dku	backside	**zatvárať**	to close, *see*
záhrada	garden		**zatvoriť**
zahraničie	abroad	**zatvorený**	closed
zahrnutý	included	**zatvoriť**	to close, shut
záchod -a/-u	toilet, WC	< **zatvárať**	
zájsť/zájdem,	to go (call in	**záujem -jmu o**	interest in
zašiel *pf*	somewhere),	**+ *acc*. (!)**	
	set (of sun etc.)	**zaujímať**	to interest
zajtra	tomorrow	**zaujímavý**	interesting
zajtrajší *adj.*	tomorrow's	**zavčasu**	early
zákaz -u	prohibition	**zavolať** *pf of*	to call, phone
zakázaný	forbidden	**volať**	
zakázať/zakáže	to forbid	**zavše**	from time to
< **zakazovať**			time
zakaždým	each/every time	**zazvoniť** <	to ring
zákusok -ska	desert, cake	**zvoniť**	
založiť	to found	**zbierka**	collection
< **zakladať**		**zdať sa**	to seem
zaľúbený	in love	**zdravie**	health
zamestnanie	employment	**na zdravie**	cheers!
zámok -mku	chateau, castle	**zelenina,** *adj.*	vegetable
západ -u	west, setting (of	**-ový**	
	sun)	**zelený**	green
na západe	in the west	**zemiak -a,** *adj.*	potato
západný	western	**-ový**	
zaparkovať <	to park	**zima**	winter, cold
parkovať		**zimný** *adj.*	winter
zapísať/zapíšem	to note down	**zísť/zídem, zišiel**	to go down
< **zapisovať**		< **schádzať**	
zaplatiť <	to pay	**zísť sa** <	to meet
platiť		**schádzať sa**	

zísť sa *pf*	to come in handy	**zostať/zostanem** **< zostávať**	to stay
zistiť < zisťovať	to find out, ascertain	**zošit -a/-u**	exercise book
		zoznámiť sa *pf*	to get to know
zjesť/zjem, zjedol < jesť	to eat up	**zrazu**	suddenly, all at once
zlatý	golden	**zrkadlo,** *adj.* **-ový**	mirror
zľava	reduction		
zlomiť *pf*	to break	**zrúcaniny -ín** *f. pl.*	ruins
zle	badly		
zložitý	complicated	**zub -a**	tooth
zlý	bad	**zubná pasta**	toothpaste
zmeniť < meniť	to change	**zvoniť > za-**	to ring
zmluva	treaty	**zvyčajne**	usually
zmrzlina	ice-cream	**že**	that
znamenať	to mean	**že?**	isn't it so? (aren't you?)
známka	stamp		
zo = z	out of	**želať (si)**	to wish
zo	approximately	**železničná stanica**	railway station
zobrať/zoberiem < brať	to take		
		žemľa, *gen.pl.* **žemieľ**	round roll
zobrať sa *pf*	to get married		
zobudiť sa < zobúdzať sa	to wake up	**žena**	woman, wife
		ženatý	married
zobuť/zobujem < zobúvať si	to take off (shoes)	**žiadať > po-**	to request
		žiadny *adj.*	no
zobúvať	to take off, *see* **zobuť**	**žiak, žiačka**	pupil
		žiaľ	unfortunately
zomlieť/ zomeliem, zomlel < zomieľať	to grind	**žiaľbohu**	unfortunately
		žiletka	razor-blade
		život -a	life
		žiť/žijem	to live
zopár	a couple	**žltý**	yellow

English–Slovak glossary

This glossary is for use with the exercises.

about (theme)	**o** + *loc.*	anything	**niečo**, (not) **nič**
about (over, through)	**po** + *loc.*	(something) anywhere	**niekde**, (not)
about (approx.)	**asi**	(somewhere)	**nikde**
across	**cez** + *acc.*	anywhere, to	**niekam**, (not)
address	**adresa**	(somewhere)	**nikam**
advanced	**pokročilý**	apple	**jablko**
afraid, be	**báť sa**, **mať**	are, you are	**si/ste**
	strach	are, we are	**sme**
agency, travel	**cestovná**	are, they are	**sú**
	kancelária	around	**okolo** + *gen.*
ages, for ages	**dlho**	arrive	**prísť**
ah	**aha**		< **prichádzať**
all (plural)	**všetci, všetky**	article	**článok**
all (everything)	**všetko**	at (person's	**u** + *gen.*
all (whole)	**celý**	house)	
all day	**celý deň**	at (o'clock)	**o** + *loc.*
also	**tiež, aj**	August	**august**
although	**hoci**	back (*adj.*)	**zadný**
altogether	**spolu**	bad	**zlý**
always	**vždy, vždycky**	bag	**taška**
am	**som**, *see* **byť**	banana	**banán**
American	**Američan, -ka**	bathroom	**kúpeľňa**
American (*adj.*)	**americký**	be	**byť/som, si, je**
and	**a**		etc.
angry, be	**hnevať sa**	be!	**buď(te)!**
another (one more)	**ešte, ešte jeden**	beans	**fazuľka**
		beautiful	**krásny**
another (other)	**iný**	bed	**posteľ**

bedroom	**spálňa**	cat	**mačka**
beer	**pivo**	central	**stredný**
begin	**začať < začínať**	chair	**stolička**
beginner	**začiatočník, -íčka**	change	**meniť > zmeniť (sa)**
behind	**za +** *ins.*	cheap	**lacný**
better	**lepší**	cheaper	**lacnejší**
better-quality	**kvalitnejší**	cheese	**syr**
between	**medzi +** *ins.*	chicken	**kurča**
big	**veľký**	child	**dieťa**
bigger	**väčší**	children	**deti**
bit, a	**trochu/trocha**	choose	**vybrať**
black	**čierny**		**< vyberať**
blouse	**blúzka**	church	**kostol**
blue	**modrý, belasý**	cinema	**kino**
book	**kniha**	clean	**čistý**
bottle	**fľaška, fľaša**	close	**zatvoriť**
boy	**chlapec**		**< zatvárať**
bread	**chlieb**	cloudy	**oblačno,**
breakfast	**raňajky**		**zatiahnuto**
bridge	**most**	coat	**kabát**
briefcase	**aktovka**	coffee	**káva**
brother	**brat**	cold	**chladno,**
brown	**hnedý**		**chladný,**
building	**budova**		**studený**
bus	**autobus**	colleague	**kolega, kolegyňa**
but	**ale**	come	**prísť**
butter	**maslo**		**< prichádzať**
button	**gombík**	come in	**ísť ďalej**
buy	**kúpiť**	come in!	**poď(te) ďalej!**
	< kupovať	concert	**koncert**
by	**=** *ins. case*	cook	**variť > uvariť**
by now	**už**	corner (nook)	**roh, kút**
café	**kaviareň**	correct	**správny**
call	**volať > zavolať**	couch	**gauč**
call 'vy'	**vykať**	could	**mohol by**
can (possible)	**môcť**	couple of	**zopár, pár**
can (know how)	**vedieť**	cross	**prejsť**
car	**auto**		**< prechádzať**
carpet	**koberec**	crown	**koruna**
carry	**niesť, nosiť**	cup	**šálka**
castle	**hrad, zámok**	cut	**strih**

Czech	**český**
day	**deň**
day after tomorrow	**pozajtra**
dear	**drahý**
dearer	**drahší**
decagram	**deka**
department store	**obchodný dom**
dinner (lunch)	**obed**
dinner (supper)	**večera**
dirty	**špinavý**
disco	**diskotéka**
disturb	**vyrušovať**
disturb (bother)	**obťažovať**
do	**robiť > urobiť**
double room	**dvojlôžková izba**
drink	**piť > vypiť**, (noun) **pitie**
drink up	**vypiť**
each other	**sa, sám seba**
eat	**jesť > zjesť, jedávať**
egg	**vajíčko**
eight	**osem**
eleven	**jedenásť**
England	**Anglicko**
English (*adj.*)	**anglický**
English, in	**po anglicky**
Englishman	**Angličan**
Englishwoman	**Angličanka**
especially	**najmä**
Europe	**Európa**
even	**aj**
even, not	**ani ... ne-**
evening	**večer**
exactly	**presne**
excuse me	**prepáč(te)**
exercise book	**zošit**
expensive	**drahý**
fairly	**dosť**
far	**ďaleko**
father	**otec**

feel, I feel	**je mi**
few	**málo**
field	**pole**
film	**film**
find	**nájsť < nachádzať**
fine	**dobre**
first	**prvý**
first, at	**v prvej chvíli**
fish	**ryba**
five	**päť**
flat	**byt**
fly	**letieť, lietať**
for (purpose)	**na** + *acc.*
for (time ahead)	**na** + *acc.*
for (benefit of)	**pre** + *acc.*
for (payment)	**za** + *acc.*
four	**štyri, štyria**
fourteen	**štrnásť**
frankfurter	**párok**
free	**voľný**
freeze	**mrznúť**
it's freezing	**mrzne**
Frenchman/ woman	**Francúz, -ka**
French (*adj.*)	**francúzsky**
friend	**kamarát, -ka, priateľ, -ka**
from (away from)	**od** + *gen.*
from (person)	**od** + *gen.*
from (out of)	**z, zo** + *gen.*
front, in front of	**pred** + *ins.*
garden	**záhrada**
German, a	**Nemec, Nemka**
German (*adj.*)	**nemecký**
get	**dostať < dostávať**
get up	**vstať < vstávať**
girl	**dievča**
give	**dať < dávať**
glass	**pohár, pohárik**

go	**ísť, chodiť**	if (whether)	**či**
go!	**choď(te)!**	important	**dôležitý**
go into	**vojsť**	in	**v, vo** + *loc.*
	< vchádzať	in front of	**pred** + *ins.*
go round	**obísť**	included	**zahrnutý**
	< obchádzať	interest (verb)	**zaujímať**
go up to	**podísť k**	interest (noun)	**záujem**
good	**dobrý, dobre**	interested in, be	**zaujímať sa o**
goodbye	**do videnia**	into	**do** + *gen.*
group	**skupina**	invite	**pozvať**
guitar	**gitara**		**< pozývať**
half	**pol**	is	**je,** *see* **byť**
ham	**šunka**	Italian	**Talian, -ka**
have	**mať**	Italian (*adj.*)	**taliansky**
have!	**daj(te) si!**	jam	**džem**
have got	**mať**	January	**január**
(= have)		job	**miesto,**
heller	**halier**		**zamestnanie**
hello	**dobrý deň, ahoj**	just	**práve, hneď**
help	**pomôcť**	key	**kľúč**
	< pomáhať	kilogram	**kilo**
her	**ju, jej**	kitchen	**kuchyňa**
her (possessive)	**jej**	know (person)	**poznať**
here	**tu**	know (fact)	**vedieť**
his	**jeho**	leave (go)	**odísť**
home	**domov**		**< odchádzať**
home, at	**doma**	leave (behind)	**nechať**
hot	**teplo, horúco**		**< nechávať**
hot (*adj.*)	**teplý, horúci**	left (*adj.*)	**ľavý**
hotel	**hotel**	left, on the left	**vľavo**
hour	**hodina**	left, to the left	**doľava**
house	**dom**	letter	**list**
how	**ako?**	library	**knižnica**
how are you?	**ako sa máš/**	lie down	**ľahnúť**
	máte?	lie	**ležať**
how many/much?	**koľko?**	like (as)	**ako**
hundred	**sto**	like	**mať rád/rada**
Hungarian	**Maďar, -ka**	like – to please	**páčiť sa**
Hungarian (*adj.*)	**maďarský**	listen	**počúvať (si)**
I	**ja**	litre	**liter**
ice cream	**zmrzlina**	little	**malý**
if	**keby, ak**	live (reside)	**bývať**

live (be alive)	žiť	name, my name's	volám sa
long (*adj.*)	dlhý		
long, for a long time	dlho	name	meno
		need	potrebovať
look (appearance)	vyzerať	nervous	nervózny
		never	nikdy
look!	pozri(te) sa	new	nový
lose	stratiť < strácať	newspaper	noviny
lot of	veľa	next to	vedľa + *gen.*
lovely	krásny, pekný	nice (*adj.*)	pekný
lunch	obed	nice, it's	je pekne
lunch, have	obedovať	night	noc
magazine	časopis	nine	deväť
main	hlavný	no	nie
make	robiť > urobiť	nobody	nikto
man	muž, chlap	not	ne-, nie
many	veľa, mnoho	note down	zapísať < zapisovať (si)
March	marec		
material	látka	nothing	nič
May	máj	novel	román
me	ma	now	teraz, už
me (to/for)	mi, mne	nowhere	nikde
me (with)	mnou	nowhere, to	nikam
meet	stretnúť sa < stretať sa	nuisance, be a	prekážať
		number	číslo
meeting	schôdzka	o'clock	hodina/hodiny/ hodín
midnight	polnoc		
milk	mlieko	October	október
mist	hmla	often	často
misty	hmlisto	old	starý
modern	moderný	older	starší
moment	chvíľa	omelette	omeleta
Monday	pondelok	on	na + *loc.*
mostly	väčšinou	one	jeden, jedna, jedno
mother	matka		
much (very much)	veľmi	onto	na + *acc.*
		open	otvoriť < otvárať
much (lot of)	veľa, mnoho		
museum	múzeum	opposite	naproti + *dat.*
mustard	horčica	or	alebo
my	môj	orange	pomaranč
name	meno	origin	pôvod

other	iný	promise	sľúbiť
ought	mal by		< sľubovať
our	náš	pupil	žiak, žiačka
out (place)	vonku	put on (clothes)	obliecť <
out (motion)	von		obliekať (si)
out of	z, zo + gen.	put on (shoes)	obuť < obúvať
outside	vonku		(si)
own	svoj, vlastný	put on weight	stučnieť pf
paper	noviny	quarter	štvrť
(newspaper)		quarter to	trištvrte na
park	park		+ acc.
part	rozísť sa <	quickly	rýchlo, rýchle
	rozchádzať sa	radio	rádio
past, half past	pol + gen.	rain (verb)	pršať
past, quarter	štvrť na + acc.	rain (noun)	dážď
past		read, to	čítať > prečítať
peach	broskyňa	recognise	spoznať
people	ľudia		< spoznávať
Pepsi cola	pepsikola	red	červený
person	človek, osoba	refectory	menza
piece	kus	remember	pamätať si +
play, to	hrať (sa)		acc.
please	prosím	remember	pamätať sa na
please may I	prosím si	(about)	+ acc.
have		republic	republika
pleased to meet	teší ma	restaurant	reštaurácia
you		return (give	vrátiť < vracať
pocket	vrecko	back)	
police	polícia	return (go back)	vrátiť sa
police station	policajná stanica		< vracať sa
political	politický	return ticket	spiatočný lístok
politics	politika	rice	ryža
pork (adj.)	bravčový	richer	bohatší
pork	bravčové mäso	right (adj.)	pravý
post office	pošta	right, on the	vpravo
postcard	pohľadnica	right	
potato (adj.)	zemiakový	right, to the	doprava
potatoes	zemiaky	right	
Prague	Praha	river	rieka
prettiest	najkrajší	roll	rožok, žemľa
pretty	pekný	room	izba, miestnosť
price	cena	round	okolo + gen.

round the	**za rohom**	smaller	**menší**
corner		smoke	**fajčiť**
run	**bežať, behať**	snow (noun)	**sneh**
schnitzel	**rezeň**	snow (verb)	**snežiť**
school	**škola**	so	**tak**
search	**hľadať**	so that	**aby**
seat reservation	**miestenka**	some	**nejaký**
see	**vidieť**	someone	**niekto**
'self' (object)	**sa**	someone	**niekoho**
'self' (to/for)	**si**	(object)	
sell	**predať**	sometimes	**niekedy**
	< predávať	somewhere	**niekde**
September	**september**	sorry!	**prepáč(te)!**
seven	**sedem**	sorry, be	**prepáč(te)**
several	**niekoľko**	(apology)	
she	**ona**	sorry, be	**ľutovať**
shine	**svietiť**	(sorrow)	
shirt	**košeľa**	soup	**polievka**
short	**krátky**	speak to	**hovoriť s**
shorter	**kratší**	square	**námestie**
should have	**mal**	stamp	**známka**
shower	**sprcha**	station	**stanica**
single room	**jednolôžková**	stop (halt)	**zastaviť <**
	izba		**zastavovať**
single ticket	**jednosmerný**		**(sa)**
	lístok	stop (cease)	**prestať**
sister	**sestra**		**< prestávať**
sit	**sedieť**	strawberry	**jahoda**
sit down	**sadnúť si**	street	**ulica**
situation	**situácia**	student	**študent, -ka**
six	**šesť**	study	**učiť sa,**
sixteen	**šestnásť**		**študovať**
size (number)	**číslo**	stupid	**hlúpy**
sleep	**spať**	more stupid	**hlúpejší**
sleeve	**rukáv**	sugar	**cukor**
Slovak	**Slovák, Slovenka**	suitcase	**kufor**
Slovak (*adj.*)	**slovenský**	sun	**slnko**
Slovak, in	**po slovensky**	supper	**večera**
Slovak	**slovenčina**	supper, have	**večerať**
(language)		sweater	**sveter**
Slovakia	**Slovensko**	swim	**plávať**
small	**malý**	table	**stôl**

take	**brať > vziať, zobrať (si)**	today	**dnes**
take off (clothes)	**vyzliecť < vyzliekať (si)**	together	**spolu**
		tomato	**paradajka**
take off (shoes)	**zobuť < zobúvať (si)**	tomorrow	**zajtra**
		too	**priveľmi, príliš, pri-**
talk	**hovoriť, rozprávať**	town	**mesto**
tea	**čaj**	train	**vlak**
teach	**učiť**	translate	**preložiť < prekladať**
teacher	**učiteľ, -ka**	travel (verb)	**cestovať**
television	**televízia**	travel agency	**cestovná kancelária**
ten	**desať**		
than	**ako, než**	trousers	**nohavice**
thank	**ďakovať > poďakovať**	true, it is	**je pravda**
		twelve	**dvanásť**
thank you	**ďakujem (vám)**	twenty	**dvadsať**
thank you very much	**ďakujem pekne**	two	**dva, dve, dvaja**
		ugly	**škaredý, ošklivý**
that	**ten, tá, to**	umm	**ehm**
theatre	**divadlo**	uncle	**strýko, strýc, ujko**
their	**ich**		
them (object)	**ich**	understand	**rozumieť**
them (to/for)	**im**	us	**nás**
then (next)	**potom**	us (to/for)	**nám**
then (at that time)	**vtedy**	usually	**zvyčajne**
		vegetable (*adj.*)	**zeleninový**
these	**títo, tieto**	vegetable(s)	**zelenina**
they	**oni, ony**	very	**veľmi**
thousand	**tisíc**	very much	**veľmi**
three	**tri, traja**	wait	**čakať > počkať**
ticket	**lístok**	want	**chcieť/chcem**
tidy up	**upratovať**	warm	**teplo**
time	**čas**	warm (*adj.*)	**teplý**
time, for a long time	**dlho**	warmer	**teplejší**
		wash	**umývať (si)**
to (towards)	**k, ku + *dat.***	water	**voda**
to (person's house)	**k, ku + *dat.***	we	**my**
		wear (have on)	**mať**
to (into)	**do + *gen.***	wear (habitually)	**nosiť**
to (until)	**do + *gen.***	week	**týždeň**
to (in order to)	**aby; *or inf.***	weight, put on	**stučnieť *pf***

well	**dobre**	woman	**žena**
well, I'm	**mám sa dobre**	word	**slovo**
went	**(i)šiel**	work (verb)	**robiť, pracovať**
what	**čo**	work (noun)	**robota, práca**
what time is it?	**koľko je hodín?**	would	**by**
when?	**kedy?**	would like	**želať, priať,**
white	**biely**		**chcel by**
who?	**kto?**	write	**písať > napísať**
whom? (object)	**koho?**	year	**rok**
why	**prečo**	yellow	**žltý**
will be	**bude**	yes	**áno, hej**
wind	**vietor**	yesterday	**včera**
window	**okno**	you	**ty, vy**
windy	**veterno**	you (object)	**ťa, vás**
wine	**víno**	you (to/for)	**tebe, vám**
winebar	**vináreň**	young	**mladý**
with	**s, so + *ins.*; *ins.***	your	**tvoj, váš**

Index of language points

References are to lesson numbers. P = Pronunciation guide. G = Grammar summary.